重庆市社会科学规划项目研究成果
重庆市教育科学"十三五"规划重点课题研究成果

德心共育·协同创新
——大学生社会主义核心价值观教育模式创新研究

徐园媛　戴　倩 ◎ 编著

西南交通大学出版社
·成　都·

图书在版编目（CIP）数据

德心共育·协同创新：大学生社会主义核心价值观教育模式创新研究/徐园嫒，戴倩编著. —成都：西南交通大学出版社，2018.2
ISBN 978-7-5643-6040-5

Ⅰ.①德… Ⅱ.①徐… ②戴… Ⅲ.①大学生－思想政治教育－研究－中国 Ⅳ.①G641

中国版本图书馆 CIP 数据核字（2018）第 022727 号

德心共育·协同创新
——大学生社会主义核心价值观教育模式创新研究

徐园嫒　戴倩　编著

责任编辑	武雅丽
助理编辑	何　俊
封面设计	墨创文化
出版发行	西南交通大学出版社 （四川省成都市二环路北一段 111 号 西南交通大学创新大厦 21 楼）
发行部电话	028-87600564　028-87600533
邮政编码	610031
网　　址	http://www.xnjdcbs.com
印　　刷	四川煤田地质制图印刷厂
成品尺寸	148mm×210 mm
印　　张	9.5
字　　数	302 千
版　　次	2018 年 2 月第 1 版
印　　次	2018 年 2 月第 1 次
书　　号	ISBN 978-7-5643-6040-5
定　　价	78.00 元

图书如有印装质量问题　本社负责退换
版权所有　盗版必究　举报电话：028-87600562

前　言

党的十八大以来，习近平总书记多次强调："高校要坚持把立德树人作为中心环节，引导青年学生践行社会主义核心价值观。""要培育和践行社会主义核心价值观。把社会主义核心价值观融入社会发展各方面，转化为人们的情感认同和行为习惯。"本研究紧扣大学生社会主义核心价值观教育主题，依托25项省部级及其以上教改项目、1个重庆市教学团队、1门重庆市精品课程，针对当前大学生社会主义核心价值观教育中"主体性缺失、主客体分离、知行脱节"和有效教育模式缺乏的问题，以德心共育为教育理念、以协同创新为组织模式、以情境设置为运行路径、以互助成长联盟和心理环境建设为保障基础，围绕大学生社会主义核心价值观教育模式（以下简称模式）的构建与实践而展开。

一、德心共育·协同创新的大学生社会主义核心价值观教育模式的研究思路

（一）贯穿一条教育主线

以"德心共育"的教育理念为主线，贯穿大学生社会主义核心价值观教育模式设计、构建、运行全过程；以大学生心理认知接受规律为切入点；以激发学生的主体意识为抓手，强化大学生社会主义核心价值观教育体验式实践环节。

（二）创建一个接受模式

运用"协同创新"的先进组织模式，创建大学生社会主义核心价值观教育模式。形成了多位一体的育人平台，有效发挥学生知、情、意、行整

体功能,实现了教育由物理过程向心理过程的转化。

(三)创设六条运行路径

创设了拓展心理素质、创新教学模式、丰富团学活动、营造校园文化、建设网络基地、开展社会实践等六条机制运行路径,设置了"无处不在、无时不有"的教育情境。体现了教育回归生活、教育融入生命的思想,让学生在潜移默化中将外部教育影响转化为内在稳定的价值信念。

(四)构筑二个保障基础

组建大学生互助成长联盟、建设校园心理环境,为模式运行提供主体支撑和心理基础。

(五)实现一个教育目标

通过模式运行,将教育内容与教育方法有机结合,使道德知识的传授、道德情感的培养和道德行为的养成紧密相联。引导学生在勤学、修德、明辨、笃实上下功夫,最终实现社会主义核心价值观内化于心、外化于行、固化于性的教育目标。

二、德心共育·协同创新的大学生社会主义核心价值观教育模式的研究思路

(一)提出并践行"德心共育"的大学生社会主义核心价值观教育理念

深入研究德心之间的辩证关系,提出了"以德养心,以心育德,德心交融,德心共育"的教育新理念。秉持习近平总书记"核心价值观,其实就是一种德"的新判断,注重优化大学生道德认识、道德情感、道德意志、道德行为等道德心理结构,注重发挥大学生心理过程与接受、个性心理与接受、心理状态与接受等价值认同接受机理,为思想品德与心理教育的深层次有机结合提供理论支撑,确立机制的理论和实践模式。

（二）创建并运行"协同创新"的大学生社会主义核心价值观教育接受机制

运用"协同创新"的先进组织模式，创建多主体、多因素共同协作、相互补充、配合协作的教育模式。模式的构建与运行由接受主体、接受中介和接受客体，通过方案实施、信息反馈、方案调整、效果评价四个环节的有序循环，有效地促进接受主体循序渐进地实现注意信息、保持信息、接受信息、心理内化、改变认知、转变态度、影响行为的接受过程。通过教育由物理过程向心理过程的转化，进而表现出相应的外化行为，最终实现教育目标。

（三）创设"六位一体"的大学生社会主义核心价值观教育模式运行路径

大学生在"接受"教育的过程中，心理具有"开关"和"选择"的特点。通过机制的运行，成功创设了心理素质拓展、教学模式创新、主题团日活动、校园文化营造、专题网站开发、实践基地建设、成长论坛设立等富有吸引力、感染力的教育活动，设置了"无处不在、无时不有"的教育情境。给学生提供了选择、摄取、体验、实践的空间，让学生在潜移默化中将外部教育影响转化为内在稳定的价值观念。

（四）构筑保障模式持续有效运行的基础

1. 建立大学生互助成长联盟，为模式运行提供主体支撑

将传统的"管理本位"转变为"学生本位"，建立大学生互助成长联盟。依托大学生社团、互助成长网络平台、互助成长热线、互助成长 QQ 群、互助成长微信群等载体开展活动。充分调动学生自我教育、同伴教育的积极性，构筑起学生互助成长的能动体系。凸显学生追求成长的主体性，为模式运行提供主体支撑。

2. 建设心理环境，为模式运行提供基础保障

整合资源，形成合力，打造对大学生核心价值观教育起积极作用的、能动的心理环境。营造具有时代气息、高品位的校园文化氛围；强化环境育人的引导性和渗透性，让学生在良好的环境氛围中，接受核心价值观教育的熏陶和感染；发挥环境育人"润物无声"的教育功效。通过以上心理环境建设为机

制运行奠定心理基础。

三、德心共育·协同创新的大学生社会主义核心价值观教育模式的主要创新点

（一）教育理念创新

将"德心共育"的教育理念运用于大学生社会主义核心价值观教育。将德育与心育科学结合，兼而施之，相互借鉴、互为转化，寻求最优化的"交融和渗透"。提出了接受机制的机理和新时期大学生接受心理的特点等促进大学生社会主义核心价值观教育的新理念。该理念突出和强化了：受教育者的主体性、能动性；实践意义上的参与性、体验性；技术手段上的自助性、互助性；接受机制意义上的认同性和内化程度。

（二）组织模式创新

运用"协同创新"的先进组织模式，创建并运行多主体、多因素共同协作、相互补充、配合协作的社会主义核心价值观教育模式。形成了物理与心理、课内与课外、教师与学生、自助与互助、社区与社团、网络与热线、短信平台与微信群等多层次、多形式、多功能有效运转的大学生社会主义核心价值观教育全员参与模式。

（三）运行路径创新

创设"六位一体"的大学生社会主义核心价值观教育模式的运行路径，设置有效发挥学生知、情、意、行整体功能的教育情景。激活各种心理要素共同参与道德活动，促进各心理要素的协调一致。体现了教育回归生活，教育融入生命的教育思想，为社会主义核心价值观教育提供了新的载体。

（四）研究方法创新

1. 将教育和心理实验手段运用到核心价值观教育教学改革实践中

将教育活动转变成实验干预条件，研究其对大学生核心价值观的影响。

通过实验手段，提升了研究的科学性和规范性，提高了研究的信度和效度。

2. 用团体心理训练的方法，拓展核心价值观教育的接受渠道

对大学生开展心理开放性和接受性团体心理训练，优化大学生接受心理，增强其接受新观念的主观能动性，为核心价值观教育教学奠定了良好的心理基础。

科学技术部西南信息中心查新中心《科技查新报告》（报告编号：J201703011746）显示：涉及本项目所述的，以德心共育为教育理念、以协同创新为组织模式、以情境设置为运行路径、以互助成长联盟和心理环境建设为保障基础等形式的大学生社会主义核心价值观教育模式构建与实践，在所检文献以及时限范围内，国内未见文献报道。

四、德心共育·协同创新的大学生社会主义核心价值观教育模式的应用、推广效果

（一）应用成效显著

成果实践应用历时 8 年[①]，吸引了重庆市市内外 42 万余人次大学生参与到教育活动中。建立了重庆市学联、西南大学、湖北工业大学等 16 个成果协作及应用基地。成果在重庆市大学生成长论坛中连续应用 7 年，吸引了市内 30 多所大学 20 余万学生参加；在重庆交通大学"思想道德修养与法律基础""思政综合实践课"等 4 门课程 386 个教学班（次）连续 6 年实践应用，学生对课程的满意度达 94.8%。通过对重庆市 14 所高校 2790 名学生进行前、后测数据比较表明，机制的运行对于大学生的认知、情感和行为具有重要促进作用，被试学生社会主义核心价值观水平得到显著提高。

---

① 党的十六届六中全会通过的《关于构建社会主义和谐社会若干重大问题的决定》，深刻揭示了社会主义核心价值体系的内涵，明确提出了社会主义核心价值观体系的内容，我们研究团队于2008年承担重庆市高等教育教学改革重点项目"大学生社会主义核心价值观教育心理接受机制研究与实践探索"，至今已有 10 年。

（二）推广示范性强

成果被重庆市委宣传部推荐为"思想政治工作现场经验交流会"先进经验，团队成员相继在多个会议、多种场合、多所高校交流和推广成果40余次。云南省教育厅、共青团重庆市委、重庆市科委、重庆大学、曲阜师范大学等24个单位相继采纳应用成果。一致认为：成果具有创新性和示范性，应用成本低，易于操作，受益面广，实践效果显著。

（三）主管部门、研究机构高度评价

重庆市教委高教处评审意见：成果丰富了教育接受机制，拓展了教育渠道，是一种新的教育范式，具有重要的理论和应用价值。重庆市社科联、重庆市教科院等研究机构认为：成果在大学生社会主义核心价值观教育的理念、模式、路径、载体上有创新，有突破，成果为国内首创，达到国内先进水平。

（四）专家学者充分肯定

中国高等教育学会副会长欧可平、国家级教学名师宋乃庆、教育部高校马克思主义理论教育专家邓卓明、教育部高校心理健康教育专家马建青、重庆市思政教育研究会副会长孟东方等专家评价：成果既有明显的理论创新，又有丰富的实践探索，在教育教学改革方面迈出了重大步伐，取得了显著的人才培养效益，达到国内先进水平。

（五）同行认可，上级好评

研究报告"大学生社会主义核心价值观教育接受模式的构建与运行"获教育部高校德育创新发展成果二等奖；实验班被评为全国高校践行社会主义核心价值观示范团支部；实验班2名学生被评为全国践行社会主义核心价值观先进个人；团队成员1人为全国模范教师、1人为全国高校优秀思政理论课教师、2人为全国高校思政理论课影响力提名人物、1人为全国大学生心理健康教育先进个人、1人为重庆市"巴渝学者"特聘教授。

（六）主流媒体深入报道

2013年8月17日，《光明日报》以"以'三个倡导'引领高校德育深化发展"为题对成果进行了专题报道。《中国教育报》《中国青年报》、新华网、人民网等主流媒体先后报道共36次，称成果是培育与践行社会主义核心价值观的"精神家园"，产生了广泛的社会影响。

五、本书结构及主要内容

本书是研究团队成员十年来坚持德心共育的教育理念、运用协同创新的组织模式长期对大学生进行社会主义核心价值观培育的理论与实践探索的结晶，也是重庆市社会科学规划项目"大学生社会主义核心价值观教育传播路径研究"（2015YBZX015）、重庆市教育科学"十三五"规划重点课题"'德心共育'视阈下的大学生社会主义核心价值观教育接受机制构建与实践"（2016-GX-079）和重庆市教育科学"十三五"规划重点课题"'德心共育'视阈下的大学生社会主义核心价值观教育路径研究"（2016-GX-039）的主要研究成果。

全书共分为十一章。第一章，从心理学在高校思想政治教育中的价值体现、心理学与大学生社会主义核心价值观教育结合的必要性和可行性、心理学在大学生社会主义核心价值观中价值的实现途径等三个方面，就在大学生社会主义核心价值观教育中坚持德心共育的教育理念进行了深入的理论探讨。第二章，从协同创新研究的理论基础、协同创新研究的文献综述、高校协同创新的路径探析、协同创新的大学生社会主义核心价值观教育模式探索等四个方面，就大学生社会主义核心价值观教育中如何运行协同创新的组织模式进行了探讨。第三章，主要通过问卷调查，了解和分析了大学生社会主义核心价值观教育的现状。第四章，从构建依据、构建理论、构建原则、构建与运行等五个方面，就大学生社会主义核心价值观教育模式的构建进行了详细阐述。此章具有提纲挈领的作用，是本书的重点。第五章至十章，按照理论依据→可行性分析→实施路径→效果评估的思路，从拓展心理素质、创新教学模式、丰富团学活动、打造校园文化、建设网络基地、开展社会实践等六个方面，就大学生核心价值观教育模式的接受中介（教育活动）的功能、作用，以及对接受主体（受教育者）的干预和影响进行了详细的论述。这些内容具有较强的操作性和实践指导意义，是研究团队历时十年潜心研究的实践积淀。最后一章，在对社会主义核心价值观教育实验活动对大学生价值观的影响研究的基础上，从树立观念、明确目标、提升教育者素质、优化动力机制、挖掘教育载体、形成社会合力等六个方面提出了建立大学生社会主义核心价值观教育长效机制的思考。

本书由徐园媛（重庆交通大学）、戴倩（重庆交通职业学院）担任主编，负责全书的总体策划、框架设计，指导具体写作，进行审稿、统稿、定稿。沈小路（重庆交通大学）、张博萍（重庆建筑工程职业学院）、王梦梅（重庆航天职业技术学院）、张静（重庆工商大学）、石玲（重庆交通大学）、汪敏（重庆交通大学）担任副主编。编委由以下人员担任：余情、陈思镭、艾清清、黎晖、旷媛园、胡亚男、杨玥。

各章的编写者如下：

前言（代序）——徐园媛、戴倩

第一章——戴倩、张静、陈思镭（重庆大学城市科技学院）

第二章——徐园媛、戴倩、石玲

第三章——沈小路、张静、余情（重庆交通大学）

第四章——徐园媛、戴倩、黎晖（重庆交通大学）

第五章——张静、沈小路、旷媛园（重庆交通大学）

第六章——王梦梅、张博萍、杨玥（重庆交通大学）

第七章——张博萍、王梦梅、黎晖（重庆交通大学）

第八章——戴倩、沈小路、艾清清（重庆科技学院）

第九章——徐园媛、汪敏、张静

第十章——沈小路、张博萍、王梦梅

第十一章——石玲、汪敏、胡亚男（重庆交通大学）

本书图表的设计和制作工作由陈思镭（重庆大学城市科技学院）担任。参考文献及全书的文字整理、编排工作由艾清清（重庆科技学院）完成。

在课题研究及成果孵化的过程中，我们得到了共青团重庆市委、重庆市科委、重庆市社科联、重庆市教科院、重庆社会心理学会、重庆市大学生心理咨询专业委员会的指导,得到了兄弟院校同行的大力支持。在本书的编写过程中,我们采纳和吸收了业内专家学者的理论研究成果及兄弟院校的实践探索经验。本书的出版得到了西南交通大学出版社的大力支持。在此一并表示诚挚的谢意,对他们为大学生社会主义核心价值观教育所倾注的热情和力量表示深深的敬意。

在本书的写作中,我们力图将学术性和实践性有机结合起来。当然,由于本书属于探索性研究,加之作者水平有限,书中难免有疏漏与不足,恳请专家、同行和广大读者提出宝贵的意见和建议。

徐园媛、戴倩
2018 年 1 月

目　录

第一章　德心共育——大学生社会主义核心价值观教育的新理念 … 1
 第一节　德心共育的基本理论 … 1
 第二节　心理学与大学生社会主义核心价值观教育概述 … 10
 第三节　心理学与大学生社会主义核心价值观
    教育结合的必要性和可行性 … 17
 第四节　心理学在大学生社会主义核心价值观教育中的价值体现 … 21
 第五节　心理学在大学生社会主义核心价值观
    教育中的价值实现途径 … 29

第二章　协同创新——大学生社会主义核心价值观教育的新模式 … 48
 第一节　协同创新研究的理论基础 … 48
 第二节　协同创新的研究现状 … 51
 第三节　高校协同创新的路径探析 … 57
 第四节　协同创新的大学生社会主义核心价值观教育模式探索 … 63

第三章　大学生社会主义核心价值观教育现状 … 71
 第一节　大学生社会主义核心价值观教育的环境 … 71
 第二节　大学生社会主义核心价值观教育现状调查 … 78

第四章　大学生社会主义核心价值观教育模式的构建 … 88
 第一节　大学生社会主义核心价值观教育模式的构建依据 … 88
 第二节　大学生社会主义核心价值观教育模式构建的理论视阈 … 94
 第三节　大学生社会主义核心价值观教育模式的构建原则 … 98
 第四节　大学生社会主义核心价值观教育模式的构建 … 100
 第五节　大学生社会主义核心价值观教育模式的运行 … 103

第五章　拓展心理素质，疏通大学生社会主义核心价值观教育接受渠道 … 109
 第一节　当代大学生心理发展的特点与心理素质拓展 … 109
 第二节　心理素质拓展对大学生社会主义 核心价值观教育的意义 … 114
 第三节　心理素质拓展团体训练方案的设计与实施 … 117

第六章 创新教学模式，提高大学生社会主义核心价值观教育实效 ………… 132
- 第一节 课堂教学现状分析 ………………………………………… 132
- 第二节 创新教学模式的思考 ……………………………………… 137
- 第三节 创新教学模式的实践 ……………………………………… 146

第七章 丰富团学活动，延展大学生社会主义核心价值观教育时空 ……… 154
- 第一节 意义阐释 …………………………………………………… 154
- 第二节 可行性分析 ………………………………………………… 160
- 第三节 第二课堂创新模式的实践 ………………………………… 163

第八章 建设网络基地，拓展社会主义核心价值观教育载体 ……………… 177
- 第一节 网络教育对大学生核心价值观教育的影响 ……………… 177
- 第二节 社会主义核心价值观网络教育基地建设的可行性 ……… 190
- 第三节 大学生社会主义核心价值观网络教育基地建设实践 …… 195

第九章 打造校园文化，优化大学生社会主义核心价值观教育环境 ……… 214
- 第一节 高校校园文化的内涵及本质特征 ………………………… 215
- 第二节 依托校园文化进行大学生社会主义核心价值观教育的可行性 …………………………………………… 218
- 第三节 当前高校校园文化建设存在的问题 ……………………… 219
- 第四节 加强校园文化建设要把握好五个原则 …………………… 221
- 第五节 构建和谐校园文化要处理好四个关系 …………………… 224
- 第六节 依托校园文化建设大学生社会主义核心价值观教育的途径 … 227

第十章 开展社会实践，促进大学生社会主义核心价值观教育知行合一 … 237
- 第一节 意义阐释 …………………………………………………… 237
- 第二节 可行性分析 ………………………………………………… 244
- 第三节 活动原则 …………………………………………………… 249
- 第四节 组织与实施 ………………………………………………… 253

第十一章 注重教育效果，建立大学生社会主义核心价值观教育长效机制 … 269
- 第一节 大学生社会主义核心价值观教育实验活动的影响研究 ……… 270
- 第二节 建立大学生社会主义核心价值观教育长效机制的思考 ……… 282

参考文献 …………………………………………………………………… 288

第一章　德心共育——大学生社会主义核心价值观教育的新理念

第一节　德心共育的基本理论

一、"以德养心，以心育德"的教育理念

自欧洲的"教育的心理学化"运动以后，人们对德育心理学的理论问题的探索就没有停止过。如李伯黍提出应建立德育心理学这个教育学的新分支；鲁洁、王逢贤在《德育新论》中指出了情感在个体道德形成中的特殊地位，并提出把人的情感发展作为德育目标来构建；班华在《心育论》中论述了心育对德性素质发展的作用，指出认知心理的发展是道德发展的必要条件，情感是道德行为的动力。20世纪90年代，在我国道德教育领域针对青少年心理品德方面的问题，出现了"心理——道德教育模式"。

德育心理学的理论探索无疑打开了一条崭新的思路，拓展了我们的视野，提供了一条继续探究和实践的创新之路。为此，我们试图通过将德育问题引入心理学的方法和手段，构建"德育与心育相融合"的教育实践模式，以改变传统德育中的"主体性缺失、主客体分离、知行脱节"等种种弊端，增强德育的实效性和针对性，提升德育功能，实现"以德养心，以心育德"的理想境界。

（一）德育的现状与成因

德育即道德教育。它是教育的一个重要组成部分。教育者按照一定的社会或阶级的要求，有目的、有计划、有组织地对受教育者施加系统的影响，把一定的社会思想和道德规范转化为个体的思想意识和道德品质的教育。

当前学校德育工作的实效性、针对性不强，已成为共识。一方面承认并强调"德育为首"的理念，另一方面在实际工作中又时常出现"德育让位"的现象。德育目标与社会实际相脱离，家庭、学校、社会的德育教育目标缺乏一体性。德育的方式、方法简单化，与学生自我实践严重脱节，德育工作往往停留在口头认识和表面形式上，正面灌输和机械训练的较多，而落实到学生具体行动上的较少。德育过多地以他律代替自律，往往造成了学生"双重人格"的形成。

德育现状表现出来的"主体性缺失、主客体分离、知行脱节"等种种弊端，直接影响着德育的实效性、针对性。造成目前德育现状的原因有很多，既有升学压力的因素，使德育工作的落实不够到位；也有德育本身的工作方法粗暴、单一相关；还与德育不顾及学生长远利益，没有着眼终身学习，使得德育"好大喜空""最有用也最无用"；……更有多元文化、各种思潮交接碰击的影响。归根到底，现实中的德育缺乏人文关怀，过多地强调"标签"和"教条"，没有真正考虑学生内心想法，没有触及学生的心灵深处，这是根本之所在。

（二）心育的优势与作用

德育旨在培养学生成为一个"高尚的人"。因而，其教育内容如社会公德教育含有更多的规范成分在里边，告诉学生"该怎么做""不该怎么做"，其实质就是约束学生的言行。这种教育过多地关注学生与社会的关系、与他人的关系，要求学生做出利他行为，而忽视了学生为自己考虑的方面，即如何去适应社会，如何充分发挥个人的主动精神和创新意识，包括学习动机的激发、学习方法的指导、学习兴趣的培养、考试焦虑的调适等。

心育即心理教育，是有目的地培养教育者良好的心理素质，提高心理机能，充分发挥其心理潜能，进而促进整体素质提高和个性发展的教育。通常所说的兴趣教育、思维训练、能力培养、创造教育、意志锻炼、性格教育、情感培养、生活技能训练、社会适应性培养等均属于心理教育，是心理教育的组成部分，而心理教育又是素质教育的一个重要组成部分。

心理健康教育通过对学生学习方面的指导，可以使学生摆脱消极情绪的困扰，进行合理的调适，培养积极的情绪，养成良好的习惯。自信、坚毅、不畏艰险也正是道德教育所要培养的优良品质；心理健康教育的目的则在于培养学生成为一个"健康的人"。心理健康教育的内容往往是是一种指导而不是一种教条，是学生乐意去做的，比如对自我的评价，关注自身的情绪等。因为学生首先有解决问题的需求，教师在尊重学生需求的基础上，指导学生如何去做而不是要求学生做什么，既体现了教育的道德性，又满足了学生求知的需要。这种情况下，不仅学生比较容易接受，同时，由于心理健康教育的某些内容还涉及到了许多道德问题，使得道德教育与学生的生活更为接近，学生在生活中接受教育，更有利于完整人格的形成。德育心理学研究表明：道德的形成都伴随着心理过程，觉悟、信念、理想的确立只有与情感、意志、精神等心理素质的培养紧密结合才会真正有效。从这个意义上来讲，"德"不仅涉及一定的社会文化的道德规范，而且包括个体道德动机的形成、道德认识能力的发展、道德情感反应与道德行为选择等心理因素。

（三）德心共育的涵义、目标与特点

1. 德心共育的涵义

德心共育，即德育与心育相融合。融合，在汉语大字典中解释为"调和"，即达到水乳交融的境界。从认识层次上来看，德育与心育之间的关系呈现出三种状态，即德心分离、德心交集、德心相融。

德心分离，是将德育与心育孤立、静止地来看待，德育与心育处于游离或对立状态。德育的特点是"灌输式"和"说教"，在思想道德建设方面，常常把道德教育看成是传授一个个道德概念和一条条道德规范。以为只要把一个个美德告诉受教育者，受教育者自然就会成为道德高尚的人。很明显，德育的接受主体是被动的、应付的。这种环境之下的成长起来的学生，他们的道德心理能力是不健全的，一旦环境改变，就会"原形毕露"，出现道德"滑坡"情况。事实上，在实际的教育教学工作中，这种状况随处可见。

德心结合，是指教育者从主观上已经考虑要将德育与心育有机地融合，但由于自身能力以及思想意识等诸多因素，往往很难达到较为良好的效果。不少教师在实际教育工作中，经常出现"好心办坏事"的情况，就是因为主观上遵循学生年龄及心理特点，但客观上却造成了这样或那样的不良后果。这是一种由分离到逐渐相融合的过渡阶段，从发展的角度上讲是前进了一步，但较理想又具有明显的差距。主观上已经具有良好的期望，但实际操作中，又缺乏了科学性与理性。

德心相融，是德育的理想状态。其内涵表述为：在开放的教育环境中，以发展教育思想为主导，整合各种教育资源，既灵活运用德育的方法，也

巧妙借助心理学的原理、方法和手段，解决德育工作中的困惑与难题，将德育与心育科学地结合，兼而施之、相互借鉴、互为转化，寻求最优化的"交融和渗透"。"以德养心、以心育德、德心共育、德心交融"是德心相融的理想境界。由德心相融而最终形成德心美的德育方式，体现了以人为本思想，是一种至善、至真、至美的教育。

2. 德心共育的目标

培养道德自律，人格健全的优秀接班人是德心相融的总体目标。一方面，通过"以德养心"既要培养学生热爱祖国、热爱集体、热爱社会主义、热爱劳动、遵纪守法，养成其文明行为习惯等思想品质和道德品质，更要培养他们执着的道德追求、健康的道德情感、良好的心理品质和意识倾向，提高他们的思想政治辨别能力、道德评价能力、自我教育能力，从而达到由他律向自律的转变。另一方面，通过引入心理学原理，使德育深入到学生心灵深处，走进学生的心理世界，培养学生拥有积极、健康向上的心态，学会调适与耐挫，具备良好的社会适应力，最终达到身心和谐、发展完好、人格健全的目的。

3. 德心共育的五个特性

（1）主体性

德心共育强调学生是课程学习的主体，也是课程的积极建设者与开发者。在遵循学生认知特点的前提下，利用学生已有的生活经验，发现和探究问题，培养学生的创新精神。通过学生的自主学习、自主体验，自我教育达到学生综合素养的自我"内化"的目的。

（2）整合性

主要表现在四个方面。一是德育与心理健康教育相融合。从心理健康教育的视角，运用心理学的原理来解决德育工作中的困惑与难题，在教育学与心理学范畴内，相互借鉴、启发、融合，构建"德育与心育一体化"的课程观。二是课程整合。将学科课程、学科活动课程、综合实践活动课程等有机地整合起来，体现出课程的综合性。三是课程学习的手段和方法上的整合。在同一主题下，学生采取的学习方法和手段是多样的，如观察、探究、演练、讨论、争辩、调查、走访、考察、资料检索等。四是资源的整合。能够有机地整合校内外的环境资源、社区资源、人文资源等，体现出综合性、跨学科性。

（3）体验性

德心共育非常重视学生的道德实践，强调学生自身的"情感体验"和"道德学习"。根据学生的年龄特点及认知特点，设计颇有特色的道德体验内容。强调通过调查、采访、辩论、分享等喜闻乐见的方法和手段，"少告诉，多体验""少讲解，多互动"，获得积极的情感体验，促进素质的内化，让学生做道德实践的主人。

（4）生成性

道德教育遵循学生的认知特点，从提出问题、分析问题到解决问题，由浅入深、由表及里螺旋发展，体现生成性。从道德行为的养成规律上来看，学生在课程的学习过程中，体现了由"情感道德体验"再到"素质内化生成"。学生优良品性的习得、良好道德行为习惯的养成是动态的、持续的、发展的，强调了学生自身的感悟和心理的内化，体现了内隐的生成性。

（5）缄默性

德心共育追求的是一种"随风潜入夜、润物细无声"的理想的道德教育境界。在教育活动中，由于融入了学生的心理，关注了他们的心灵世界。教育活动的主体不再是被动，而是积极主动的。在情感体验方面，是愉悦的，且往往能产生自我满足感和向更高目标的追求动力。在内部心理机制方面，体现了较强烈的内隐性，教育的效果往往体现出心灵的"震撼"，这种教育的影响是长远的，具有可持久性，必然推动学生的成长，甚至影响学生的一生。

二、德心共育的实施与评价

（一）德育活动必须考虑学生的起点行为，关注学生的个性差异

学生的起点行为，是指学生原有的知识、技能、能力、学习方法、学习态度等非智力因素情况。学生在接受学习之前，由于他们的个性差异、知识经验、生活阅历、所接受的环境等因素的不同，起点情况是不尽相同的。同一个年龄段或同一个班级的学生，由于受个体的身心发展状况的差异、个性情绪特点、意志品质、学力的状况等因素的影响，他们的起点行为也不能等整齐划一。即使是同一个学生，由于学习目标和任务的不断改变，个体学习某一内容的起点行为也不是一致的。这就要求教师在实施教

育教学的过程中，能够考虑学情，分析学生的起点行为，然后实施学习活动。只有这样，才能有的放矢，教育教学的效果才能达到事半功倍。从广义来讲，道德品质的获得也属学习范畴，道德教育同样也存在着起点的问题。给学生什么样的道德内容，通过怎样的教育方法进行实施，如何达到教育效果的最优化，这些都需要教师匠心独运地艺术处理，更需要尊重学生的差异，考虑到学生道德行为的起点状况。以诚实教育为例，诚实非常重要，属品德范畴。在诚实教育方面，可概括为两个要点：一是对已，严格要求自己，言行一致，不说谎话，作业和考试求真实，不抄袭、不作弊；二是对他，以真诚的言行对待他人、关心他人，对他人富有同情心，乐于助人。然而，每个学生对于诚实的体验和感受却是不尽相同的，而且诚实体验同样也有层次性和阶级性，比如对于阶级敌人就无诚信可言。因此，实施诚实教育，首先得要考虑到学生个体的认知与行为建立的基础，即起点行为。有的学生说谎可能并不是因为品质问题，而是受外在因素的影响，受其他动机的支配。如学生说谎是为了得到心仪的玩偶像或其他玩具，这就谈不上品德问题，而是心理因素的作用使然。当然，这些心理因素也是可以相互转化的，如果经常性地、持续不断地通过说谎达到某种目的，就会有向品德败坏方向发展的可能。德育活动考虑学生的起点行为，是着眼于受教育者的生存和发展，更恰切地根据学生的需要、着眼于学生的实际给予他们所喜欢的教育。如果不考虑受教育的起点行为，就不会有因材施教，德育的实效性和针对性就成了"美丽的童话故事"，就不能唤起受教育者在德育活动中的主体性和自觉性，也就不能很好地造就具有积极主动精神和富有创造性的社会主体。

（二）德育与心育在目标、内容、方法及途径上，有机融合、相互借鉴

（1）德育具体目标的制定上，必须根据学生不同年龄、不同年级的特点，融入心育的内容，实现德育与心育在目标上的交融。

思想政治方面的德育目标要求。表现在：①培养学生初步具有爱祖国、爱人民、爱劳动、爱科学、爱社会主义的思想感情；②做讲文明、懂礼貌、有理想、有道德、有文化、有纪律的新世纪的有用人才；③做明理、勤奋、严谨、创新的合格的学生。

在道德行为方面的德育目标要求。表现在：①良好品德遵守社会公德的意识和文明行为习惯；②争做文明的合格公民。

在个性心理品质方面的德育目标要求。表现在：①良好的意志、品格和活泼开朗的性格；②自己管理自己的能力；③帮助别人，为集体服务的能力；④辨别是非的能力；⑤为使他们成为德、智、体全面发展的社会主义事业的建设者和接班人，打下初步的良好思想品德基础。

暂不论这样的德育目标定位是否科学、合理，从三个方面来制定现行的德育目标，其内涵十分丰富，绝不是仅停留在道德教育的认识上，而是融合了心理教育的内容，在目标上实现了将德育与心育有机地融合。

（2）德育内容的选择上，更加贴近于学生的需要和实际。

德育的选题可以来自于学生感兴趣的话题，也可以来自于书本的发现；既可以来自现实生活中出现的现象，也可以来自于防微杜渐，即将发生的问题之中……。面对当今世界各种思潮的冲击，德育的内容不可能做到完全的兼容并包、自由选择、放任自流，这也是社会主义教育性质决定的。但是，在开放的、发展的教育视野下，只要坚持德育的内容是正义和真理，是具有说服力的征服力的，是学生内心所需的，就能见得世面，经受得住拷问。德育教育中，要通过让学生对真理和谬误的比较和鉴别，提高其道德鉴别能力和道德自我约束力。唯有如此，个体才能真正谈得上存在"道德自我""个体可以进行一些特别的行为，甚至在需要付出一定代价的条件下，因为他们想成为或保持某一类型的人"，才能实现学生在不同时间和不同情境的变化中，能应付自如，从容不迫。

（3）德育方法的使用上，综合德育与心育方法的特长，相互启发、灵活借用。

在教育方法上，德育的主要方法是灌输、模仿和规范。心育主要方法有倾听诉说法、自由讨论法、鼓励法、辅导法等。"德育与心育相融合"的教育在方法的选用上，本着实效、有用、强调人文性的原则。总结德育实践的经验和科学试验中提炼出的如事实见闻法、事理讲解法、对话沟通法、探究讨论法、榜样示范法、情境陶冶法、行为训练法、暗示修养法、问题咨询法、角色移位法、两难选择法、奖惩激励法、调查走访法、资料检索法等一些普遍、有效的基本方法，这些方法既能反映德育内容、途径多样性的特点，也与学生思想品德形成过程中各种心理要素直接相联系。在具体运用时，应建构多种优化的方法，才能有针对性地提高德育的效率和效果。

（三）德育活动必须遵循学生心理发展规律，根据心理学原理进行设计

德育活动的开展必须适应学生的年龄特征，遵循其身心发展的规律，选择他们喜闻乐见的形式和方法，注意生动化、多样化，加强群体化、感染力，寓教于乐，寓理于景，变灌输为启发，变禁堵为疏导，变强制为激励，变封闭为开放，变严肃为活泼，变理性为形象，变抽象为具体。在丰富多彩、入情动心的情境中，潜移默化地形成和培养学生的道德认识和行为，自觉变他律为自律。

众所周知，心理学是一门体系严密、知识庞大的学科体系，值得借鉴和运用的心理学原理很多。我们认为，主要可以通过以下方面实施德育与心育的相融合。一是设置情境，角色扮演。通过创设生动有趣、形象可感的道德情境，引导学生在情境中扮演不同的角色，揣摩人物的心理，假想情境下一切可能性以及人物在情境下的反映，从而引起内心震撼与共鸣。二是问题辩难，讨论交流。通过生生、师生之间的交流，争辩，进行"头脑风暴思维"，阐述个体的不同的认识和体会。三是自我追问，意识反思。这是通过联系自身实际，反思行为的"得"与"失"，进行道德内省，并积极主动地归因、分析，从而形成一定的道德认识。四是行为养成，道德践行。这一环节，是将"道德学习"内化为"道德能力"，转化为良好的行为习惯。以上的设计，遵循着学生的德育能力发展的逻辑顺序，大体反映了"德育与心育相融合"的德育活动过程的一般规律。

（四）遵循多元评价原则，促进德育评价科学化

首先，在评价观念上，遵循多元评价原则，评价重视学生的知、情、意、行的和谐发展，从"知识与技能、过程与方法、情感态度价值观"三维目标上关注学生潜能的全面开掘和发展。其次，从道德评价的目标设计上，应强调以下几个基本观点：一要重视道德行为的动力，强调社会责任感，把个人成才与国家前途、社会需要结合起来；二要突出道德评价的行为标准，学会借鉴心理学健康指标，从行为上细化、分解，评价学生道德面貌，促进由知向行的转化；三要强调道德评价的自主性，要使学生通过自我实践、自我体验、分辨是非，逐步形成良好的道德品质；第三，在评价的方法和手断上，改变传统的评价方式过于单一，往往以教师为主，

用统一标准进行甄别，难以激发学生内在积极性，发展个性。现代教育倡导以质性评价整合、取代量化评价。在评价目的上，弱化选拔，突出发展；在评价内容上强调全面性、和谐性。在评价主体上，强调多元化，突出学生参与性。在评价成果上，强调多元参照，突出激励性，不仅重视解决问题的结论，而且重视得出结论的过程。在创新德育评价方式上，从心理教育的角度关注学生在情感、态度、价值观的形成过程，采取目标与过程并重的价值取向，注重校内外结合开放的多元的过程性评价，实现评价主体（学生）与客体（同学、教师、家长）的互动和整合。

德育与心育的相互融合，是一种崭新的视角。将德育问题引入心理学视野中进行关注，体现了学科的交叉、边缘特点，具有创新意义。一方面，将为学校德育科研提供更有力的支撑，使学校德育理论研究找到了一个新的切入点，促进了德育理论研究的进一步科学化。另一方面，为素质教育理论的深入研究提供了全新的视角，通过课程的开发、建设、实施到反馈所形成的研究成果，可以丰富和发展德育科学理论，为进一步研究德育问题的理论工作者提供具有学术价值的借鉴，从而为探讨一条开放教育环境下的高校德育和素质教育发展之路提供了典型案例。在开放环境下，对增强德育针对性、实效性的探索，促进德育模式的多样化，可以为改变我国的德育现状提供经验和借鉴。

综上所述，"德心相融"是德育行为追求至真、至善、至美的理想状态。它是现代教育发展的趋势，更是探索适合我国国情的心理健康教育和道德教育的一种尝试。

三、要解决的问题及设想

本章所要解决的问题及设想是探索心理学在大学生社会主义核心价值观教育中的价值，把心理学有关的理论、原则、方法等知识运用到大学生社会主义核心价值观教育实践中去，并提出心理学在大学生社会主义核心价值观教育中价值的实现途径，从理论与实践两方面切实地提高社会主义核心价值观教育的有效性。

四、研究方法

本文以辩证唯物主义和历史唯物主义的世界观和方法论为指导，坚持理论与实践相结合的原则,采用了以下研究方法。①理论研究法,了解社会主义核心价值观教育与心理学理论成果。②综合归纳法,在全面了解社会主义核心价值观教育与心理学的理论与实践活动的基础上,归纳总结心理学与社会主义核心价值观教育的关系的几种观点。③文献研究法,通过查阅文献全面了解社会主义核心价值观教育与心理学的发展历程与现状。④比较法,把社会主义核心价值观教育与心理学做比较,发觉两者之间的区别与联系。⑤调查研究法,通过有目的、有计划、有系统地去了解社会主义核心价值观教育的现状,借以发现社会主义核心价值观教育存在的问题及寻找问题解决的途径。

第二节 心理学与大学生社会主义核心价值观教育概述[①]

每一次成功的实践活动都离不开正确思路的指导,大学生社会主义核心价值观教育工作也是如此。而社会主义核心价值观教育工作的科学思路主要是与大学生社会主义核心价值观教育工作者自身的知识结构及理论素养相联系的。社会主义核心价值观教育工作者的知识结构,一方面来源于对以往思想政治教育工作知识的吸收及对自身思想政治教育过程中的实践经验的积累。而另一方面则来源于对其他学科的借鉴。在对其他学科的借鉴中,心理学对思想政治教育(社会主义核心价值观教育)的促进作用变得越来越重要。

一、大学生思想政治教育的内涵及现状

(一)思想政治教育的内涵

思想政治教育的内涵是什么?其所含要素包括哪些?理论界众说纷纭,说法不一,关于思想政治教育的内涵的说法归纳起来有以下几种。

---

① 大学生社会主义核心价值观教育是思想政治教育的重要组成部分。要探讨心理学与社会主义核心价值观教育的关系,首先得厘清心理学与思想政治教育的基本关系。因此,本书主要是从思想政治及教育层面来展开论述的。另外,鉴于思想政治教育与核心价值观教育的紧密联系,本书各章节根据具体情况使用相应的表达方式,特此说明。

（1）一要素说，就教育的侧重点的不同，主要存在两个派别。第一种观点认为，思想政治教育工作就是政治思想教育工作，是为了实现人的政治社会化而进行的教育。此种观点的局限性在于完全把重点放在了政治思想、观点和行为的教育上，容易忽视其他方面的教育。第二种观点认为，思想政治教育工作即思想教育工作。它包括一切以思想为内容的教育，如政治思想教育、道德思想教育、法纪思想教育、审美思想教育等。其目的在于提高人的思想水平，让良好的思想来指导实践活动。此观点与第一种相比，在内容上更加丰富、广泛，但也仅限于思想范畴。

（2）二要素说，思想政治教育不仅包括思想教育、而且包括道德教育。此观点认为思想政治教育工作不仅要提高人的思想素质，还应当注重对人的道德素质的培养，使其在道德认知、道德情感、道德意志方面得以全方位发展。着眼点在于把思想教育作为思想政治教育的根本，把道德教育作为思想政治教育的基础。

（3）三要素说，即思想政治教育的内涵包含政治教育、思想教育、道德教育三种教育，这三种教育既有联系又有区别。其中政治教育是主导，思想教育是根本，道德教育是基础，他们在思想政治教育的过程中各自发挥着优势，使工作的开展更准确、更有针对性。

（4）四要素说，认为思想政治教育包括政治教育、思想教育、道德教育和心理教育四种要素，这是现行的已获得最为广泛认同的说法。在这四种要素中，政治教育解决的是立场、方向和道路问题，它对思想政治教育其他内容起指导和支配作用。因此，在思想政治教育内容体系中，政治教育处于核心地位，最为集中地体现了思想政治教育的性质。思想教育是人们认识世界和改造世界的根本的思想方法和思想武器，为其他三要素提供价值理念支撑和方法论基础。而道德教育作为思想政治教育的基础，虽然在性质、方向上受政治教育、思想教育的影响和制约，但良好的道德水平对个体优秀的政治品质、思想素养和心理品质的形成与发展能够起到引领和提升的作用。心理教育旨在培养受教育者良好的心理素质，促进他们全面而和谐地发展，心理是人的思想政治品德形成的起点、基础和前提。"事实证明，缺乏社会主义的道德修养和良好的心理素质，也会导致政治信仰的动摇和丧失。"

综上分析,思想政治教育应包括政治教育、思想教育、道德教育和心理教育四种要素,并以政治思想教育为核心。我国的大学生思想政治教育是指我党为了巩固自身的执政地位和实现国家奋斗的目标,通过宣传社会主义思想体系,对大学生的政治态度,思想问题和心理素质进行引导的以政治思想教育为核心,以思想教育为根本、道德教育为基础、心理教育为前提的教育实践活动。(如图1-1所示)

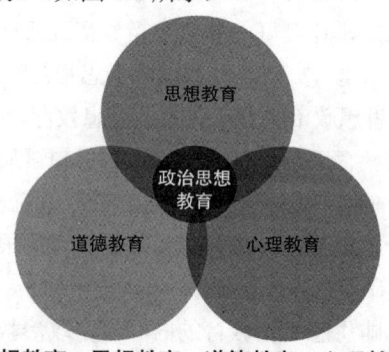

图1-1 政治思想教育、思想教育、道德教育、心理教育的关系结构图

(二)大学生思想政治教育的现状

重视思想政治教育的地位,发挥思想政治教育的作用,一直以来都是中国共产党和我国社会的优良传统。早在革命年代,毛泽东同志就在《中国农村的社会主义高潮》一书中深刻地指出:"思想政治工作是一切经济工作的生命线。"新世纪新阶段,江泽民同志更是旗帜鲜明地指出:"党的思想政治工作,是经济工作和其他一切工作的生命线,是团结全党和全国各族人民的实现党和国家任务的中心环节,是我们党和社会主义国家的政治优势。"大学生社会主义核心价值观教育是伴随着党的思想政治工作和高等教育的发展的而逐步发展起来的,掌握好高校大学生们的思想政治状况,对于做好大学生社会主义核心价值观教育工作具有重要意义。

2008年高校学生思想政治状况滚动调查表明:当前高校大学生思想主流继续保持积极、健康、向上的良好态势,以"80后"和"90后"为主体的广大高校大学生与党中央保持高度一致,表现出了高度的政治觉悟、严密的组织纪律性和强烈的爱国热情,充分说明当代大学生是热爱党、热爱祖国、热爱人民的一代，是充满理想、大有希望、值得信赖的一代，能够在新的历史起点上，承担起中华民族伟大复兴的历史使命。但由于各种复杂原因的影响，以及大学生自身的一些不确定因素，他们的思想意识中也存在较突出的问题。例如，理想信念动摇，价值判断、价值取向趋向实用化、功利化，身心素质欠佳，等等。因此，尽管多年来高校的思想政治教育工作取得较大的成绩，为社会和高校自身的改革与发展起到了积极的作用，但我们也应看到当前高校的思想政治教育仍存在一些问题。主要表现在以下方面。

1. 思想政治教育内容不合理

（1）内容陈旧滞后，无时代感、新鲜感。据反映，高校开展的"两课"教学，在内容上与中小学存在着许多的重复，而且在层次上也没有得到进一步的提升。严重落后于变化的国际国内形势和高校教育改革的发展，不能做到与时俱进。落后于大学生不断变化的思想和生活实际，使得有些学生对教育内容不感兴趣，缺乏对知识的探索的热情，甚至认为学了也是白学。

（2）内容单一化，缺乏针对性和层次性。现在很多教育者在教育过程中，不能很好地区别对待不同地域、不同层次的教育对象。这样采取一刀切的办法教育出来的学生，没有属于自身的特长与优势，这在大学生就业中有突出的体现。

2. 思想政治教育的方式、方法不当

（1）重灌输轻渗透。理论灌输一直以来都是思想政治教育采用的主要方法，在思想政治教育实践的过程中一定的灌输是有其存在合理性的。但是，灌输的方法一定要具有科学性，才会取得良好的成效。教育者一定要正确定位自己，切不可摆出高高在上的姿态，应当以平等的交流为主，努力寻找能和大学生进行沟通的好方法，注重情感的共鸣，在渗透中让大学生不知不觉地接受教育内容。

（2）重讲授轻实践。不少教育者工作者在"两课"教学当中，只当这些理论为教条，告诫学生要牢记硬背，不注重让大学生在实践中去体会和领悟。

3. 思想政治教育过程中的心理矛盾与心理规律的忽视

思想政治教育过程，就是把外在的思想政治品德要求转化为个体内在的思想政治品德认识，再由个体内在的思想政治品德认识转化为个体外在的思想政治品德行为，然后再作用于社会的循环往复的运动过程。研究与实践证明，在这个过程当中，存在着大量的心理矛盾，既有教育者自身的心理矛盾，又有接受主体自身的心理矛盾，既有教育者与教育内容、方法、环境的心理矛盾，又有接受主体与教育内容、方法、教育环境的心理矛盾。同时，还有教育者与接受主体之间的心理矛盾。当这些心理矛盾协调发展时会产生接受心理，而不协调发展时则会产生不接受心理。思想政治教育过程中有众多的心理规律，如需要驱动规律、认知活动规律、情感调控规律、教育者与接受主体的心理互动规律等。有调查证明，我国不少教育工作者不会适时地去运用这些心理规律来开展思想政治教育。因此，思想政治教育效率较低也并不奇怪。

4. 思想政治教育过程中对被教育者的主体性的遮蔽

主体性是人的本质属性，接受主体的主体性是在思想政治教育过程中表现出来的能动性、自主性、目的性。在我国目前的思想政治教育实践中，教育者常常会忽视接受主体的情感体验、内心需求及感受，很少照顾到接受主体的思想状况和心理特点，导致在教育方法上片面强调说教、灌输及理论教育，甚至采取强制压服的方式，严重损伤了接受主体的积极性，使其形成了强烈的逆反心理。

5. 教育者与被教育者自身的综合素质不强

在教育过程中，教育者作为思想政治教育主要的组成部分，他们素质的高低，会直接影响到教育的效果和教育目标的实现。被教育者的综合素质同样也会影响到思想政治教育效果的好坏，比如功利主义倾向、自我主义倾向和心理素质欠缺，这些对思想政治教育内容的接受就会产生一定的阻碍作用。

通过以上分析可以看出，在当今的思想政治教育中，影响大学生社会主义核心价值观教育效果的因素有重形式轻实效、教育方式单一、教学内容与现实的脱节、教学不可以从根本上解决学生的思想问题等，但学者与思想政治教育实际工作者在教育的过程中忽视接受主体的接受心理，忽视接受主体在思想政治教育中的主体地位，只从教育者的一厢情愿出发实施教育，是思想政治教育效果不佳的一个主要原因。而对于这方面问题的解决，心理学可以起到不可或缺的作用。

二、心理学与大学生思想政治教育

（一）心理学的研究对象与内容

心理，是对心理现象、心理活动的简称。心理学是一门研究人的心理现象、揭示人的心理现象的规律的科学。那么，人的心理现象与心理活动是怎样体现出来的呢？其实我们对它们并不感到陌生。先看一个简单的片段：早上睡醒的我，看到了阳光照进了屋子，听到了窗外小溪边清脆的流水声，打开窗户，迎面吹来了凉爽的风，让我感觉很舒畅。清凉的微风中似乎还夹杂着淡淡的桂花香，好闻极了，我猜想这花香可能是从隔壁张大爷家院子里吹来的。我还记得，张大爷家前院的那几棵桂花树，现在正是八月，也许那里的花儿已经开了。今天是周末，我很高兴，我正盘算着是不是应该去外面走走，感受一下大自然的美那是一件多么惬意的事啊，可是一想到老师布置的周末作业还没做完，就必须忍耐一下，坚持把他们做完……。在这一小小的生活片段中，其实就包含了一系列的心理活动。这里的"看到""听到""闻到"就是心理学中讲的"感觉"和"知觉"；"记得""想起"是心理学中的"记忆"；"猜想""盘算"是"思维"问题；"高兴""惬意"属于"情感"；"忍耐""坚持"属于"意志"。这些心理现象或心理活动，都是人们所熟悉的。而这些感觉、知觉、记忆、思维、情感、意志等心理活动正是心理学所要研究的对象。心理学家把这种认识过程、情感过程、意志过程统称为心理过程并作为心理学研究的内容之一。

心理学所研究的人心理现象的另一个内容是人的个性。个性包含两个部分，即个性心理特征和个性心理倾向。它们是在人自身的生理及社会历史的条件下形成和发展的，具有一定的独特性。个性倾向如需要、信念、理想、动机等，是指人们的思想倾向和心理倾向。个性的心理特征指的是人的能力、性格、气质和兴趣等比较稳定的心理特征。个性倾向性和个性心理特征两者存在着联系，信念、理想等往往对人的心理发展起着推动作用，并影响、制约着能力、性格等个性心理特征的发展水平和方向。

心理过程与个性联合起来构成了心理学研究的对象及内容，两者相互联系相互影响，个性在心理过程中形成和发展，一旦形成则会反过来对心理过程产生影响和制约。

（二）心理学与大学生思想政治教育的关系

辩证唯物主义认为，心理是在实践活动中人脑对客观现实的主观能动的反映，而思想是客观存在于人的意识中经过思维活动而产生的结果。心理与思想存在联系，两者相互促进、相互制约。心理是思想的基础，思想是心理的升华。没有心理这个前提，思想就不会产生，因为思想属于心理的最高层次。同样，心理要是不能上升到思想阶段就只能停留在对事物的表面认识，不能把握事物的本质。

基于思想与心理的不可分性，思想政治教育与心理教育也存在着紧密的联系，两者都是为了满足社会与个体的生存、延续和发展的需要，都是为了传递经验、开发潜能，促进人的全面发展而产生的社会性教育活动。心理教育通过对人的心理现象与心理规律进行研究，来培养个体适应社会发展的能力，让个体在一个良好的心理环境下成长。而思想政治教育是通过传播社会意识形态的信息，让受教育者接受并认同，从而在公众中树立起某种特定的符合我国国情的意识观念，主要起到一个导向的作用。

思想政治教育与心理教育有联系也有区别。① 从理论基础上看，思想政治教育主要是以马列主义、毛泽东思想、邓小平理论等为基础，而心理教育的理论基础是生物学、精神病学、物理学等，它不带政治性色彩。② 从地位上看，思想政治教育一直以来是我党工作的生命线，在众多教育中是最主要的。而心理教育对思想政治教育主要起补充、进一步完善的作用。③ 从工作的侧重点上看，思想政治教育重点在于传播社会观念，灌输意识形态，引导价值取向，培养和教化个体的政治态度和道德责任。而心理教育的研究重点在于对个体的心理现象与心理规律的揭示，从而服务、指导个体社会实践活动。④ 从教育的内容上看，思想政治教育传授的内容主要有国际国内形势、爱国主义教育、社会经济发展形势、历史教育、社会主义核心价值观教育等内容。而心理教育的内容主要有学习教育、职业教育、心理健康教育、生活辅导等。两者一个是从总的方向、宏观上把握，一个是从具体、微观的角度出发。⑤ 从采用的方式、方法上看，思想政治教育主要采用的是理论灌输的手段，而心理学常用的方法是渗透式的。

第三节 心理学与大学生社会主义核心价值观教育结合的必要性和可行性

改革开放后，我国社会主义经济建设和民主政治建设都得到了进一步的发展，并逐步趋于稳定。大学生社会主义核心价值观教育作为我国进行思想政治教育的主要场地，在这个大的背景下也取得了不少的成就，大学生们的思想主流积极向上，政治热情高涨，对国际国内的形势有一定的把握，爱国主义情操深入人心。但我们在对待这个问题上，应当时刻保持清醒的头脑，既要看到好的一面，也应当认识到不足的一面、需要改进的一面。比如，在开展思想政治教育过程中，有必要运用心理学知识，把心理学作为思想政治教育的一门基础学科，去了解接受者的思想与行为等各个方面。

一、心理学与大学生社会主义核心价值观教育结合的必要性

（一）大学生社会主义核心价值观教育目标的要求

如前所述，大学生社会主义核心价值观教育的内涵不仅包括政治思想教育、思想教育、道德教育，还包括心理教育。近些年来，国家一直把培养大学生良好的心理素质作为大学生社会主义核心价值观教育的一个重要的目标而加以重视。教育部、卫生部、共青团中央专门颁布了（教社政〔2005〕1号）文件对进一步加强大学生心理健康教育提出了一些宝贵的意见。

大学生社会主义核心价值观教育工作，从本质上讲是一项做人的工作。它着重解决的是大学生为人处世的立场和态度问题，即"三观问题"。它主要通过对大学生进行政治思想、理想信念等方面的灌输，来使这些外在的思想借助一定的手段内化为接受主体自身的思想，从而使大学生的"三观"与党的思想保持高度的一致性。但是由于大学生社会主义核心价值观教育针对的教育对象是存在个体差异的大学生，这给工作带来了一定困难，要使大学生社会主义核心价值观教育工作能够得到良好的效果，教育者在教育过程中必须结合大学生学习和生活的实际情况，切实解决好大学生的合理要求和存在的困难。才能实现大学生社会主义核心价值观教育的根本任务。掌握好大学生的心理特征及发展规律对大学生社会主义核心价值观教

育工作取得好的成效也是具有实践意义的。

（二）新时期教育对象的特点要求社会主义核心价值观教育与心理学有机结合

大学生社会主义核心价值观教育是指教育者实施的思想政治活动与大学生心理活动相互影响、相互作用的过程。作为新时期大学生社会主义核心价值观教育主要的教育对象——"90后"和"00年代"大学生，他们身上存在着一些如沉默孤独、依赖性强、追求新鲜感、接受新事物能力强、心理承受能力差、人际交往存在欠缺、社会责任感不强、个人主义等心理特点。如果教育工作者不能好好把握，不考虑对象的心理特征，不遵循对象的个性发生和发展的规律，不注重教育内容、教育方式和方法的选择，就很有可能影响到思想政治教育工作的效果。所以要想在教育的过程中取得良好的效果，高校教育工作者有必要在适当的时候运用心理学中的有关理论与方法，使两者有效地结合起来，调动教育对象学习的主动性、积极性，实现思想政治教育工作的目标。

（三）思想政治工作的预见性要求社会主义核心价值观教育与心理学有机结合

预防为主，把问题消灭在摇篮中是思想政治工作的出发点。而要做好这一工作，高校思想政治工作者必须在日常生活中多观察，多了解学生的思想动态。要了解学生的思想动态，仅仅了解学生的生活环境的特点是不够的，还应当对其心理进行全面的了解。这时候就需要心理学发挥作用了。预测一个人在某种环境下会产生什么样的思想，对其心理的准确把握是不可缺少的，而心理学作为研究人的心理活动的科学，在预测人的思想方面必能发挥其长处。所以如果能够在做思想政治教育工作之前，运用心理学知识对被教育者的心理状态与心理特征有所掌握，及时地抓住思想与行动的苗头，将有助于增强大学生社会主义核心价值观教育的预见性，把工作做在前头。

（四）思想政治工作的针对性要求社会主义核心价值观教育与心理学有机结合

思想政治工作的针对性，主要是指教育工作者在进行思想政治教育过程中应当对症下药、因材施教。"对症下药"指的是教育者在进行教育之前应当对教育对象有基本了解，知道他们感兴趣的热点、难点所在，知道他们在思想上存在什么样的误区和不足。再针对这些热点和难点、误区、不足提出有针对性的解决方案。"因材施教"是指教育者要善于把握学生的性格、思维方式、兴趣等特征，再针对这些特征采用一些适当的、符合其个性发展的教育方法。要做到有针对性、对症下药、因材施教，都离不开对教育对象特征的基本掌握。这些特征往往会通过一定的形式表现出来，如人的情绪反应、言语、行动等。思想政治教育工作者要做的就是透过这些情绪反应、言语、行动来找出教育对象的心理问题，进而引导和控制他们的行为，使大学生社会主义核心价值观教育更加有针对性。

（五）思想政治工作的科学性要求社会主义核心价值观教育与心理学有机结合

思想政治教育是依据人们的思想活动规律进行的，而人们的思想活动规律又要受制于心理活动规律，所以研究人的思想活动，必须研究人的心理活动，这就需要借助心理学。由于我国传统的思想政治教育更关注教育者与教育内容，而比较容易忽视大学生的发展需求、大学生的主体性以及大学生的心理素质对思想政治品德的影响，从而使得教育的效果不太理想。而心理学所研究的内容对于传统的思想政治教育忽视的地方恰恰能给以弥补，两者的结合必然能增强思想政治教育的科技含量。所以，要想思想政治教育取得更好的成效，就应当要进一步开拓、创新，在思想教育中突出发挥心理教育功能，引入心理教育原则和方法，要灵活运用心理健康教育的目标性、发展性、差异性、主体性、活动性、保密性等原则以及心理疏通法、意志激励法、改变氛围法等方法，并用这些原则和方法来指导实践。

二、心理学与社会主义核心价值观教育结合的可行性

心理学与社会主义核心价值观结合是必要的，也是切实可行的。两者的可行性主要可以从以下几个方面来看。

第一，从政策上来看。中共中央、国务院在《关于进一步加强和改进大学生思想政治教育的意见》中提到，在思想政治教育工作中，应当重视对大学生进行心理健康教育，根据大学生自身的特点和教育规律，制订心

理健康教育计划，确定相应的教育内容与教育方法。为贯彻落实这一文件精神，教育部、卫生部、共青团随即出台了（教社政〔2005〕1号）文件《中央关于进一步加强和改进大学生心理健康教育的意见》，对怎样实现大学生心理健康教育的总体要求，提高心理健康和心理咨询水平，建设心理健康教育队伍，构建心理健康教育的领导机制和工作机制都做了可行性的指导与建议。之后，教育部也多次强调，高等学校培养的学生不仅要有良好的思想道德素质、文化素质、专业素质和身体素质，更应该具有良好的心理素质。一系列的政策都表明了政府对高校进行思想政治教育过程中加强心理健康教育的支持与鼓励，这为心理学与社会主义核心价值观教育两者的结合提供了良好的政策背景。

第二，从现实上来看。我国几十年革命斗争和建设中所进行的大量思想政治工作，卓有成效地改造着人们的主观世界，我们的实践经验是非常丰富和珍贵的。现在，大批有远见、有才能的管理工作者和思想政治工作者还在进行着这方面的研究和探索。把心理学运用到思想政治教育中去，促使心理学与思想政治教育工作有效的结合，也是思想政治教育改革的一大趋势。这为心理学和社会主义核心价值观教育的结合提供了许多可借鉴的实践基础。

第三，从学科基础来看。国内外心理学的研究成果为思想政治教育提供了丰富的理论和方法。如行为科学，就是综合运用心理学理论和社会学理论来预测、控制、改变人的思想行为的尝试。由于心理学把观察和测量密切结合起来．近几十年来已日益发展成为一门"如果怎样——就怎么样"的科学。就是说，如果存在或建立某些可描述的、可测量的条件，那就可以预言某种预定的思想行为会随之产生。在思想政治教育工作过程中对大学生们的思想与行为的预见性就会大大得以提高，从而降低了社会主义核心价值观教育工作的难度。

第四，从师资力量来看。在我国高校中，并不是所有高校都配备有心理健康教育的专职教师，高校心理健康教育工作的任务就自然地落到思想政治工作者队伍身上，特别是落到承担学生思政工作和管理工作任务的辅导员、班主任身上。而且实践证明，思想政治工作者完成心理健康教育工作是完全可能的。一方面，由于学生存在的许多心理问题往往是与其大学生活密切相关的，如人际关系、学习、恋爱、就业等问题，班主任、辅导员利用自身的生活经验,完全能够承担起对这方面的指导;另一方面,高校班主任、辅导员在对学生的学习、日常生活和课外活动的管理中,与学生接触最频繁,最有机会深入了解本班级学生的思想动态、情绪、困惑、压力等,知道学生的个性特点和心理需求,这有助于他们及时发现和解决问题。这种在工作中既培育大学生的心理素质又培育其政治、思想、道德素质的现状,一定程度上也证实了:将心理学和社会主义核心价值观教育结合起来,既可以提高心理素质培育的效果,又可以提高政治、思想、道德素质培育的效果。所以说,心理学和社会主义核心价值观教育的结合是可行的。

第四节 心理学在大学生社会主义核心价值观教育中的价值体现

一、从地位上看心理学在大学生社会主义核心价值观教育中的价值

(一)心理学的运用可为大学生社会主义核心价值观教育奠定良好的心理基础

一个人心理不健康或是出现了障碍,正是因为他的认知、情绪、意志、行为等方面出现了问题。而学生能力的培养、思想道德品格的完善都离不开正确的认知、适度的情绪、坚强的意志、良好的行为等基本的心理要素。心理健康教育的价值目标就在于要帮助学生培养良好的素质品质,有良好的社会适应能力,能够正确地认识自己,成功地与人交往。通过系统的心理健康教育,培养起学生健康的心理品质,使学生更易于接受思想政治教育,并内化为自己的信念和行动。另一方面,通过心理健康教育,学生的情绪、意志、性格等方面的发展情况都可以得到了解,充分利用这些了解化解矛盾,消除障碍,促使学生性格协调发展,达到使学生健康成才的教育目标。

(二)心理学的运用可为大学生社会主义核心价值观教育提供切实有效的心理学原理

思想政治教育的对象是对人的教育,也就是对人的一系列的转化工作。

而对"人"这个主体的转化过程是有着其复杂的心理机制的,它包含了心理感应、心理冲突、心理演变、心理归因等一系列的心理过程,其实质是对人进行的一种心理内容和行为的转化。在这一心理转化的过程中,基于人自身客观存在的个体差异性,不同的主客体可能对于外界的知识有着不同的理解。而通过掌握心理学原理如需要理论、认知理论、情感理论、意志理论和个性差异理论等,从人的心理出发,去理解、解释和引导人的一系列行为。同时,遵循个性发展一定要为整个社会服务的原则,注重从人的发展与社会需求出发去寻找两者的最佳结合点,以实现教书育人和科技兴国的思想政治教育目的。只有这样,才能做到"因材施教",使思想政治工作具有针对性,做到对症下药,才能使学生产生相应的心理活动,进而收到理想的思想政治教育效果。

(三)心理学的运用可为大学生社会主义核心价值观教育提供不可缺少的心理学方法

"思想政治教育研究关注的是通过理性的、演绎的、思辨的方法来探讨现实的实质或根本性质,研究倾向是静态的。而其教育过程是动态的,在此过程中接受主体的心理活动和接受程度如何,只能借助心理学的研究方法来探讨。"以心理学为基础的沟通方法主要有以下几种。

1. 访谈法

访谈法是了解学生心理活动的一种方法,也是大学生社会主义核心价值观教育采用的基本方法。因为人的心理活动一般是通过人的言语而表现出来的。访谈法一般是个别测定的方法,教师可通过与学生的交谈较为详细、完整、具体、真实地了解到学生心理发展的有关细节表现,从而更深入地研究问题,有针对性地解决问题。采用访谈方法时,教育者应尽量做到轻松自如,根据自己想要解决的问题,把握住谈话的方向,尽量采用开放式的问题。在问题相同的条件下,注意根据不同特点的学生进行不同的提问。

2. 暗示法

暗示法是指教育者运用语言、行为或某种事物,比较含蓄、间接地对教育对象施加影响的教育方法。教育者在教育的过程中，一定要好好运用暗示法，多给予学生好的暗示。多给点表扬、鼓励、支持，少一点埋怨、指责。

3. 榜样教育法

榜样教育法是指在教育过程中，采用一些先进的事物和优秀的人物事迹去启发教育对象，让他们在心理上产生一种对比，进而促进自身成长。

新时期的大学生们，擅长表现自我，总想在人群中脱颖而出，他们往往都会有自己所追求的品质或精神，一旦某种人身上出现了他们极力想要的，他们就会加以模仿和学习，而这种内发的力量是无穷的，一旦有了正确的引导，效果是惊人的。

4. 角色互换法

所谓角色互换的意思是，遇到问题的时候要学会站在他人的立场上去想问题，设身处地替他人着想。这种方法对理解他人的行为具有很好的效果。

教育者要本着尊重人、理解人、关心人的原则，不能一味地以自己的想法和观念去判断事情的对与错，一定要考虑到学生们的感受和某些事情背后的原因，站在他们的角度，从实际出发分析问题、解决问题。

5. 观察法

观察法就是通过对人的外部表现、人的行动和言语的观察去了解人的心理的一种方法。教育者可以通过观察学生在校内、校外、课内、课外，在劳动、学习和活动中，在考试、比赛等各种情境下的表现，以了解学生的各种心理特点和心理规律。在运用观察法的过程中，必须注意要带着明确的目的性，并随时记录下有关的信息，及时加以整理分析。

6. 心理咨询法

心理咨询法是指心理咨询专业人员运用心理学的理论和技术，对咨询者进行心理上的疏导和帮助，促使其心理健康成长的一种方法。心理咨询所遵循的一般原则包括保密、自愿、平等的原则，在这种和谐的心理环境下，对大学生进行思想政治教育能使其更加容易接受。

思想政治教育对心理学研究方法的借鉴，对于加强思想政治教育的实证研究，提高思想政治教育的实效性与科学性是十分重要的一步。

（四）心理学的运用可有效促进大学生社会主义核心价值观教育培养目标的实现

思想政治教育的根本目的就是要不断提高人们的思想道德素质，提高人们认识世界和改造世界的能力，为建设中国特色社会主义，实现共产主义而努力奋斗。高等学校实现思想政治教育目标的过程，从心理学的角度来分析，其实质就是借助学校的"两课"理论教学、有效的思想政治工作和社会实践活动，将党和国家的政治观点与立场逐步内化为大学生们自身的立场、观点、方法和思想品德的过程。而在这一内化的过程中，大学生的心理状况起着重要的作用。其原因在于：① 大学生的心理健康水平直接影响着思想政治教育的效果，思想政治教育目标的确立必须以大学生心理成长的实际情况为依据，只有积极探索大学生的心理规律，寻找到一条适合大学生心理的道路，思想政治教育的目标才能得以有效的实施；② 思想政治教育的根本目的在于不断提高人的思想道德素质，而心理学的最终目的是通过了解人的心理，探索人的心理过程，积极完善人的人格从而使人能够得以全面的发展，它们二者有着共通性。为此，工作者们应当积极而深入地研究学生们的心理状况和正确把握思想政治教育的内在要求，把二者有效地利用起来，相互促进。

二、从作用上看心理学在大学生社会主义核心价值观教育中的价值

（一）促进作用

一是促进思想政治教育学科的丰富与发展。近些年来，大学生社会主义核心价值观教育存在的一些重形式轻实效、教育方式单一、教学内容与现实脱节、教学不可以从根本上解决学生的思想问题等现状，使得其发展不尽人意、没有很好地发挥其功效。因此，迫切需要调整以往核心价值观教育的知识结构与教育方法，引进一些先进的学科知识。心理学在与其他学科的选择上被首当其冲地运用到思想政治教育当中去，它为大学生社会

主义核心价值观教育提供了一些实际有效、切合可行的心理学原理与方式方法，能够促进思想政治教育学科的发展。

二是促进良好品质的形成。如前所述，心理与思想有着密切的关系，一个人良好的思想政治品质的形成有赖于其健康的心理。一个人倘若有了健康的心理，在接受思想熏陶的时候，就更容易内化为自己的信念，在正确信念的指导下转化为符合要求的自身行为或社会行为；反之，一个人在错误的、不健康的心理状态之下往往容易做出错误的，甚至是危害社会与国家的行为。因此，我们应当加强对学生的心理辅导与帮助，让他们在一个良好的心理环境中养成更为优秀的品质。

三是帮助学生心灵成长与人格的塑造。掌握一定的心理学知识可以帮助学生获得心灵的成长，给予他们力量，让他们能够正确地把握自己和周围各种人的心理状态，恰当地处理好复杂的人际关系，创造良好的学习、工作环境。这能够使学生在实践的过程中，不断地调试自己、完善自己，从而塑造出完美、高尚的人格品质，使他们真正成为适应于社会、服务于社会的有用之人。

（二）创设作用

心理学在大学生社会主义核心价值观教育中的价值促使了一门新学科的形成。近年来，针对如何有效地进行思想政治教育的问题，一批学者开始从学术和对现实人的人文关怀角度重新审视和研究思想政治教育，由此出现了思想政治教育和心理学的结合。随着思想政治教育学科研究的不断深入，思想政治教育心理学这一新兴学科开始出现并不断地发展。随着对思想政治教育过程中的心理现象、心理问题和心理规律探讨的日益深入，使得思想政治教育的科学性与实效性得到了大幅的提高。

（三）净化作用

运用心理学的知识能为思想政治教育创建一个良好而稳定的心理环境。在高校的思想教育实践的过程中，其效果如何，不仅取决于教育工作者实施了什么样的教育内容，还取决于接受者是否接受这一教学内容，倘若他们的心理失调、心理矛盾和心理冲突频繁，学生们的对抗心理就会越严重；反之，在一个情绪稳定、心身和谐的环境下，学生们就比较容易与教育工作者建立良好的、信任、理解的关系，那接受这些教育内容的也就不会有什么困难了。

（四）引导作用

心理学的引导作用是指运用现代教育、心理科学等理论，根据个体心理发展面临的问题，对其心理健康、成长、发展进行的帮助、指导与服务。心理学对思想政治教育的引导作用在于心理效应的应用。运用心理效应告诫教育者应当因材施教，针对不同的教育对象，依据他们不同的心理特质和个性提出不同的解决方案，做到有的放矢；开展多渠道、多元化、多样化的思想政治工作活动，丰富学生们的思想内容，拓展他们的知识，提高他们的品德修养；引导学生们注重相互之间的情感交流，以情动人。

三、从功能上看心理学在大学生社会主义核心价值观教育中的价值

（一）教育功能

1. 学习教育

运用心理学原理可以帮助学生端正学习态度，改进学习方法，提高学习动机与效率；还可以引导学生树立远大的理想，促进人际交往，增强社会适应能力，使他们摆脱消极的情绪困扰，以积极健康的心态投身于学习和人生目标的奋斗中去。

2. 认知教育

当代大学生处在政治、经济、文化多元、各种思想纷至沓来的世界里，对于思维敏捷、思想活跃的大学生来说往往会产生深层次的思考，有可能出现思想上飞跃式的迷茫，认识多元化的倾向。心理学研究大学生认识的心理过程，从认识的心理规律出发。在对待新的理论方面，坚持实事求是，面对现实；在教育方法方面，采用以理服人、双向交流的方法，启发学生的主体意识，教育学生以科学的"三观"来指导和控制自己的行为；在实践中，不断纠正认识上的偏差并加以科学的引导，以实现大学生内心信念的科学转移。

3. 人格教育

心理学研究人的心理现象，探索人的心理规律，其目的在于更好地培养健康的心理与人格，从而促进人的发展。大学阶段作为人生历程中的关键时期，在面对学习压力、工作压力、生活压力的情况下，很有可能产生一些消极、焦虑、丧失信心、悲观等不良的情绪，从而引发不健康的人格特征，而心理教育可以对这些不良的情绪加以很好的调试，帮助学生认识和检查自己人格发展的合理性，正确认识自我与社会，并能从经验中学习，找到自己恰当的情绪表达方式。

（二）补偿功能

心理学的研究成果有利于拓宽思想政治教育学的研究视角，更加全面、系统、科学地研究接受主体及教育内容。思想政治教育的根本目的是把外在的政治理念与道德规范等社会意识灌输给接受主体，最后内化为接受主体自身的思想意识与行为。这个根本目的实现的前提是对接受主体有充分的了解。但传统的思想政治教育更重视教育者和教育内容的研究，缺乏对接受主体和教育过程的研究，教育者只知灌输，忽视接受主体的主体性，以致接受主体很难把灌输的内容内化为自身的道德品质和思想意识。随着思想政治教育学特别是思想政治教育心理学研究的深入，关于接受主体的心理形成和发展、学习心理、接受心理、个性心理及其差异等的研究都有优秀的成果，这些成果对于补偿思想政治教育工作中的主体性缺失或弱化是有重要意义的。

（三）心理调适功能

随着改革开放水平提高，市场竞争的不断加剧，各类信息的大量涌入，当今部分大学生变得难以适应社会的发展。个别学生则于焦虑、消极之中产生了心理问题。而心理学中提到的一些心理调适方法，如心理保健方法、心理放松方法、心理宣泄方法、心理自慰方法等，能够有效地帮助大学生发展健康心理，寻求心理平衡，保持心态正常，是新时期大学生社会主义核心价值观教育中大学生自我教育方法的新发展。通过自我调适，可以提高大学生的自尊心和自信心，消除一些消极的情绪，保持一些积极、健康、乐观向上的情绪状态。

四、从过程上看心理学在大学生社会主义核心价值观教育中的价值

心理学在大学生社会主义核心价值观教育过程中的价值主要体现在思想政治教育必须遵循心理活动的规律,运用心理学的原则与方法从事思想政治教育工作,有助于揭示思想政治教育过程中的心理规律。

(一)对大学生社会主义核心价值观教育信息传递过程的分析

从信息论角度出发,思想政治教育的过程就是思想政治教育信息传递的过程。在这过程中,教育者、教育对象、教育情境以及信息的传递方式都会影响教育过程,最终影响教育的效果。(如图1-2所示)

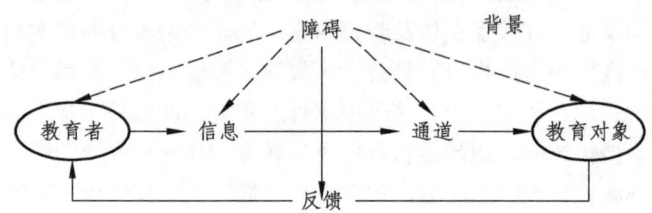

图1-2　教育信息传递过程图

从教育者的专业性、可靠性、权威性、个人魅力等方面,从教育对象的态度强度、人格特征、心理的健康程度、受挫能力等方面,从如何优化教育情境方面从如何使教育信息多样化、增强内容的新鲜感、时代感等方面及如何拓展教育媒介的渠道等方面,分析心理学对社会主义核心价值观教育的影响,可以提高教育的实效性。

(二)对大学生社会主义核心价值观教育过程中的心理机制与心理效应的研究

借助心理学,运用激励的心理机制、态度转变的心理机制、自我教育的心理机制等正确把握复杂的教育系统各因素之间的相互作用方式,对大学生进行思想政治教育。研究与运用在思想政治教育过程中存在的各种各样的心理效应,如首因效应、近因效应、定势效应、光环效应、体貌效应、

名片效应等，育人中的心理效应，如自己人效应、异性效应、皮格马利翁效应等，可以在社会主义核心价值观教育过程中提高教育效果，使教育对象心悦诚服地接受教育。

（三）对大学生社会主义核心价值观教育过程中的心理规律的研究

思想政治教育过程中的基本心理规律可表述为：思想政治教育者为主导的施教系统必须适合受教育者的接受心理的规律。前文中有提到思想政治教育过程中存在的一些心理矛盾，这些心理矛盾从表面上表现为一种心理的失衡，在心理失衡的状态下，教育者往往不能够很好地接受教育的内容，甚至出现排斥的现象，从而影响思想政治教育的效果。而在这些心理矛盾中，思想政治教育者为主导的施教系统与受教育者主体的接受心理之间的矛盾是思想政治教育过程中的基本心理矛盾。而对思想政治教育过程中基本心理矛盾的解决过程就是思想政治教育过程心理规律的揭示过程。

第五节　心理学在大学生社会主义核心价值观教育中的价值实现途径

从前一节了解到心理学在大学生社会主义核心价值观教育中的价值后，研究如何实现心理学在大学生社会主义核心价值观教育中的价值就是一个必然需要解决的问题。本节主要提出了四个实现的途径：创建和谐高校心理环境，营造良好的思想政治教育背景；加强高校心理健康教育，促进学生全面发展；开展心理咨询，培养学生健康的心理和人格；优化思想政治教育接受心理，加速思想政治教育目标的实现。

一、创建和谐高校心理环境，营造良好的思想政治教育背景

人的实践活动都是在一定的环境下进行的，思想政治教育也不例外。心理学研究表明，环境因素对于人们接受信息有重要的影响作用。创建和谐思想政治教育环境，对于大学生社会主义核心价值观教育具有一定的现实意义，特别是创建一个良好的高校心理环境尤显重要。

（一）高校心理环境的构成要素

高校心理环境是复杂的，因此影响大学生心理的因素也是比较多的。高校心理环境一般分为学校外部心理环境和学校内部心理环境。学校外部的心理环境主要指的是社会环境。社会环境有广义与狭义之分，广义的社会环境，是指全社会成员所处的整个社会生活条件。其中最重要的是社会生产力与生产关系，它们所构成的社会生产方式制约着社会的一切，也制约着社会个体的心理发展，决定着他们的心理发展水平与方向。狭义的社会环境，是指个人生活、活动范围之内的各种事物如家庭、邻居、好友等，一个人从出生开始，就和他周围的环境有着密切的联系，周围的环境总是作用于他，促使他产生这样或是那样的心理。发展心理学家也证实，同地域、同时段的人总会或多或少地表现出同样的性格特征。所以，教育者如果能够很好地把握住这一现象，透过环境对教育对象的心理有不同程度的了解，就能大大节省教育成本付出。环境对人产生影响是通过人与环境的相互作用来实现的，人不是环境的产物，人是可以改变环境的，教育者可以通过实践活动去改变旧的环境，创造新的有利于大学生健康成长的学校外部心理环境，从而对大学生心理发展产生积极作用。

学校内部心理环境主要是指校风、校园人际关系、教师心理与学生心理等因素。校风即学校的风气。它体现在学校各类人员的精神面貌上，体现在学生的学风、教师的教风、学校干部的作风、各班级的班风上，还存在于学校的各种事物和环境之中。良好的校风既是教育和管理的成果之一，又在教育和管理上具有特殊的作用，它有一股巨大的同化力、促进力和约束力，是一种精神力量和优良传统。建设好的校风是学校管理者的一项重要任务。校园人际关系，主要是指校园内部各组成人员之间形成的社会关系。其中最主要的是师生关系与同学关系。师生关系是在教与学的过程中形成的一种关系，师生关系是否融洽会直接关系到教学的质量，好的师生关系能够润化学生心理，帮助学生更好地接纳教学内容；不和谐的师生关系很可能会使学生产生逆反心理，拒绝接受授课内容，甚至走向与教育内容相反的极端。同样，同学之间关系的好坏也会影响思想政治教育的效果。当学生把不好的情绪带入课堂的时候，这就标志着从一开始就产生了对教育的排斥。

在学校内部心理环境中，笔者认为教师心理与学生心理是最主要的也是最为关键的,因为两者是高校教育最为核心的部分。在教与学的过程中,教师的一言一行都有可能被受教育者所效仿,而受教育者的心理状态也关乎到教师教育目标的实现。

创建和谐的高校心理环境,能够为大学生社会主义核心价值观教育奠定良好的心理基础,促进思想政治工作顺利进行。

(二)高校心理环境建设的效能

创建良好的高校心理环境有利于大学生健康成长。高校心理环境的各个因素作为关系到大学生健康成长的外部条件,它主要是通过大学生即受教育者内部的知与不知、正确思想与错误思想,以及认知、情感、意志和行为之间的相互矛盾、相互斗争而起作用。也就是说,受教育者对现实心理环境所做出的反映与其原来的思想和心理状态之间的矛盾,是受教育者身心发展的内在动力,而如何调解、解决此矛盾则是受教育者能否健康成长的关键。受教育者在各种活动中所接受的影响,要经过一个内化的过程,即经过上述矛盾运动过程,才能使其原有的思想和心理状态得到进一步的发展和提高,外因转化成内因。而新的思想境界和认识水平一经形成,就会产生一种新的能动力量,并反作用于外部世界,使外部环境得到改造,内因又转化为外因。心理环境的工作重点就是要促进这个内外因的相互转化,从而形成高校心理环境的良性循环系统。

(三)创建和谐高校心理环境的途径

1. 改善社会环境

随着改革开放的程度不断深入,我国与国外的交流越来越频繁,价值日益呈现出多元化的趋势,人们的思想也开始面临着挑战。尤其是当代大学生,他们在接受新事物的能力方面远远超过其他群体,所以大学生社会主义核心价值观教育越发显得重要。我国应当加快经济与政治民主的步伐,为大学生营造一个健康、文明的社会环境,提高我们的综合国力,在国际上夺得一席之地,增强大学生的爱国主义情操。

2. 良好的校风建设

校风建设的目的是塑造校园精神文化。校风作为构成教育环境的独特因素，体现着一个学校的精神风貌。在校风体现形式上，校风主要表现在领导的工作作风、学生的学风、教师的教风，班级的班风上。好的校风具有深刻的"强制性"的感染力，使不符合环境气氛要求的心理和行为时刻感受到一种无形的压力，使每一位校园人的集体感受日趋巩固和扩展，形成集体成员心理特性最协调的心理相容状态；好的校风具有对学校成员内在动力的激发作用，能催人奋进；好的校风对学校成员的心理发展具有保护作用，对不良的心理倾向和行为具有强大的抵御力量，能有效地排除各种不良心理和行为的侵蚀和干扰。

3. 教学心理环境的塑造

（1）增强教师自身心理素质意识。用科学的世界观和人生观武装自己的头脑，在面对问题的时候要一切从实际出发，切不可先入为主，造成主观上的偏见。努力提高自身心理承受能力，以积极的心态去面对社会、学校、家庭等方面的挑战，不断地给予自己好的暗示，建立起自信心。

（2）掌握好心理调适的知识和技能。思想政治教育者应当不断地学习心理卫生知识，及时地调整自身出现的不良情绪或心理障碍。在学生面前能尽量地控制好自己的情绪，不要把自身不良的情绪转移给学生。

（3）思想政治教育工作者还需要培养好自身的政治素质。学会运用马克思主义的立场、观点、方法去观察处理问题；用饱满的政治热情和高度的责任感对待工作，并在工作中发挥认真负责的精神和谦虚谨慎的作风；适应改革开放的新形势，研究新情况、解决新问题，大胆探索，不怕风险，勇于开拓教育教学的新局面。

（4）要善待学生、培养好良好的师生关系。人与人之间正常的亲切的交往是维护和增进心理健康的重要条件。在进行思想政治教育过程中，教师应当真诚以待，认真地听取学生们的要求，切实解决好他们的实际困难，帮助他们渡过难关。在学生出现心理问题的时候，及时地给予疏导并提供好的心理调适方法，帮助他们重建对生活的希望。

二、开展心理咨询，培养学生健康的心理和人格

"咨询"意为洽商和顾问、指导。心理咨询是指心理咨询人员运用心理学的知识、理论和技术对来询者就自身存在的心理=困扰或心理障碍，通过

语言、文字等交流媒介进行交谈、协商、探讨，共同寻找心理问题产生的原因，分析问题的结症所在，进而寻求摆脱困境和解决问题的条件和对策，以便恢复心理平衡，提高对环境的适应能力、增进心理健康的过程。心理咨询在高校有其特殊的咨询对象和咨询内容，高校心理咨询主要是指高校的心理咨询人员运用心理学知识、理论和技术，通过语言、文字等媒介，针对在校的学生学习、适应、发展、择业等方面的问题提供直接或间接的指导与帮助，其目的在于优化学生心理素质、提高心理健康水平，预防心理疾病，促进人格成熟与完善。它的主要内容包括心理障碍咨询、心理适应咨询、心理发展咨询三个方面。现代心理咨询产生于美国，20世纪80年代中期出现在我国高校。经过十几年的探索与努力，我国高校的心理咨询得以迅猛发展，取得了一定的成功，目前我国的大学生心理咨询活动已经有了一定的规模，心理咨询教育逐渐走上正轨，变得更加专业，从事心理咨询与心理健康教育的队伍也越来越庞大。事实表明，通过了解和运用高校的心理咨询，实现大学生社会主义核心价值观教育工作更大范围、更高的价值，将会越来越受到人们的欢迎。

（一）心理咨询在大学生社会主义核心价值观教育中的意义

1. 有利于新时期大学生社会主义核心价值观教育目标的实现

随着社会变革加快，社会转型中出现了许多新的社会问题，使得大学生在学习、理想信念、思想认识、价值标准、认知方式、情感表达、行为习惯等方面都发生了相当大的变化。学校通过心理咨询工作能够帮助学生：① 在学习方面，端正学习态度，改进学习方法，提高学习动机和效率；② 树立远大的理想，促进人际交往，培养社会适应能力；③ 在认知方面，心理咨询可以为学生提供一种新的学习经验，不仅能帮助正常学生开发潜能，也能帮助那些存在心理障碍的学生逐步改变与外界不协调的思维、情感和反映方式，更好地与外界环境相适应，促使他们从不同角度看待自己和社会，用新的方式去体验和表达自己的思想感情，并产生出全新的思维模式。因此，心理学可以从多方面帮助大学生们最终实现新时期大学生社会主义核心价值观教育目标。

2. 有利于提高大学生的心理健康水平

大学生的人生观和世界观尚未成熟，心理、情绪波动较大，容易产生焦虑、不安的心理，有时甚至表现出激烈或异常的行为。借助于心理咨询等心理学理论和方法在思想政治教育领域的应用，能促使人们对传统的思想政治教育进行重新熟悉，能促进思想政治教育者从多学科、多角度探究思想状况，将思想新问题同心理新问题区分开来，有助于提高思想政治教育的实效性。正因为心理咨询是针对大学生的思想实际的，在解决大学生心理新问题和思想新问题方面有独到功能，所以在大学生思想政治教育中，日益受到人们的重视，成为高等教育的重要组成部分。

三、加强高校心理健康教育，促进学生全面发展

心理健康教育是思想政治教育的重要组成部分，把思想政治教育与心理健康教育有机地结合起来，使三者相互促进、相互补充，对高校的思想政治教育工作有着重要的意义。

（一）心理健康教育对大学生社会主义核心价值观教育的意义

当前经济快速发展，在激烈的社会竞争当中，人们承受的压力也越来越大。人际关系的处理、职业的选择等让更多的人失去了心理的平衡和处在思想的矛盾冲突中，对于高校的毕业生来说这种情况更加的严重。因为他们还不曾真正地体会现实与理想的差距，刚步入社会，心理挫折经历太少，能力也不足。因此，需要通过思想政治教育让他们形成对自我与社会的正确认识。相对来说，一个心理健康者更易接受思想政治教育，并能内化为自己的信念，外化为自己的行为。正因为这样，在对大学生进行思想政治教育的同时还必须进行心理健康教育。"心理健康教育是以心理学的基本理论为基础，同生物—心理—社会医学模式相联系，主要是对大学生进行心理卫生、学习生活、人际关系、职业选择、心理障碍、行为异常等多方面的指导和教育。"心理健康教育建立在专业的科学知识基础上，更有利于大学生对自我和社会形成正确的认识，有利于大学生形成正确的人生观、价值观和世界观，从而提高大学生的思想觉悟和道德品质。

（二）心理健康教育与大学生社会主义核心价值观教育的结合途径

1. 教育侧重点的相互促进

心理健康教育强调以人为本的理念，注重个人的心理成长；思想政治教育强调社会意识与社会规范的教化，更加关注社会和群体层面的和谐发展。两种侧重点不同的教育的结合有助于克服各自的局限。 首先，要将人文关怀和心理疏导的理念引入思想政治教育中，在思想政治教育的过程中要尊重大学生的心理需求、心理特征和人格的独立性。教师要增强互动意识，要积极利用倾听、理解、共情等手段了解学生的想法，帮助他们在思想上的改变与提升。其次，在心理健康教育的过程中也要树立价值引导的理念。要有意识地引导大学生把视野从个人扩大到整个社会中去，把个人的发展与国家和民族的发展，把自身价值实现与他人价值和社会价值的实现有机统一起来。

2. 教育目标和内容的互动

思想政治教育和心理健康教育的最终目的都是育人。前者重点在于从宏观层面和总体的教育目标进行指导，后者重点在于具体落实与实际操作方面。因此我们在处理问题的时候，总的教育原则应当遵循思想政治教育的思路；而在具体的实际操作中我们可以细化到个人的认知、情绪、行为等方面，将宏观的目标化解为一个个操作性强、易于执行的具体步骤。在内容的设定上，可以将两种教育的内容有机整合成一份完整的教育规划。可以将内容大致分为学习教育、生活教育、人格教育、道德教育、政治教育几个主要部分。将学习辅导、生活辅导、个人成长、人际交往、道德与行为规范、价值观教育、爱国教育、时事政治教育等具体内容融入到几个大的模块中去，形成完整的教育内容，更好地实现学生全面发展的目标。

3. 教育方法和手段的结合

思想政治教育与心理健康教育在方法上都有各自独特的地方，二者的互相借鉴和融合有助于提升教育的整体效果。例如，社会学习理论的观点可以与思想政治教育中的榜样宣传相结合，既提高榜样宣传的实际效果，也增强社会学习的直观性；思想政治教育中的说理教育可以与认知疗法中的 ABC 理论相结合，既提高说理教育的有效性，更有效地改变学生不合理的认知与信念，也能提升澄清与质辩的能力；思想政治教育中的表扬与批评相结合的方式可以与行为矫正技术中的强化技术相融合，采用更加有效的方式，对学生的正确思想和行为给予积极反馈和奖励，从而促进学生的行为改变。对个别难以教导的学生，有时需要采用思想政治教育中的世界观、人生观、价值观教育与心理咨询中的会谈技术相结合，以更有针对性地解决学生的思想与行为问题。

此外，网络媒体的宣传教育作用也是不可忽视的教育平台。因此，利用网络媒体作为载体，实现思想政治教育与心理健康教育的互动与融合将是一个大的创新与尝试。如可以开展一些网络论坛，让全校的教育者与被教育者都积极地参与，多倡导一些积极上进的思想言论，设立便于教师与学生沟通的聊天室、论坛、QQ群；建立网上课堂，不定期邀请领导、思政干部、心理健康教育教师开展讲座，促进师生之间的心理沟通；制作心理健康与思想政治教育专题页面，多展示一些好人好事，如在社会界有一定影响力的人物和事迹。但是侧重点应当放在高校发生的与学生密切相关的人和事上，这样会让效仿者从心里面有了榜样真实感。

4. 教育通道的相互借鉴

在思想政治教育和心理健康教育中引进家庭教育和朋辈教育，利用家庭中良好的亲子关系和朋友之间的相互信任关系开辟另一个沟通渠道。使得我们能够掌握更多的有关于学生思想上和心理上的各种问题。问题暴露得越多，整治才会越快。而且基于家庭与朋辈的感情基础，在有些方面，特别是情感问题，家庭教育和朋辈教育更具有优势性。

5."心理健康教育"队伍的建设

"心理健康教育"队伍的建设主要指思想政治教育和心理健康教育教师队伍的建设。它区别于简单地将思想政治教育教师队伍与心理健康教育教师队伍的叠加。它是一个由统一组织体系和严格的工作制度的队伍。首先，它有统一的领导机构，将分管学生工作的领导、思想政治教育教师、心理健康教育教师纳入到统一的工作机构中，便于两支队伍在工作中及时地沟通交流。其次，它有对组织成员进行心理健康教育方面的培训。让他们懂得心理健康的基本原理，懂得借鉴心理健康教育的一些成熟做法来提高思想政治教育的效果，能够区别思想意识、道德品质问题与心理障碍问题，并提供针对性的解决办法。在具体操作方式方面，要求术业有专攻。对学生出现的各种思想和心理问题加以分门别类，做到全面而细致。队伍建设方面主要采用思政工作者和心理健康工作者联合小组的方式，目的在于实现大学生社会主义核心价值观教育与心理健康教育的有效互动。近年来的"大德育"教育，无疑是我国大学生社会主义核心价值观教育改革的一种模式，也是我国高校心理健康教育本土化的一种尝试。

四、优化接受心理，加速大学生社会主义核心价值观教育目标的实现

思想政治教育接受心理，是发生在思想政治教育接受活动中的心理现象，是接受主体在环境作用的影响下，在自身需要的驱动下，对思想政治教育接受客体进行反映、选择、理解、解释、整合、内化及外化、践行等活动中的各种心理现象的总称。思想政治教育接受心理与思想政治教育接受效果有着密切的联系。一方面，思想政治教育接受心理会影响思想政治教育的接受效果；另一方面，思想政治教育接受效果也反作用于思想政治教育接受心理。两者是相互渗透、相互影响、相互作用的。

（一）大学生社会主义核心价值观教育接受心理特征

优化大学生社会主义核心价值观教育接受心理，必须把握思想政治教育接受心理的特征，以切实推动工作的有效性和实效性。

1. 个性化与社会化并存

人是作为个体而存在的。作为思想政治教育接受主体的个人，由于其生理、心理发展的不同，所处社会地位的不同，生活经验的不同以及个人生活目标与价值取向的不同，等等，会使其接受心理具有鲜明的个人特色，从而使思想政治教育接受心理具有独特性，表现出个性化的特征。另一方面，人是社会的实体。人作为社会的成员，总是生活在一定的社会关系中。这使得思想政治教育接受主体必须接受和遵循一定社会历史条件下的、共同的政治教化和政治价值观念的教育。同一政治制度框架下的思想政治教育，会使接受主体形成大致相似的思想品德、价值观念和行为方式，从而使思想政治教育接受心理具有某种程度的一致性，表现出其社会化的特征。

2. 全面性与片面性并存

在思想政治教育接受过程中，接受主体一方面力争客观、全面地去反映、理解、解释接受客体，体现出思想政治教育接受心理的全面性特征。另一方面，由于接受主体的某些已有心理定势及偏见的存在，在认识、评价接受客体时又经常出现以点概面、以偏概全的现象，表现出思想政治教育接受心理片面性的特征。

3. 稳定性与可变性并存

人的心理现象是非常复杂的，一般分为心理过程、心理状态和个性心理三大方面。心理过程是认识过程、情感过程和意志过程的总称，表现出人的心理现象是从时间上展开的特征，具有高度的流动性和起伏性。个性心理是个性倾向性和个性心理特征的总称，具有较高的稳定性。心理状态是个体当时当刻的心理活动水平，是人的心理过程和个性心理在特定时空和特定情况下的表现，只能在一定的时间内保持相对的稳定性。这就决定了人的心理具有稳定性与可变性并存的特征。具体来看，在思想政治教育接受活动中，思想品德的形成是从接受主体的认知开始的，人的认知过程是不断深化的，所以思想品德也是逐步形成和改变的；接受主体的心理、生活空间、社会环境在不断变化，其人格也在不断成熟，表现出其思想政治教育接受心理也不是一成不变的，体现出可变性的特征。同时，心理作为人脑对客观现实的主观反映，一旦形成就具有某种程度的稳定性。个性心理就是在个体身上形成的稳定心理特征的总和。所以，思想政治教育接受心理也带有稳定性的特征。

4. 能动性与受动性并存

接受主体的活动具有明确的目的性，能够预先计划达到目的的方法和手段。也就是说，接受主体能够计划自己的行动，在实现目的的过程中，能坚持预定的方向，分析出现的新情况、新问题，将行为的结果与目的进行对照，克服遇到的各种困难和障碍。思想政治教育接受主体对于来自外界的信息并不是盲目地接受，而是根据自己的需要进行过滤和优化组合，能结合自己的已有知识经验、道德价值体系等主动同化外界的教育影响，对它进行吸收、加工或排斥；能以社会倡导的思想政治教育目标为依据，建立符合自身认知、情感、意志结构的道德价值体系等，这些都体现出思想政治教育接受心理的能动性特征。另一方面，思想政治教育接受活动并非总是自觉自愿的，许多是在"他律"的情况下进行的。思想政治教育接受主体的接受心理既要受到法律的强制和道德规范的约束，又要受到社会历史条件、社会舆论等因素的影响，尽管有时外部环境与影响反映到内心世界时会与原有的思想品德结构产生矛盾，但由于仍要进行转化、同化，当然就会表现出排斥的现象，从而体现出思想政治教育接受心理的受动性特征。

5. 内化与外化并存

在思想政治教育接受活动中，内化与外化是辩证统一的，内化是外化的前提和依据，不经过内化，个体就不可能接受，外化也不可能存在。外化是接受的实现形式，是内化的目的和归宿，没有外化，内化就失去存在的意义。接受主体对思想政治教育的内化离不开自身心理活动的参与。思想政治教育接受心理也表现出内化与外化并存的特征。内化的特征表现在：思想政治教育接受主体出于自身的心理需要将接受客体及教育主体的要求进行反映、选择、整合，形成自己的思想品德、情感等内在意识的过程。当外来信息与原有思想政治品德中的观念相容时，就把信息纳入原来的观念体系，当二者出现矛盾时，则或者对新的外来信息加以排斥以巩固原有的思想政治品德结构，或者改变或重新组织原有的思想品德结构以使其顺应外在信息的性质和要求。外化的特征表现在：思想政治教育接受主体将接受内化所形成的思想政治品德意识转化为自己的行为和习惯的过程。接受主体思想政治品德意识外化的实践过程也是思想政治品德内化的巩固、强化过程。

6. 同时性与多端性并存

一般来说，接受主体的心理活动是从认识活动开始的，并沿着认识、情感、意志、信念、行为的顺序进行。但在思想政治教育的实际接受过程中，由于认识、情感、意志、信念及行为相互联系、相互制约、相互渗透，具有同时作用的特点，从而表现出思想政治教育接受心理的同时性特征。另一方面，接受主体的心理特点存在着很大差异，社会环境也对接受心理有着复杂的影响，这就使得人们有时会以认识过程为开端来接受，有时则以情感过程或意志过程为开端来接受，不可能遵循一成不变的固定模式。所以，思想政治教育接受心理亦表现出多端性的特征。

（二）研究大学生社会主义核心价值观教育接受心理的意义

目前，对于思想政治教育接受心理的研究还极少，且难成体系，已有的研究多是从不同侧面进行的专题式研究，系统深入的研究尚属空白。以往的思想政治教育主要着重于对教育者、教育内容的研究，缺乏对接受者的主体性的重视，更忽视了对教育过程中各种心理现象的研究。思想政治教育的效果不在于教育者教了多少，而在于接受主体接受了多少。因此，在思想政治教育研究中，还要深入研究接受主体在什么条件下才愿意接受，在什么条件下才能有效地接受。对于教育者来说，只有了解思想政治教育接受主体的心理特点，了解思想政治教育接受活动中教育者和接受主体相互作用的心理现象及其规律，才能建立全新的教育理念，更有针对性地开展思想政治教育活动，才能达到思想政治教育的目的，取得理想的思想政治教育效果。而思想政治教育接受心理研究恰恰是从心理学的视角研究思想政治教育接受活动的各个环节、各个要素，发挥心理学原理和方法中研究人的心理活动规律的特殊优势，深入研究思想政治教育过程中接受主体的心理活动运行规律和发展特点，并促使思想政治教育从传统的重教育者转向重接受者，从对教育内容的静态研究转向动态研究。因此，研究思想政治教育接受心理具有十分重要的意义。

（三）优化大学生社会主义核心价值观教育接受心理的途径

人的社会性决定了人脱离不开社会，总是生活在群体当中。思想政治教育接受活动也不是孤立存在的，而是由教育者、接受主体等因素在一定环境中进行的。接受主体的接受心理同时受到教育者、环境及接受主体自身心理发展水平的制约。所以，优化接受主体的接受心理，主要就要从这几个方面分别入手。（如图1-3所示）

1. 从环境方面优化大学生社会主义核心价值观教育接受心理

环境是影响和制约人的思想和行为发展的一切客观条件的总和，它对人的思想具有很大的影响力。思想政治教育接受环境一般可分为社会环境、学校环境、家庭环境等三种，它们相互联结、相互制约。

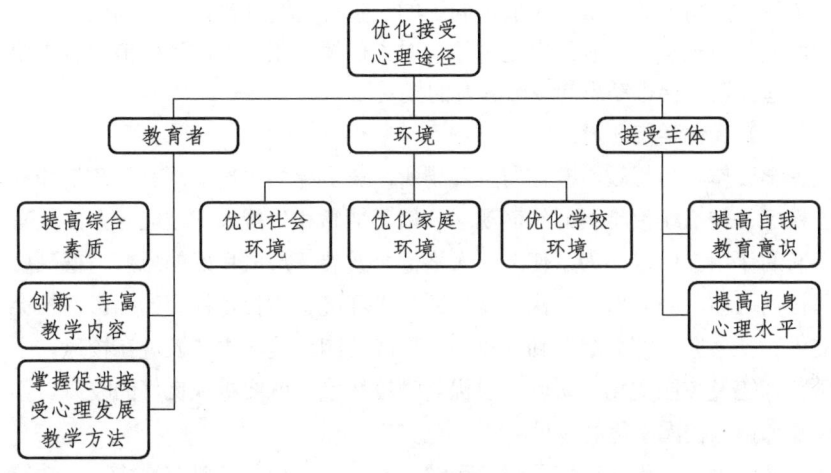

图 1-3　优化接受心理的途径

（1）优化社会环境。

健康、文明、向上的社会环境对个体思想道德品质的形成具有巨大的推动作用，它使人心情愉快、奋发向上，并树立起崇高的理想、坚定的信念、高尚的道德；而消极、不良的社会环境，则使人悲观、消沉甚至走上违法犯罪的道路。在思想政治教育接受活动中，接受主体随时会受到社会经济环境、政治环境、文化环境的影响，从而形成心理波动，改变心理需求，调整对思想政治教育接受的态度。优化社会环境就是要努力建构一个好的社会经济、政治、文化秩序。

（2）优化家庭环境。

家庭环境在个体心理发生、发展中起决定性的作用。良好的家庭环境包括家庭的经济状况、给子女提供的教养及教育条件、父母的教育观念及教育教养方式、家庭成员之间的心理气氛等。发展心理学的研究表明，在家庭中实施的早期教育及个体的早期经验，对人的心理健康的影响是不容忽视的。优化家庭环境，首先应当创造一个温馨和睦、民主平等的家庭气氛。因为，家庭的稳定和民主有助于造就和谐的个体，使个体形成健全的人格、正确的世界观和人生观，也有助于个体自主意识和责任心的养成，使个体形成勇敢、积极、进取、向上的人生态度。其次，还应当确立正确的家庭价值观念。正确的家庭价值观对人们树立正确的政治价值观有重要的启迪作用，会推动思想政治教育的接受活动。

（3）优化学校环境。

学校作为思想政治教育的主要场所，在引导学生尊重既有的政治和社会秩序、传播统治阶级的价值观念、培养情感和传授知识技能等方面具有特殊的作用。所以，为了使个体人格健全发展，形成良好的思想道德品质和行为习惯，必须努力建构起良好的育人环境。学校是社会的缩影，社会文化、社会风气都会渗透到学校中，形成校园环境，主要表现在校风、学风、师德及校园文化。所以，要优化学校环境，就要重视良好的校风、学风及师德、校园文化的建设。

总的来看，优化环境是一项系统而复杂的工程，既要有法律、行政等的控制，又要有道德的约束，需要国家、社会、家庭、单位、教育者、接受主体等同心协力、共同努力才能实现。

2. 从教育者方面优化思想政治教育接受心理

（1）提高教育者的综合素质。

提高教育者的综合素质可以从两方面着手。第一，发挥教育者的个人魅力，增加思想政治教育的吸引力和感染力。在大学生社会主义核心价值观教育接受活动中，教育者的个性会直接影响到接受主体道德品质的形成，会直接影响接受主体的接受成效。所以教育者应当全力发挥出自身个性，使学生先喜欢上"你"，之后，再接受"你"授课的内容就容易得多了。第二，提高教育者自身的理论与业务水平。因为，教育者自身的理论与业务水平是思想政治教育工作效果好坏的前提。

（2）创新、丰富教育内容。

① 纠正单一的不完全的教育。思想政治教育的目的是塑造人的思想政治素质，"但是思想政治素质的形成、发展过程是知、情、意、信、行等因素相互作用，直至达到相对平衡发展的矛盾运动过程。……缺少一个要素或各要素的发展不协调，都难以形成健康的思想政治素质结构。"因此，在大学生社会主义核心价值观教育内容上，要注重全面的多维教育，而不能

过分单一。②增强教育内容的时代感和现实感。人的接受活动是由需要来驱动的。在当今社会，大学生有了解社会现象实质、解除内心困惑的需要。如果大学生社会主义核心价值观教育不能很好地解释那些让大学生困惑、质疑的社会现象，大学生就会产生不信任感和对思想政治教育价值的否定，形成拒绝接受思想政治教育的心理。只有把大学生社会主义核心价值观教育与大学生的实际和社会实际联系起来，并能给予很好的解释，才能使他们真正从内心上接受思想政治教育。因此，大学生社会主义核心价值观教育内容要贴近大学生的实际生活，贴近社会，并贴近他们的合理需要，具有时代感和现实感。③增加大学生社会主义核心价值观教育接受内容的针对性和趣味性。大学生社会主义核心价值观教育对象是大学生，思想政治教育者一定要深入了解大学生具体的情况和特点，从他们原有的思想水平、认知、接受能力出发，定位思想政治教育的内容，有针对性地进行教育，这样才会有助于接受。同时，对任何群体、层次的人思想政治教育内容的趣味性都会增进其接受，大学生群体也不例外。

（3）掌握有利于接受心理发展的教育方法。

①改良理论灌输方法，增强灌输的科学性。理论灌输法是大学生社会主义核心价值观教育最主要、最基本的方法，是指教育者有目的、有计划地向大学生进行马克思主义理论教育，使他们逐步树立起科学的世界观、人生观、价值观的方法。我国的思想政治教育一直较深地受到"灌输"思想的影响。在高校的思想政治教育过程中，大部分教育者也是单向地向大学生传输信息。灌输的方法主要表现在两个方面：一是"病理性说服"，即一些教育者自己缺乏对先进思想、科学理论精神实质和内容体系的完整准确理解，只是以主流意识形态的观点为主进行灌输，实施的是"我说你听，我打你通"式的单一教育方法；二是高校一些教育者在教育过程中缺乏联系实际的理论推导，更不允许大学生参与结论的推导，只是直接给出教育结论，让学生被动接受。这样做的结果，不但使作为接受主体的学生形成反感、消极的心理状态，而且也没有将教育结论真正内化。实际上，灌输作为思想政治教育的最基本方法是有其存在的合理性的，正确的思想和理论不可能不学自知，但问题的关键是，要讲求灌输的科学性，注意运用的具

体条件和有效形式，不能强灌硬塞，而是重在启发、引导，联系实际，要不断提高灌输方法的渗透性、趣味性和技术性，增强理论灌输的说服力。

②显性教育和隐性教育的相互渗透、相互补充。不断改进、创新显性教育，发展隐性教育方法，使二者相互渗透、相互补充，是现代思想政治教育取得良好效果的一个重要途径。显性教育与隐性教育在影响方式、作用结果方面存在明显的区别。显性教育有明确的目的性，具有自觉性；一般来说会产生积极的影响；是可控制的、正式的；影响因素相对较少，较为单纯。隐性教育则无明确的目的，带有自发性；影响可能是积极的，也可能是消极的；一般不可控制，是非正式的；影响因素极其广泛而且复杂。在我国，高校的思想政治教育方式主要是显性教育。但是，思想政治教育是一个复杂的过程，仅靠有计划、有意识、有目的的显性教育是不够的。心理学实验证明，在教育过程中如果劝导太明显或强度太大，接受主体就会感到自己的选择受到了限制，并由此在内心产生抵制心理。苏霍姆林斯基指出："造成青少年教育困难的最重要的原因在于教育实践在他们面前以赤裸的形式进行，而处于这种年龄的人按其本性来说是不愿意感到有人在教育他们的。"而隐性教育的益处在于绕过接受主体的意识障碍，在平等的条件下，按照预定的教育内容和方案，通过在接受主体周围设置一定的生活环境和文化氛围，引导接受主体自主感受，引起接受主体的情感共鸣，自发地激起其深刻而丰富的情绪体验，在不知不觉中接受潜移默化的教育。因此，教育者开始越来越关注隐性教育的作用，意识到"必须在有意识教育的基础上，结合无意识的教育方法，才能更好地达到教育的目的。"

③正确运用行为强化法。行为强化法是指教育者运用强化手段来巩固接受主体良好行为和消除不良行为的一种方法。所谓强化是指任何有助于机体反应概率增加的事件，强化手段一般有正强化、负强化和惩罚。凡施加某种影响并有助于反应概率增加的事件叫正强化。凡移去某种不利的影响并有助于反应概率增加的事件叫负强化。惩罚是指为了减少或消除某种不良行为再次出现的可能性，而在此行为发生后所跟随的不愉快事件。由于负强化和惩罚效果不够稳定，而且可能带来一些反作用，所以在教育中应多采用正强化、少使用负强化和惩罚。

在大学生社会主义核心价值观教育过程中，教育者必须明确，通过教育要改变接受主体的哪些不良行为习惯，建立哪些行为方式，这样，才能因人而异地有针对性地选择强化物和强化方式。正强化最常用的手段即奖励，它是指施于行为之后以增加该行为再次出现可能性的事件。一般可分为社会性奖励、物质性奖励和活动性奖励，具体使用何种强化物要根据接受主体个人爱好而定。另外，还要注意让接受主体学会自我奖励。

3. 从接受主体方面优化思想政治教育接受心理

从接受主体方面优化思想政治教育接受心理，主要可以通过两种渠道来实现。

（1）培养自我教育意识。

①正确地认识自我。正确认识自我是建立、健全自我意识的基础，具体包括了解自我、评价自我和反省自我三方面内容。了解自我并能正确地评价自我，就能控制自己、完善自己，并根据自己的实际情况制定适宜的努力目标。反省自我则可以通过内心的自我检查、自我分析、自我解剖，批判地看待和审视自我，对自己做一分为二的客观分析，卓有成效地认识自我，从而更精确地发展、完善自我。②愉悦地接纳自己。表现在既对自我有价值感、满足感和自豪感，又能以发展的眼光看待自己，并能平静、理智地看待自己的优缺点，冷静地对待自己的得与失。既不以虚幻的自我来补偿内心的空虚，也不消极回避自身的现状，更不以虚幻哀怨、自责甚至厌恶来否定自己。只有这样，才能建立起自信、自立、自强、自主的心理品质和良好的自我意识。③有效地控制自己。有效调节自我是健全自我意识、完善自我的根本途径。可以通过根据自己的长处和优势确定抱负水平和奋斗目标，增强自尊和自信，培养顽强的意志和性格来实现。接受主体思想品德的发展是从教育走向自我教育的过程，接受主体自我教育的实质就是把自身作为认识和改造的对象，通过自我修养、自我管理，逐渐达到自我发展、自我完善。

（2）提高自身的心理水平。

要提升自己的心理水平，具体来讲，可从三个方面做出努力。

①提高思想政治教育的认知能力。思想道德认识不是与生俱来的，它是个人在社会生活中认识人际关系或接受社会现成的思想道德规范的结

果。一个人只有形成了思想道德认识，懂得什么是善与恶，知道应该怎样行动，为什么要这样行动，才会自觉地产生相应的思想道德行为。思想道德认识的形成，不仅包括对思想道德知识的理解和掌握，而且还包括对道德知识的实践和运用，如依据这些思想道德知识去评价、判断自己和别人的思想道德行为，从而把这些行为规范作为自己的行动指南，满足自己的需要和追求。思想道德认识的形成表现在三个方面：思想道德知识的掌握、思想道德评价能力的发展和思想道德信念的产生。因此，强化思想道德认识要从这三个方面来进行。

②加强思想政治教育的情感调节。培养接受主体的思想道德情感，可以通过多种方式和途径来进行。A.丰富接受主体有关的道德观念，并且使这种观念同一定的情绪体验联系起来。教育者可以通过言语启发刺激接受主体的情绪，使他们在领会道德要求的同时，伴有积极或消极的情绪体验。B.充分发挥优秀文艺作品与具体、生动事例的感染作用，引起接受主体的情感共鸣，从而扩大他们道德实践的间接经验与情感内容。C.要注意在具体情感的基础上阐明道德要求的概念与观点，引导接受主体的情感体验不断概括、不断深化，既要注意到广度，又要注意到深度的发展，这对于提高接受主体的道德理论水平非常有意义。D.帮助接受主体调节情感。可以从以下几方面帮助接受主体调节自己的情感：不要单纯采取简单禁止的办法，而要进行耐心地说服教育，改变接受主体产生消极情感的观念和态度；应尽量避免猜疑和臆测，因为猜疑和臆测对方的意图，时常是引起接受主体消极情感的原因之一；利用积极情感克服消极情感，使接受主体预见到消极情感表现的后果，从而预防不恰当情感的产生，提高对情感的控制能力，做情感的主人；还要引导接受主体学会情绪的自我调节。学会情绪的自我调节，就是既要学会保持良好的情绪，又要学会克服不良的情绪，做自己情绪的主人。

③锻炼思想政治教育意志品质。锻炼思想道德意志，教育者可以从以下几方面进行。A.让接受主体获得道德意志的观念，并用榜样激发其意志锻炼的自觉性。研究表明，进行关于意志锻炼必要性的谈话或讨论，可以形成意志观念与发展意志的意向，产生锻炼意志的正确动机。另外，提供良好的道德意志榜样，也可以激发其锻炼意志的愿望。B.组织思想道德实

践，使接受主体在实践中获得意志锻炼的直接经验。C. 针对接受主体不同的意志类型，采取不同的锻炼措施，培养其良好的意志品质。教育对象可以通过以下几个方面对自我进行教育，加强道德意志的培养。A. 寻找学习榜样。学生可以在自己的周围，选择熟悉的榜样如自己班上的或是校内的好同学来进行学习，这样的榜样，比较亲切生动、模仿起来也比较容易，效果会更好。同时，学生也可以选择一些过去曾有过不良行为的人作为榜样，这样做有利于激励自己的信心。当然，在选择的过程中，还应当注意要结合自己的实际情况，切不可盲目地选择跟自己差异很大的榜样来进行学习。B. 提高自信心，正视自己意志的缺陷，勇于进行自我批评、虚心接受他人意见，不断地鞭策自己，相信自己一定能够成为一个意志坚强的人。C. 严格要求自己，制定有规律的生活制度。从身边的小事做起，一步一个脚印。制定有规律的生活制度培养良好的生活、学习和工作习惯，培养意志的坚韧性、自觉性。

结　论

　　大学生作为我国重要的人才储备资源，是我国走向繁荣富强的希望。加强大学生社会主义核心价值观教育，对我国经济社会发展和政治稳定具有不容忽视的战略意义。本章分析了大学生社会主义核心价值观教育的内涵，描述了大学生社会主义核心价值观教育与心理学的内在联系和区别，阐述了心理学与大学生社会主义核心价值观教育有机结合的必要性和可行性，重点研究了心理学在大学生社会主义核心价值观教育中的价值体现及实现价值的途径。不足之处在于未能对心理学促进大学生社会主义核心价值观教育进行实证研究。在今后的研究中，我们将努力运用所学的知识和工作实践对上述问题进行探索，借鉴西方的心理学理论与方法，并结合本土的心理文化，更好地为大学生社会主义核心价值观教育服务。研究心理学在大学生社会主义核心价值观教育的价值是一项复杂的系统工程，挑战不可避免，但我们对这项事业充满自信，将努力聚合一切可支持的力量，把大学生社会主义核心价值观教育放在首要的地位，不断改进和推动大学生思想政治教育工作，开创大学生思想政治教育的新局面。

第二章 协同创新——大学生社会主义核心价值观教育的新模式

第一节 协同创新研究的理论基础

一、协同创新的概念

协同创新是指围绕创新目标，多主体、多因素共同协作、相互补充、配合协作。从国内外实践来看，高校协同创新可分为内部和外部两个类别，内部协同创新是指高校内部形成的知识（思想、专业技能、技术）分享机制；外部协同创新的主要形式就是产学研协同创新，特别是高校与科研院所、行业产业、地方政府进行深度融合，构建产学研协同创新平台与模式。无论哪种形式的协同创新，其参与主体都需要拥有共同目标、内在动力，可直接沟通，能依靠现代信息技术构建资源平台，进行多方位交流、多样化协作。

"协同创新"是创新资源和要素的有效汇聚，通过突破创新主体间的壁垒，充分释放彼此间"人才、资本、信息、技术"等创新要素活力而实现深度合作。

协同创新是一项复杂的创新组织方式，有两个主要特点：①整体性，创新生态系统是各种要素的有机集合而不是简单相加，其存在的方式目标功能都表现出统一的整体性；②动态性，创新生态系统是不断动态变化的。因此，协同创新的本质内涵是：企业、政府、知识、大学、研究机构、中介机构和用户等为了实现重大创新而开展的大跨度整合的创新组织模式。

二、协同创新的价值与发展

ICT（信息通信技术）及知识网络的发展，突破了知识传播的传统物理瓶颈，推动了创新2.0模式的浮现和知识社会的形成。传统的社会组织及其活动边界正在"消融",人类可以利用 ICT 更快捷和方便地共享及传播信息和知识,并实现交互,知识的构件化和模块化更加方便了全球化、个人的创新和群体的协作。每一个普通人都能成为创新主体,协同价值及用户创新得到凸显。特别是随着 ICT 从支撑个人通信到支撑个人计算,再发展到支撑个人设计与制造的转变,更拓展了用户创新的内涵与外延。信息通信技术不仅推动了用户创新,也进一步消融了创新活动的边界,推动了开放创新。同时,基于开放的知识架构,创新 2.0 环境下的新一代信息技术正从支撑信息共享、交流沟通到支撑协同行动、协作共创,从支撑协商到支撑协作转变,推动了协同创新。宋刚等人在《创新 2.0 视野下的协同创新研究:从创客到众创的案例分析及经验借鉴》中,通过对协同创新的要素及其相互作用机理的分析后指出,协同创新是多元创新主体沟通、协调、合作与协作的过程;在整合要素上,包括信息、目标、绩效和行动的整合;在互动强度上,包括不同创新主体之间的信息互惠共享、目标共同设定、绩效系统匹配以及行动最优同步。英特尔中国研究院院长吴甘沙认为,协同创新是创新 2.0 从开放式创新转向大众创新的新发展,是更为复杂的创新组织方式,强调多元主体的协同互动、深入合作、资源优化整合,为大众创新的复杂涌现提供动力,并认为"互联网+"的实践就是协同创新的范式。

三、协同创新的组织与运行

协同创新是使各个创新主体要素内部实现创新互惠、知识的共享、资源优化配置、行动最优同步以及高水平的系统匹配度。协同创新的有效执行关键在于协同创新平台的搭建,对协同创新平台的宏观布局可以从两方面进行。一是面向科技重大专项或重大工程的组织实施,建设一批可实现科技重点突破的协同创新平台,如新药创制、核高基、海洋科学与工程等重大专项。通过重大专项和重大工程的部署实施,瞄准目标产品和工程,集成各类科技资源,坚持产学研用结合,加强各类承担主体的联合,建设支撑科技重大专项和重大工程的组织实施。二是面向产业技术创新,建设国家层面支撑产业技术研发及产业化的综合性创新平台,加快科技成果转化、产业化。特别是面向培育战略性新兴产业的协同创新平台,以重大的高新技术产业化带动新兴产业发展形成未来主导产业,协调相关创新组织,统筹加强科研设施建设和研发投入,促进战略性新兴产业的形成、崛起,形成具有国际竞争力的主导产业，带动产业结构调整。

除此之外，需要制定有利的政策与保障措施来支持和发展协同创新平台。一是建立协同创新平台的中央财政投入渠道，稳定地支持培育具有产业技术综合竞争实力、具有较大产业化价值的研发组织。国家重大项目安排要优先向协同创新平台倾斜。在保障政府投入的基础上，发挥多方积极性，进一步吸收社会资金参与协同创新平台的建设与发展，形成国家与地方、企业联合共建机制。探索稳定支持与项目支持相结合、中央支持与地方支持相结合、财政资金投入与企业和社会资金投入相结合的多种支持方式和渠道。调动各种资源，加强集成与衔接，避免重复建设。二是要主动加强与现有人才发展规划、计划和工程的衔接，吸引和聚集优秀的创新人才，开展广泛的国际国内交流与合作。在不危害国家安全、不泄密的前提下，吸引来自世界各国优秀人才共同参与我国科技创新，提高基础研究、高技术前沿研究领域与产业创新的国际竞争力。

四、协同创新的类型

根据教育部"2011 计划"重大需求的划分，协同创新中心分为面向科学前沿、面向文化传承创新、面向行业产业和面向区域发展四种类型。

（一）面向科学前沿的协同创新中心

以自然科学为主体，以世界一流为目标，通过高校与高校、科研院所以及国际知名学术机构的强强联合，成为代表我国本领域科学研究和人才培养水平与能力的学术高地。

（二）面向文化传承创新的协同创新中心

以哲学社会科学为主体，通过高校与高校、科研院所、政府部门、行业产业以及国际学术机构的强强联合，成为提升国家文化软实力、增强中华文化国际影响力的主力阵营。

（三）面向行业产业的协同创新中心

以工程技术学科为主体，以培育战略新兴产业和改造传统产业为重点，通过高校与高校、科研院所，特别是与大型骨干企业的强强联合，成为支撑我国行业产业发展的核心共性技术研发和转移的重要基地。

（四）面向区域发展的协同创新中心

以地方政府为主导，以切实服务区域经济和社会发展为重点，通过推动省内外高校与当地支柱产业中重点企业或产业化基地的深度融合，成为促进区域创新发展的引领阵地。

第二节 协同创新的研究现状

一、协同的相关理论

（一）协同的概念

"协同"在《辞海》里被解释为同心协力，互相配合。英文里的"协同"（coordination）来源于希腊文，意为协同工作。传统的协同理念最简单的表达公式就是"1+1＞2"。研究者从以下两个角度对当代的协同的概念进行了阐释。

1. 企业战略角度

美国战略理论研究专家伊戈尔·安索夫认为，"协同是企业如何通过识别自身能力与机遇的匹配关系来成功地拓展新的事业，达到企业整体价值有可能大于各部份价值的总和的企业战略。"他较早地确立了协同的经济学含义，即企业整体价值有可能大于各部分价值的总和，阐述了企业取得有形和无形收益的潜在机会以及这种潜在机会与公司能力之间的紧密关系。另外，日本战略家伊丹广之认为，协同就是"搭便车"，因为从公司某一局部发展出来的隐形资产可以同时被用于其他领域，且不会被耗掉。许多公司都因为忽略了隐形资产而失去了获得协同效益的机会。

2. 系统科学角度

哈肯的协同学指出，系统中大量存在的子系统，却只受少量的序参量支配，实现系统的总体上形成有序结构。协同系统是指由许多子系统组成的、能以自组织方式形成宏观的空间、时间或功能有序结构的开放系统。序参量来源于子系统之间的协同，同时序参量起着支配子系统行为的作用。

子系统之间的协同产生宏观的有序结构,这是"协同"的第一层含义。序参量之间的协同合作决定着系统的有序机构,这是"协同"的第二层含义。哈肯协同学认为,一个系统从无序到有序转化的关键,在于由一个大量子系统构成的开放系统内部发生"哈肯协同学作用"。它强调系统内部的关联以及系统发生变化时要素间的互相配合与耦合。

二、创新与协同创新

(一)创新

创新是现代社会使用率很高的一个名词,也是应用很广的一个概念。因此,如果不加以限定,创新是一个很泛化的概念。对创新做出明确论述的当首推熊彼特,他第一个从经济学和企业经营的角度系统提出了创新概念。从现在对创新的研究进展看,熊彼特的创新是广义的创新,它既包括了技术创新,又包括了市场创新、组织创新等多种形式的非技术创新。现在对创新研究的基本趋势之一是,更加关注对技术创新的研究,或者说,研究是以技术创新为中心的。因此,现在对创新的研究可分为技术创新和非技术创新两个方面,或者说,广义的创新包括技术创新和非技术创新两个方面,狭义的创新就是指技术创新。

1. 国外关于创新的观点

在熊彼特看来,"创新就是生产函数的变动"。也就是说,所谓"创新",就是把从来没有过的关于生产要素和生产条件的"新组合"引入生产体系。熊彼特认为这种"新组合"包括下列 5 种情况:一是创造一种新的产品,也就是消费者还不熟悉的产品,或使已有产品具备一种新的特性;二是采用一种新的生产方法,这种新的方法不一定非要建立在科学新发现的基础上,它可以是制造部门中尚未通过验定的方法,也可以是以新的商业方式来处理某种产品;三是开辟一个新的市场,也就是企业以前不曾进入的市场,不管这个市场以前是否存在过;四是取得或控制原材料或半制成品的新的供给来源,不管它是已经存在的还是第一次创造出来的;五是实现任何一种新的产业组织方式或企业重组。到 20 世纪 60 年代,新技术革命的迅猛发展。美国经济学家华尔特罗斯托提出了"起飞"六阶段理论,将"创新"的概念发展为"技术创新",把"技术创新"提高到"创新"的主导地位。

1962年，伊诺思在《石油加工业中的发明与创新》一文中首次直接明确地对技术创新下了定义："技术创新是几种行为综合的结果，这些行为包括发明的选择、资本投入保证、组织建立、制定计划、招用工人和开辟市场等。"伊诺思是从行为的集合的角度来下定义的。

林恩（G.Lynn）认为："技术创新始于对技术的商业潜力的认识而终于将其完全转化为商业化产品的整个行为过程。"这是首次从创新时序过程角度来定义技术创新的。

曼斯菲尔德（M.Mansfield）认为："产品创新是从企业的产品构思开始，以新产品的销售和交货为终结的探索性活动。"他的研究对象主要侧重于产品创新，与此相对应，其定义也只限定在产品创新上。

厄特巴克（J.M.Utterback）认为："与发明或技术样品相区别，创新就是技术的实际采用或首次应用。"这一观点主要是强调发明与创新的联系，也即一项发明当它被首次应用时，可以称之为技术创新。

西蒙·库兹涅茨（S.Kuznets）认为："创新是指为达到一个有用的目的而采用的一种新方法。"他主要是强调创新的目的性。范·杜因将技术创新过程具体划分为六个阶段，即：①不面向社会需求的基础科学；②面向社会需求的科学发现；③发明；④开发；⑤创新；⑥创新的扩散。在他看来，一种创新的成功依赖于它的扩散，也即在生产上的成功应用。

弗里曼（C.Freeman）认为，经济学意义上技术创新是包括新产品、新工艺、新系统或者在新装备等形式在内的技术向商业化实现的首次应用。他主要强调的是创新成果首次的应用。

2. 国内关于创新的观点

我国一些专家学者对创新的定义主要集中在技术创新方面，代表性观点主要有以下几种。

傅家骥认为，技术创新是企业家抓住市场信息的潜在赢利机会，以获取商业利益为目标，重新组织生产条件和要素，建立起效能更强、效率更高和费用更低的生产经营系统，从而推出新的产品、新的生产（工艺）方法、开辟新的市场、获得新的原材料或半成品供给来源或建立企业的新的组织，它是包括科技、组织、商业和金融等一系列活动的综合过程。此定义是从企业的角度给出的。

彭玉冰、白国红也从企业的角度为技术创新下了定义:"企业技术创新是企业家对生产要素、生产条件、生产组织进行重新组合,以建立效能更好、效率更高的新生产体系,获得更大利润的过程。"

许庆瑞认为,技术创新是技术变革的一个阶段,技术变革过程大致可分为技术发明、创新和扩散三个阶段。发明是指有史以来第一次提出某种技术的新概念、新思想、新原理;创新则是继发明之后实现新技术的第一次商业性应用,是科学技术转化为直接生产力的阶段。

(二)协同创新

创新在内外环境综合作用下而得到启动与实现。环境在不断地变化,技术创新模式也随之变动。一般认为,20世纪60年代以前,以"技术推动"的创新过程模式为主流;60至70年代早期,出现"需求拉动"模式;70至80年代,综合这两种模式而提出第三代技术创新"技术与市场的耦合互动"模式;80年代早期至90年代早期,提出集成(并行)模式;80年代末90年代以来出现系统集成与网络化模式。Rothwell(1992)在总结前四代创新过程模型基础上,进一步指出,一些领先的创新者正在向时间更短、成本更低的以系统集成和网络化为特征的第五代创新过程转变,包括产品开发的技术、组织、制度和生产等更加整合、更紧密的企业间的纵向和横向联系,以及更多的运用先进复杂的电子信息工具箱。

协同问题最早是在1965年安索夫研究企业的多元化问题时提出的。其协同的概念主要是指组织各事业部间的协同。尽管在20世纪60、70年代协同的学术研究一度比较热,但由于企业多元化在实践中遇到了种种困难,导致协同的问题受到企业的冷落。人们当时认为把各自每一部分工作做好比其他问题都重要。近年来,理论界对"协同"的再度重视,把协同思想引入创新过程成为一种趋势。随着竞争的激烈,企业又逐渐重新开始认识到协同的重要性,那种忽略协同的战略已经过时。

20世纪70年代,以弗里曼、多西、约翰、齐曼为代表的一些学者在国家和地区等更广的范围开展技术、组织、制度、管理、文化的综合性创新研究,推动了技术创新和非技术创新的融合,使得人们对于创新理论的研究又开始向熊彼特的创新定义回归,即认为创新是一个系统总体的概念,包括技术上的,也包括组织和管理上的创新。

近年来，国内将协同思想引入创新领域的研究较多。但是许多学者的研究仍然是以技术创新为主。

郭斌、许庆瑞等（1997）从系统、组合的角度出发，对企业组合创新及其效益进行了探讨，指出组合创新实质上可认为是在企业发展战略引导下，受组织因素和技术因素制约的系统性协同创新行为，包括产品创新与工艺创新组合，渐近创新与重大创新组合，显性创新效益与隐性创新效益组合三个层次。并以此为企业从根本上改变在技术创新管理上的传统视角，以系统的观点和组合的角度进行技术创新项目管理，制定企业技术发展战略提供参考。

张钢、陈劲等研究了技术、组织与文化的协同创新模式。他们认为，技术创新是企业持续竞争力的源泉，而当今企业技术创新又要求企业组织与文化的相应变革。因而，技术、组织与文化的协同创新就成为企业走技术创新发展道路所要解决的关键问题。我国企业，尤其是国有企业技术创新动力不足，很大程度上在于技术创新与组织、文化创新的协调方面准备不足。该研究结合了我国典型技术密集型企业的案例分析，对技术、组织与文化的协同创新进行了初步探讨，并提出了三者相互匹配的分析框架与一般模式。

朱祖平从创新对象（产品创新、工艺创新、组织创新、文化创新）和创新重要性（根本性创新、渐进性创新）角度对企业协同创新运行机制、企业协同创新的管理进行了理论分析。他强调，要把握创新的内部机制和规律，必须从协调的角度建立创新协同机制，也就是要在企业创新过程中形成协同的机制和管理模式。此后，在 2003 年，朱祖平在总结了国内外几个典型的对企业系统进行系统研究的模型的基础上，提出了企业协同创新系统概念模型。不足之处是，该模型尚处于概念提出阶段，尚没有进行深入的理论论证和实证案例的验证，仍需进一步改进。

此外，彭纪生、吴林海在《论技术协同创新模式及建构》一文中提出，根据市场竞争结构的变动，企业技术创新模式也随之变动，并指出技术创新过程模式的变动趋势是走向技术协同创新模式。他们认为，所谓技术协同创新，应从宏观和微观两个层面进行定义。宏观层面，在国家创新体系中，应实现 4 个创新子系统集成，即各子系统的核心（知识创新系统——独立科研机构和教学科研型大学；技术创新系统——企业；知识传播系统——教育培训机构；知识应用系统——社会、企业）在技术创新中实现协同。微观层面的技术协同创新，即各种创新资源以及各行为主体在技术创新过程的各个环节协同整合。

沈小平、孙东川（2001）等人对技术创新与管理创新的互动模式进行了研究，他们认为创新主要包括技术创新和管理创新两方面的内容，因此探讨了企业如何准确把握技术创新和管理创新的范畴以及两者之间的协同、递进式互动关系，从而构建企业动态的、双向的匹配、协同与互动的创新模式，选择最佳的战略组合。严新忠在《技术创新、管理创新互动与竞争战略融合》一文中认为，实施创新体系是我国工业增强核心竞争力的重要措施之一，其关键是实行技术创新与管理创新协同互动。同时，他还探讨了创新体系与竞争战略融合选择的思路。

三、协同创新的研究评述

目前，国外针对协同创新而做的研究还较少，且主要是宏观方面的，研究的趋势中已经隐含了创新过程中企业内部各职能、各创新对象、企业与环境协同的思想。协同创新作为一种有效提高企业创新绩效的创新方式，已经逐步受到国内理论界、实业界的重视。国内理论界针对协同创新的研究较多，但是目前还未达成对协同创新概念的共识。由于技术创新在企业中占有较高的地位，现有理论多集中于对企业技术创新的研究。而在企业的发展过程中，单个技术创新的作用往往是有限的，企业的技术创新往往以组群的方式出现，它们的有机结合和协同作用才能促进企业长期持续发展。因此，对单个技术创新的分析研究显然是不够的，必须以系统的观点，从战略的高度和组合的角度来研究企业的技术创新行为。

在国内协同创新研究中最引人注目的是以许庆瑞为首的浙江大学创新管理研究团队。1997 年以来，他们采用理论推导、案例研究、统计实证等方法，以全面创新管理为中心，连续、系统地对协同创新进行了多角度、不断深入的研究。先后对技术、组织与文化的协同创新，技术—市场创新的协同与管理，企业技术与制度创新协同及其动态演化过程，技术（产品、工艺及其组合）与非技术（文化、组织、制度等支撑技术创新的要素）要素协同创新，各创新要素全面协同程度与企业特质的关系等进行了研究。2006 年，其协同创新思想进一步扩展，认为协同创新是各创新要素（技术、战略、文化、组织、制度、市场)在全员参与和全时空域的框架下进行全方位的协同匹配。由此引发了学术界对全要素协同创新研究的关注。近年来,国内外学术界对协同创新进行了非常有益的探索,获得了不少研究成果,不乏大量企业实证研究支撑,为创新实践提供了具有重要价值的思路。基于系统创新理论视角的研究相对于创新系统理论在研究对象上更为微观,基于企业层次的理论研究也更为丰富,甚至一些学者提出了系统创新的模型和诊断工具。

但现有研究仍存在一些不足和有待完善之处:缺乏针对高技术企业进行其协同创新的研究;当前基于系统观的要素协同研究较少考虑协同成本,一味追求全要素协同,尚缺乏对于全要素协同的需求程度的研究,对于系统协同创新的概念模型也未进行系统的分析和构建。有待研究的协同创新方面的问题包括:① 高技术企业协同创新有哪些实现途径;② 高技术企业协同创新的主要类型;③ 如何判断企业创新协同的需求程度;④ 怎样构建协同创新的概念模型。

第三节 高校协同创新的路径探析

一、高校协同创新的基本内涵

高校协同创新是指高校内部各学科之间、高校与高校之间以及高校师生与科研院所和企业的研究者、生产者、管理者之间,围绕国家重大战略需求、重大科技项目,为解决行业关键和共性技术以及生产实际中重大问题,投入各自优势资源和能力,在政府、科技服务中介机构、金融机构等相关主体的协同支持下,合作攻关,从而力求在科学研究、技术开发上取得重大进展和突破的创新活动。

高校协同创新类型多样,可利用其优势与多主体,在多领域开展协同创新活动。按照合作主体分,可分为校校协同、校所协同、校企(行)协同、校地(区域)协同、国际合作协同等类型。按照协同领域分,可分为人才培养的协同创新、科技研发的协同创新、学科交融研究的协同创新、产学研协同创新等。按实现途径不同,可分为高校内部协同创新和外部协同创新。其中高校内部协同创新主要是与其相关的核心要素和若干支撑要素（如学科、教学、科研、管理、师生等）的协同创新。同时，高校对外还可与科研院所、企业、国外高校及组织等进行协同创新。

二、高校协同创新运行机制的基本内涵

高校主导的协同创新运行机制是指协同创新系统结构及其运行机理，即相关主体（高校、企业、科研院所等）、相关对象和要素（如科研力量、市场、技术、经费等）等在协同创新中的内在联系，相互作用的动力、方式、功能、程序及运行原理等，包括高校协同创新的动力机制、决策机制、投入机制、利益分配机制等。高校在其主导的协同创新中主要承担事件的发起、制定协作流程和规章、分配和调控协同资源、协调冲突等责任。高校发挥高端人才荟萃、学科门类齐全、研究基础雄厚等优势开展内外部协同创新，在培养高层次创新人才、解决国家经济社会重大问题、技术转移和成果转化等方面能做出积极贡献。

三、我国高校主导的协同创新运行机制分析

（一）高校协同创新动力机制分析

1. 高校协同创新动力机制基本内涵

高校为主导的协同创新动力机制是指促使高校协同创新的动力源。高校协同创新的根本动力来自于高校对知识和真理的追求，其动力既可来自正向激励，也可来自逆向激励。大体上讲，动力机制分为内部动力机制和外部动力机制。内部动力机制是指存在于高校协同创新系统内部各主体对合作产生的内驱力，主要包括自我发展需求、利益驱动、外部诱发转化成内驱力等三方面因素。而外部动力机制是指高校为主导的协同创新合作主体之外的，能对协同创新起推动作用的外部动力因素。这些外部动力因素能驱动或转化为合作主体的内在因素，推动协同合作。外部动力因素主要包括政策推动、社会心理、市场拉动。在高校主导的协同创新中，应对所涉及的动力因素的不同特点和相互关系采取相应措施，促使内外部各动力因素实现优化组合，发挥动力因素的积极作用，避免消极影响，以形成有利于协同创新系统健康运行的合力。

2. 高校协同创新动力机制的问题分析

高校主导的协同创新中，一方面，各学科间存在学术语言、思维方式、研究方法等差异；另一方面，由于各主体处于不同的领域，存在观念、价值观、制度及管理等方面的差异，因此使得参与协同创新的各主体间存在着互补与互斥、竞争与合作，客观上造成协同创新的困难重重。在实践中体制机制有效调节的缺乏，更使协同创新各方动力不足、活力不强。高校主导的协同创新动力机制存在的主要问题表现在以下三个方面。

第一，缺乏坚实的协同创新思想认识基础。我国学术界长期以来看重学者在本领域中学术造诣，对一些实际应用价值很强的跨学科研究往往持"不务正业""不入主流"的成见，导致学者们热衷于仅就本学科一味地深挖猛掘，不愿意开展跨学科交叉研究；另一方面，为响应国家有关协同创新的倡导和争取重大项目，各院系或学者间虽然也制订了协同创新计划，但实施中仍存在各自为政、貌合神离，缺乏实质性的多学科融合，使协同创新流于形式、浮于表面。

第二，缺乏合理的协同创新的利益分配机制。研究者一向重视研究成果的归属性，在尊重知识产权的今天更是如此。然而，一方面由于以往情况特殊，对于某些重大攻关项目的成果总是功归集体，因参与单位和个人多，分工协作完成，不太好肯定个人的贡献；另一方面，在评定学者学术成就时，成果署名通常只有排名第一或靠前者才有效。这种简单化的管理政策，不仅不科学，且挫伤了科研人员从事合作的积极性，严重阻碍了联合攻关的进行。此外，在激烈的市场竞争中，创新本身就是高风险，在协同创新的过程中每个协同主体所承担的风险不同，应适当增加承担风险大的一方在利益分配中的比重，但在实际的利益分配中，并未充分考虑各主体所面临的风险，缺乏合理的利益分配机制，使得协同创新利益要么简单化地平均分配，要么功归负责组织协调的最高领导，要么仅按投入比例分配，从而忽略了创造性贡献等重要因素。这些不合理的利益分配办法，严重挫伤了协同创新各方的积极性。

第三，缺乏科学的协同创新评价标准。首先，我国高校的教师评价体系中，职称评定的评价体系主要以学术水平为衡量标准，主要依据学术论文和科研成果的级别与数量，不太重视科研成果的应用。这就使得大部分教师和科研人员只顾埋头于自身专长的领域做研究、写论文，很少主动进行跨学科研究或了解企业的技术需求。其次，高校对学术评价往往过于"学院派"，重理论、轻应用，重学术上的精深严谨（学科本位）、轻跨学科实际应用，这种评价导向挫伤了许多科研人员开展跨学科协同创新的热情、激情和创造性，使执意面向企业、面向市场、面向实际应用从事协同创新者要承担很大风险和压力。再次，一些高校及科研骨干因科研经费充足，在本学科领域项目多，不必自找麻烦开展协同创新，对主动服务企业和市场并不感兴趣。因此，无论高校内部学科和院系之间，还是产学研之间都缺乏基于利益驱动的自愿协同创新机制。

（二）高校协同创新实现形式分析

1. 高校内部协同创新的主要实现形式

跨学科研究协同创新是高校内部协同创新的主要形式。它是指把来自两个以上的学科或专业知识团体的理论、技能、方法等进行融合，以拓展知识领域，或解决那些用单一学科或研究领域无法解决的复杂问题。跨学科研究协同创新的具体实现形式主要有三种。①组建跨学科团队。其特点是来自不同院系的教师，承担着不同的学术使命，使各学科在思想和方法上相互融合；②设立跨学科研究新项目。面向国家战略需求和重大科学前沿领域寻找交叉点，部署和建设大规模科学工程，以高校的优势学科或事关重大的学科为试点，或优先发展其科学基础前沿的相关学科等；③建立跨学科研究中心、跨学科研究院等。具体形式可根据跨学科研究任务的内容、时限等灵活选择，以此促进来自不同领域的学者之间的交流。跨学科研究是高校为主导的协同创新前提之一，目前许多世界一流大学已把跨学科交融作为一种大学理念，渗透到大学全部活动当中，高校应充分发挥其人才云集、学科齐全、基础厚实等优势，找准跨学科的研究方向，为协同创新奠定良好基础。

2. 高校外部协同创新主要实现形式

高校不仅要自身内部合作，而且要与科研院所、企业等外部合作，瞄准国家急需的战略性研究、科学技术尖端领域的前瞻性研究、涉及国计民生重大问题的公益性研究等领域的协同创新需求，启动从资源共享、项目深度合作，到建立协同创新战略联盟，或联合建立引导行业核心技术与关键技术研发的研究院。

在高校主导的外部协同创新中,高校既是科技成果的创造者,又是科技成果转化给产业、转化为商品并实现产业化的创新者;既是研发主体,也参与产销。具体表现在:以高校为主体,以科技活动及其成果为主导,参与从基础研究到应用研究、开发研究、技术成果产品化、科技成果商品化,从产品设计到中试、投产,直到形成产业并占有市场的全过程。高校主导的外部协同创新典型实现形式有大学创办经济实体、共建大学科技园、联合培养人才等。

高校主导的外部协同创新要求高校应满足如下4个条件:① 不仅具备很强的基础研究实力,而且具有应用研究、开发研究、产品设计、工艺设计等技术实力;② 不仅具备科学技术研究实力,而且具有新技术产品化、新工艺制造等生产实力;③ 不仅具备科研和生产实力,而且具有市场预测、产品销售等方面的营销实力;④ 不仅具备科研、生产、营销等实力,而且具有协调科研、生产、营销等方面的决策、控制实力等。

四、高校主导的协同创新路径

实施"2011计划",积极推进协同创新,要求政府通过体制机制创新和政策项目引导,鼓励高校同科研机构、企业开展深度合作,建立协同创新的战略联盟。高校要根据自己优势和发展定位,科学制定协同创新战略规划,妥善处理与其他创新主体的关系,积极构建协同创新平台,建立人才培养特区,突出拔尖创新人才培养,构建全方位协同创新环境氛围。

(一)树立协同创新新理念

高校要将"协同创新"理念贯彻到人才培养、科学研究和社会服务的实践之中,突出"创新"在办学理念中的重要位置,强调"协同"作为办学思路的重要内容,依托优势学科群,与科研院所、行业企业、政府部门及国际社会等深度合作,建立"开放、集成、高效"的协同创新共同体,主动为解决国家重大需求和重大科学问题、提升国家创新能力和国家创新体系建设作贡献。

(二)构建协同创新利益分配机制

首先,建立协同创新的风险互担机制。参与各方应在合作前建立风险分担机制，明确目标任务、各方责任与义务，制定考核指标，分层次、分阶段分解风险责任。其次，完善利益分配标准。在衡量风险时应综合考虑各方的投入强度与实际创新贡献，设计合理的利益分配方案。要做到鼓励合作、支持创新，考虑到科研成果的创新性和效益的延迟性，要大胆承认学者的个人贡献。协同创新的成本分担和利益分配问题主要依靠参与各方协商和订立协议解决，但政府和社会服务机构也应积极为各方提供相应的保障服务和政策支持。

（三）完善协同创新评价指标体系

第一，在考核评价上，要建立、健全以创新质量为导向的考核评价机制，营造鼓励创新、宽容失败的学术氛围，倡导求真务实、团结合作、协同攻关的良好风尚，形成有利于协同创新的文化环境等。第二，在规划和科研管理上，要提前谋划、精心设计协同创新项目并随时准备申报工作。第三，在资源共享平台上，搭建高校各院系、各学科享有共同的生存和发展空间，分享共同的教育资源，形成良性竞争。第四，在队伍建设上，要加快探索与国际接轨的、以任务为驱动的人员聘用和分配制度，增强对国内外优秀人才的吸引力和凝聚力。第五，在学科建设上，要强化以优势学科和特色学科为导向的资源配置方式，努力形成协同创新与学科发展双赢的良好局面。

（四）优化协同创新实现形式

首先，构建科学有效的组织管理体系，包括设立专门的协同创新管理机构等，使高校协同创新工作有一个正式的、专业的管理组织模式。其次，要完善协同创新的选择机制。具体表现在：①合作对象的选择上，坚持共同目标原则、优势互补原则和优良信誉原则等；②合作模式的选择上，参考以往成功的案例或根据项目和合作对象的不同采取所需要的合作模式。③合作组织结构的选择上，根据合作性质、各方力量对比及合作模式来确定合作组织结构，采用协议、合同方式组建规范化的合作组织，以形成自愿合作、目标统一、优势互补、风险共担、公平分配、产权明晰、共同发展的协同创新体系。

第四节 协同创新的大学生社会主义核心价值观教育模式探索

党的十八大以来,党中央高度重视在全社会培育和践行社会主义核心价值观。习近平总书记多次作出重要论述并提出明确要求:"加强大学生社会主义核心价值观教育是把大学生培养成社会主义事业合格接班人的重要途径,关系国家发展和民族振兴。""广大青年要从现在做起,从自己做起,使社会主义核心价值观成为自己的基本遵循。"为高校加强大学生社会主义核心价值观教育指明了努力方向,提供了重要遵循。

重庆交通大学徐园媛教授研究团队运用"协同创新"的先进组织模式,创建大学生社会主义核心价值观教育接受机制。形成了多位一体的育人平台,有效发挥学生知、情、意、行整体功能,实现了教育由物理过程向心理过程的转化。

一、大学生社会主义核心价值观教育中"合力育人"的理论基础

(一)马克思主义合力思想

马克思主义合力论思想是马克思主义理论的重要组成部分。马克思主义经典作家在不同的历史时期都十分重视"合力"问题,从不同方面和角度对合力问题进行过阐述,提出了很多重要的论断。马克思在论述物质生产及其发展规律的过程中,多次谈及生产过程中的合力现象及规律。他指出:"单个劳动者的力量的机械总和,与许多人手同时共同完成同一不可分割的操作(例如举起重物等)时所发挥的社会力量有本质的区别。协作直接创造了一种生产力,这种生产力本身必然是集体力。""协作的结果是,通过协作所生产出来的东西,比之同样多的人在同样的时间内分散劳动所生产出来的东西要多。"在这里,马克思明确告诉我们:工人在生产过程中,产生了力量的总和。这种力量的总和,马克思称之为"集体力",本质上也是生产的合力,马克思认为生产过程中因协作或联合而产生的合力的本质,是一种新的力量,而且是一种由劳动的个体自然生产力融合而成的集体力。

恩格斯则在深刻阐述人类社会发展的动力问题时提出了历史合力论。他说："历史是这样创造的：最终结果总是从许多单个的意志的相互冲突中产生出来的，而其中每一个意志，又是由于许多特殊的生活条件，才成为它所成为的那样。这样就有无数互相交错的力量，有无数个力的平行四边形，由此产生出一个合力，即历史结果；而这个结果又可以看作一个作为整体的、不自觉地和不自主地起着作用的力量的产物……每个意志都对合力有所贡献，因而是包括在这个合力里面的。"马克思、恩格斯的合力思想，核心就是强调优质的组合模式是形成效益最大化的前提和基础。

中国共产党人继承马克思、恩格斯的合力论思想并结合工作实践进行了新的发展。毛泽东在《关于正确处理人民内部矛盾的问题》中强调："思想政治工作，各个部门都要负责。共产党应该管，青年团应该管，政府主管部门应该管，学校的校长教师更应该管。"毛泽东还认为"力量一分散，事情就难办了"。邓小平认为工作上出现问题往往"不是哪一个人不合格，或者犯了错误，而是因为合作不好，形成'几套马车'"。胡锦涛2005年1月在全国加强和改进大学生思想政治教育工作会议上的讲话中也指出：加强和改进大学生思想政治教育工作，是全党全社会共同的重大任务，要把各方面的积极性、主动性充分调动起来，形成加强和改进大学生思想政治教育工作的强大合力。

（二）系统论思想

系统论思想最基本的精神是将事物视为一个内部诸要素具有内在关联的整体，在整体中每一个要素的性质或行为都将影响到整体的性质或行为。系统论既研究系统各组成要素相互联系的机制与规律，又关注各要素如何构成整体，维持整体稳定并推动系统演进。整体性是系统最重要的属性，系统是各要素联系组织起来的产物，是各要素的综合体，系统具有各要素综合起来的整体功能，决定整体及其性质的不仅是由于构成它们的基质要素不同，而且在很大程度上取决于构成整体的各个要素之间的相互作用与相互关系，系统的整体性特征告诉我们，在注重发挥各要素的合力作用，如果各个作用力量发挥得好，就会形成一个更为强大的合力，从而促进事物的进一步发展，如果发挥不好，反而会影响各个原始力量的发挥，进而削弱其整体功能。

系统论思想对于培育和弘扬社会主义核心价值观合力的形成奠定了理论基础。社会主义核心价值观培育和践行也是一个整体的系统工程，它是由多个环节所构成的有机整体。在这个有机的整体中，需要各个组成部分之间相互作用、彼此联系，当教育者、教育对象、教育内容和方法等要素都独立存在、无相互联系时，现实的教育活动效果就会降低，只有当这些要素相互联系、相互作用时，才会产生更大的效果。

当今世界综合国力竞争日益激烈，全球化、数字化、网络化不断发展，提出了许多新问题、新挑战。我国国内改革发展进入关键期，各种社会矛盾和问题相互叠加、集中体现，社会思潮日益多元多样多变，特别是在互联网的催化下，价值观冲击极其严峻，尤其是高校的青年学生，面对多样化的社会思潮，面对多样化的价值判断，多样化的利益诉求，思维的选择性、多变性、差异性日益增强。这些现象都在提示我们，处于这样社会环境下的大学生其思想认识、价值观念、行为方式的形成与发展，决不是单一因素影响与作用的结果，决不单单是思想政治理论课、思想政治理论课承担学院以及思想政治理论课教师的单维或单体工作，也不是仅仅学校团委一个部门以及学生工作管理部门的事，它应该是一种十分复杂的系统教育活动，它需要学校内部各部门、各教育环节之间紧密结合与协同运作，进而形成整体教育合力。

二、目前大学生社会主义核心价值观合力教育中存在的问题

（一）高校职能部门之间缺乏沟通与合作，不能形成教育合力

目前在高校，社会主义核心价值观培育和践行工作主要由马克思主义学院、学生处、团委、党校、宣传部等部门承担，这些部门对应不同的队伍：思想政治理论课教师、学生管理人员、共青团干部、党校教师、党政工作干部，这些队伍分工不同。但在一些高校工作开展的过程中，具有共同的工作目标的这些部门和人员各司其责，教书的教书，育人的育人，管理的管理，服务的服务，各部门出力不合力、行动不联动，不能形成协调联动的局面，这种管理模式和工作模式不能形成社会主义核心价值观教育工作的合力，难以收到良好的教育效果。

（二）培育途径和内容缺乏统筹，不能形成有机融合的整体

当前高校在社会主义核心价值观教育的问题在于，无论是在教育途径上还是教育内容上都"缺乏目标上的步调一致，内容上相互渗透、融合与补充，方法的相互借鉴，资源的相互整合，难以达成一个有机融合的教育整体"。价值观教育解决的是价值选择问题，解决这样的问题，要做到以理服人，目前在一些高校，课堂理论教育缺乏学理性，不能有效提高大学生理论认同和价值认同；理论教育与实践活动脱离，不能将思想理论知识内化为自身的经验，无法建构新的知识结构，不能用学到的新知识指导自身的行为，知行不能统一；校园文化建设着重于自我创新，不能合作创新和协同创新，难以与课堂教学、社会实践等教育教学途径协调互补；在课堂教学活动中，思想政治理论课、专业课、哲学社会科学等课程各自为战，独自发力，对于一些可相互渗透、相互支持、层层深入的内容，缺乏有效协同合作，难以形成各个课堂间的协调联动，不能有效提高社会主义核心价值观教育的效果。

高校内社会主义核心价值观教育的现状表明，高校内各教育力量间孤军奋战，未能形成社会主义核心价值观教育的"合力"，社会主义核心价值观教育的实际效果欠佳。

三、大学生社会主义核心价值观教育合力形成的路径

大学生社会主义核心价值观的培育和践行工作是一个系统工程，需要整合高校校内资源，协同来自高校内部各方面的教育力量，从而提升高校社会主义核心价值观教育的总体合力和整体效能，使大学生社会主义核心价值观教育在结构上朝着整体功能有序和优化的方向发展。而要形成社会主义核心价值观教育的合力，需要从以下几个方面努力。

（一）高校要形成合力育人的理念

以往的单维性和片面性的习惯思维和教育理念，使人们对于社会主义核心价值观教育存在着不正确的认识，忽视了大学生社会主义核心价值观教育各环节之间的联系，缺乏系统整体思维的教育理念，以及缺乏对大学生思想政治教育合力问题的认知，这些问题已经成为整合大学生社会主义

核心价值观教育资源,加强大学生社会主义核心价值观教育有效性的瓶颈。因此,今后高校要转变教育理念的单维性为多维性,转变教育理念的片面性为系统性、整体性,这是真正加强高校大学生社会主义核心价值观教育合力形成问题的基础。众所周知,高校党委是高校的领导核心,其教育理念是否具有科学性,直接决定着高校大学生社会主义核心价值观教育系统性、整体性理念能否形成的的关键。因而,转变高校党委的教育理念,强化高校党委对大学生社会主义核心价值观教育合力问题的认知,是高校形成合力育人理念的根本。高校党委教育理念的转变了,则能抓好顶层设计,重视核心价值观教育的整体布局,整合全校各种优势资源,促进各职能部门、二级院系、各个课堂间的协调联动,形成社会主义核心价值观教育合力育人的氛围。

(二)高校内各横向部门要协同合作

大学生社会主义核心价值观的培育和践行是全方位多角度的教育,涉及到校内多部门,每个部门都有育人的责任,每种课程都有育人的功能,每个地方都是育人的阵地。中共中央办公厅印发的《关于培育和践行社会主义核心价值观的意见》指出:"党政各部门,要在党委统一领导下,加强沟通、密切配合,形成共同推进社会主义核心价值观培育和践行的良好局面。"因此,要更好地完成高校社会主义核心价值观教育目标,就要在坚持合作育人、协同育人的理念下,组织、协调、优化、协同大学生社会主义核心价值观教育系统中的各要素及其相互关系,强化思想政治理论课承担单位、团委、学生处、党校、社科处、宣传部、教务处、后勤等部门在价值观教育中的合力,做到思想一致、步调一致、职责明确、工作互补,既避免由各自为政所造成的重复劳动,又避免由于分工交叉而造成工作中的互相推诿。

(三)课堂教学、校园文化建设、社会实践合力育人

社会主义核心价值观教育体现在高校育人工作的各个方面、各个环节。课堂教学是最基本的教育方式,校园文化活动是大学生的第二课堂,社会实践活动是高校课堂在社会的延伸,把三者充分结合,有效统筹,全方位育人,才能从根本上推进高校社会主义核心价值观的培育。

课堂教学是一种系统的教育。课堂教学由明确的教学目标、具体的教学内容、丰富的教学方法和客观的教学评估环节组成，教育内容是系统的，教育方法是科学的，教育时间是有保证的，教师也是专业的，因而在社会主义核心价值观的教育和养成上，效率是是最高的。实践证明，通过课堂教学，教师可以较快地把核心价值观培育的内容传授给大学生，是大学生比较认同的一种教学模式。培育和践行社会主义核心价值观必须加课堂教学。

校园文化是高校开展思想政治教育的有效载体，是一项隐性的育人活动，对培育和践行社会主义核心价值观具有重要的教育作用。构建和谐校园文化既是现代大学发展的内在要求，也是加强大学生社会主义核心价值观教育的必然途径。高校要"坚持社会主义核心价值观渗透校园文化的主动性、实效性、艺术性，坚持以社会主义核心价值观引领校园内的文化评价、文化选择、文化应用，实现和谐发展，建设具有中国特色的社会主义高校校园文化"，构建当代大学生社会主义核心价值观培育的良好校园环境，发挥校园文化在社会主义核心价值观教育中的隐性教育功能，使其与课堂活动相辅相成、相互补充，共同培育和践行社会主义核心价值观。

实践是认识的基础，一切真知都来源于实践，大学生社会主义核心价值观的培育和践行，离不开社会实践这个重要环节。对于这一点，毛泽东曾指出："一个正确的认识，往往需要经过由物质到精神，由精神到物质，即由实践到认识，由认识到实践这样多次的反复，才能够完成。"实践活动是检验科学理论的标准，也是形成社会主流价值的基础。社会主义核心价值观的树立与培育，既要靠教育、灌输，更要靠实践、体验。为此，高校要不断建立全方位的覆盖面广泛的社会实践活动网络体系，开发实践课程和活动课程，把创新社会实践活动作为社会主义核心价值观教育的突破口和焦点，建立健全实践养成机制，通过大学生主体的实践体验，增强其社会责任感和历史使命感，使其切身感受到社会主义核心价值观的内涵，促使大学生社会主义核心价值观教育知行合一。

（四）统筹思想政治理论课、专业课、党课，实现全面渗透

高校课堂教育中，要使社会主义核心价值观教育打通思想政治理论课、哲学社会科学课、专业课、党课等课程之间的壁垒，要使思想政治理论课、哲学社会科学课专业课、开放课堂、党课等教育教学方式各有侧重，彼此

渗透、相互贯通，共同贯穿于高校社会主义核心价值观培育和践行的全过程，不断释放高校思想政治教育合力育人的张力。

思想政治理论课是高校大学生的公共课、必修课，承担着对大学生进行社会主义核心价值观教育的重要功能。高校社会主义核心价值观教育，主要是一种理论教育，通过对于社会主义核心价值观的学理化处理和宣示，形成青年学生的理性认同，然后是转识成智，转智成信。思想政治理论课是社会主义核心价值观教育的主渠道、主阵地、主课堂，通过理论讲价值或者把价值讲成理论是其本质特征，其诸门课程比较完整丰富地构建起了社会主义核心价值观的课堂教学的理论体系，使青年学生对于社会主义核心价值观的认识和理解达到具体真理的高度。高校要充分发挥思想政治理论课课堂教育功能，积极推进社会主义核心价值观进教材、进课堂、进学生头脑，结合社会实际，利用新的教学手段，加大教改力度，不断提高大学生对社会主义核心价值观的理论认同和价值认同。

党课教育在高校学生成长过程中关系重大，党课课堂也是高校社会主义核心价值观教育的重要课堂，党课有明确的教学目的和要求。高校党课教育要适应新形势和新任务的需要，不断推进党课教育艺术和内容创新，切实提高党课在培育社会主义核心价值观的教育作用。

价值观教育是高等教育的重要责任，各门课程都负有引导大学生树立正确价值观的责任，经过统筹思想政治理论课、哲学社会科学课专业课、开放课堂、党课等课程把社会主义核心价值观培育渗透到这些课程的各个方面，实现各种课堂的合力育人，使青年学生在潜移默化中受到影响，从而培育和践行社会主义核心价值观，使大学生坚定走中国特色社会主义道路的信念。

（五）实现高校干部、教师、辅导员、职工的合力创新

中共中央、国务院《关于进一步加强和改进大学生思想政治教育的意见》明确指出："大学生思想政治教育工作队伍主体是学校党政干部和共青团干部，思想政治理论课和哲学社会科学课教师，辅导员和班主任。学校党政干部和共青团干部负责学生思想政治教育的组织、协调、实施；思想政治理论课和哲学社会科学课教师根据学科和课程的内容、特点，负责对学生进行思想理论教育、思想品德教育和人文素质教育；辅导员是大学生思想政治教育的骨干力量，辅导员按照党委的部署有针对性地开展思想政

治教育活动，班主任负有在思想、学习和生活等方面指导学生的职责。"也就是说，学校党政干部、共青团干部、教师、辅导员和班主任在大学生价值观的培育问题上都负有责任，因此，学校党政干部、共青团干部、教师、辅导员和班主任要根据各自的优势，主动履行职责，以主题鲜明的教育内容，科学有效的教育方法参与大学生核心价值观教育中，形成以党政干部和共青团干部为核心、以辅导员和班主任为骨干、以思想政治理论课教师和哲学社会科学课教师为主体的社会主义核心价值观培育的合力工作模式。

总之，社会主义核心价值观培育和践行中只有教育合力的实现，才能科学设计、合理配置、优化运作高校各种教育资源和教育部门，从而使育人功效叠加，形成更为突出的整体优势和综合效力，实现教育目标。

第三章 大学生社会主义核心价值观教育现状

党的十八大报告明确指出:"要加强社会主义核心价值体系建设,要深入开展社会主义核心价值体系学习教育,用社会主义核心价值体系引领社会思潮、凝聚社会共识。"大学生是祖国的未来和民族的希望,是社会主义建设事业的接班人和生力军,大学生的健康成长,是关系到党和国家前途命运的大事,是中国特色社会主义事业兴旺发达的关键。准确把握当前大学生社会主义核心价值观教育的现状,认清目前大学生社会主义核心价值观教育的内外环境,总结大学生社会主义核心价值观教育的成功经验,掌握大学生社会主义核心价值观教育存在的问题,对推进大学生社会主义核心价值观教育,促进中国特色社会主义社会事业发展具有重要的现实意义。

第一节 大学生社会主义核心价值观教育的环境

马克思主义认为,社会意识由社会存在决定,同时社会意识自身又具有相对的独立性。社会主义核心价值观是由社会主义的经济基础决定的,但在社会意识形态发展中具有自身的逻辑起点,并受国际国内外环境的影响。所以要准确把握大学生社会主义核心价值观教育的现状,就必须对其所处的国内外环境有充分的了解。

一、大学生社会主义核心价值观教育的国际环境

20世纪80年代以来,资本主义出现了新发展,社会主义出现了新变化,世界出现了政治多极化、经济全球化、文化多元化的趋势,这些因素伴随着知识经济的发展与信息技术的普及,对大学生社会主义核心价值观教育影响深远。

（一）资本主义新发展的影响

20世纪80年代以来，资本主义进入一个新的发展阶段，出现了许多新变化、新特征：一是科学技术迅猛发展，生产力获得新的发展空间；二是产业结构的调整带来就业结构的调整；三是生产社会化程度提高，企业组织形式发生变化。四是国家从市场经济的"守夜人"转变为经济发展的干预者；五是加速推进经济全球化；为资本的扩张和增殖开辟了新的天地。资本主义的这些新发展对大学生社会主义核心价值观教育带来了较大的冲击。

大学生思想还不够成熟，知识储备也存在不足，对于资本主义的很多认识是模糊的，个别学生甚至想当然地认为社会主义不如资本主义，马克思主义已经过时。另外，在活跃的学术氛围中，一些专家学者把资本主义的新变化解读为"人民资本主义""经理社会""福利国家"等，这些观点的流传也在大学生中造成了思想上的混乱，使一些大学生更加被资本主义的新发展所迷惑，对社会主义产生了怀疑和动摇。资本主义的新发展直接影响了大学生的价值观走向，对大学生价值观教育提出了新的挑战。只有通过社会主义核心价值观教育，引导当代大学生运用马克思主义的立场、观点和方法，全面地、具体地、历史地看问题，正确认识资本主义的本质，完整地、准确地分析资本主义的新发展，才能使大学生消除思想中的疑虑，纠正认识上的偏差，科学认识资本主义的新发展，才能坚定社会主义理想信念，树立科学的世界观、人生观、价值观。

（二）社会主义新变化的影响

20世纪80年代以来，社会主义在苏联、东欧国家和中国呈现出不同的发展态势。首先是苏联和东欧社会主义国家的"剧变"。20世纪80年代末，波兰、罗马尼亚、民主德国等东欧国家在苏联计划经济模式下发展缓慢，并且与西欧国家差距越来越大，政治危机加深，民族矛盾激化，党和政府在群众中的威信下降，继而在1989年到1990年间发生了激烈的动荡，共产党、工人党纷纷丧失了执政地位，东欧各国社会制度也发生了根本性变革，放弃了社会主义道路。与此同时，苏联也陷入了经济急剧恶化、政治生活僵化、社会矛盾激化的境地。戈尔巴乔夫上台后推行的改革，进一步造成了苏联社会的思想混乱和局势动荡。1991年12月，随着《阿拉木图宣言》的签署,苏联解体,世界上第一个社会主义国家不复存在。其次是中国特色社会主义的兴起。20世纪80年代以来,中国总结中华人民共和国成立三十年来的经验教训,对"什么是社会主义,如何建设社会主义"的问题作出了科学回答,创立了中国特色社会主义理论,开启了社会主义市场经济体制改革。这些社会变化对大学生价值观教育也造成了很大的影响。

(三)当代世界发展新趋势的影响

20世纪80代以来,知识经济的发展、信息技术的普及与世界多极化、经济全球化、文化多元化成为当代世界的发展趋势,对大学生价值观念的发展产生了深刻的影响,对大学生社会主义核心价值观教育提出了新的挑战。

知识经济的发展是当代世界的第一大趋势。20世纪80年代以来,知识经济的深入发展,不仅极大地提高了劳动生产率,促进了整个生产力系统的升级换代,而且极大地改变着人们的经济生活、社会生活和精神生活,推动着社会各个领域发生着一系列深刻变革。信息技术革命是当代世界的第二大趋势。20世纪90年代以来,以互联网为载体的信息技术的普及,极大地改变了人们的生活方式,深刻影响着世界的政治、经济与文化状况。世界多极化是当代世界的第三大趋势。20世纪90年代初至今,世界各大国之间的关系正在重新调整与定位,各种政治力量也在重新分化与组合,世界朝着多极化方向曲折发展。经济全球化是当代世界的第四大趋势。20世纪80年代以来,在地区合作的基础上,全球化成为世界经济的主要趋势。经济全球化一方面促进了生产力要素在国际范围内的优化组合,为世界各国提供了新的发展机遇;另一方面也加剧了世界经济的不平衡性,对发展中国家形成了巨大的压力和挑战。文化多元化是当代世界的第五大趋势。文化多元化把人们置身于多元文化景观中,使人们在相互比较中重新审视本土文化的话语方式、思维模式、审美标准和价值观念,不断吸取异质文化的长处来创新和发展本土文化。但是,西方国家由于在经济、政治、教育和科技等方面占有绝对优势,因此在文化上也处于强势地位,表现为"文化帝国主义"和"文化霸权主义",对非西方国家处于弱势的本土文化形成了强烈冲击,并由此常常导致"文明的冲突"。

当代世界的发展趋势对大学生社会主义核心价值观教育提出了新的挑

战。首先,在新的发展趋势下,西方敌对势力对我国的意识形态斗争从政治层面走向社会层面,并获得了新的表现难式,手段越来越隐蔽,越来越具有欺骗性。西方敌对势力的渗透,必然会使一些意志薄弱者或涉世未深者受到蛊惑,对西方价值观念产生盲目的崇拜,背弃社会主义价值体系。其次,在新的发展趋势下,国际范围内资本、信息、技术和知识流动的速度与自由度不断加强,削弱了传统的国家职能,挑战着传统的国家主权地位,弱化了大学生的国家意识和爱国情感,增加了爱国主义教育的难度。再次,在新的发展趋势下,世俗化、大众化的文化配合着传播媒体的发展向全球扩张,其重视商业价值、追求感官享乐、个人主义等价值观念淡化了一些大学生的理性关怀和集体观念。最后,信息技术的发展,使人们逐渐陷入网络化的社会生活中,人的个性表达将越来越迁就于网络化的世界、多面向的资讯和消费选择,从而使当代大学生社会主义核心价值观教育原有的方式及其效果受到新的考验。

二、大学生社会主义核心价值观教育的国内环境

大学生价值观念的发展不仅深受国际形势的影响,而且和我国社会发展状况直接相关。我国是社会主义性质的国家,目前已进入现代化建设的新时期。伴随着我国经济转轨、社会转型,出现了种种新的社会问题,这必然会对大学生的价值观念产生深刻的影响,也对当代大学生社会主义核心价值观教育提出了新的要求。

(一)当代中国社会基本特点及其影响

当代中国社会最基本的特点是实行社会主义制度。《中华人民共和国宪法》规定:"中华人民共和国是工人阶级领导的、以工农联盟为基础的人民民主专政的社会主义国家。社会主义制度是中华人民共和国的根本制度。禁止任何组织和个人破坏社会主义制度。"宪法的这一规定是我们思考中国社会价值问题的必要前提,也是推进大学生社会主义核心价值观教育的制度背景。"这个前提要求我们重视意识形态工作与国际共产主义运动史的联系,与中国革命史的联系,与世界的社会主义思潮的联系,以及与国内外敌对势力的意识形态对立。"事实上,多年来,大学生社会主义核心价值观

教育一直与学习国际共产主义运动史、中国革命史、了解世界社会主义思潮以及对抗国内外敌对势力的意识形态攻势联系在一起,今后也必然会继续联系在一起。社会主义的制度性规定,是当代中国最为宝贵的政治资源,也是当代大学生社会主义核心价值观教育最为重要的思想基础。在中国,社会主义理想曾经在我们求得民族解放、促进社会正义、改善人民生活等方面发挥过重要作用;在今后的发展中,无论遇到什么样的艰难险阻,都应当继续遵循宪法对基本社会制度的规定,引导人民树立中国特色社会主义共同理想,坚持走中国特色社会主义道路。这正是当代大学生社会主义核心价值观教育的基本内容之一。

现代性是当代中国社会的典型特征。从价值观研究的角度看,现代社会的最大特点是理性化和世俗化。现代社会意识形态领域的一个现象是,没有任何思想具有与生俱来、一劳永逸地支配人心的优势,一种思想,包括占统治地位的思想,要让人接受,必须提出让人接受的理由,必须让人觉得这种理由是站得住脚的。所以党的十六届四中全会通过的《关于加强党的执政能力建设的决定》强调指出,党的执政地位既不是与生俱来的,也不是一劳永逸的。执政地位的这种"不是一劳永逸"的特点同样也是党的指导思想的时代性遭遇。所以,无论是为增强党的执政合法性,还是为增强党的指导思想的号召力,都需要与时俱进、不断推进党的理论创新。社会主义核心价值观同科学发展观、和谐社会理论、习近平新时代中国特色社会主义思想一样,都是党的理论创新的最新成果。引导人民群众认同党的这些创新理论是今后思想政治教育与舆论宣传工作的重要内容,当然也是当代大学生社会主义核心价值观教育的重点所在。

换一个角度看,现代性包括技术、制度和文化等不同层面,或者说包括经济、政治、文化和社会等不同领域,而这些层面之间、领域之间的复杂关系,也是当前意识形态工作必须重视的现实背景。从改革开放初期的"四个现代化"到十九大报告提出建设"富强、民主、文明、和谐、美丽的现代化强国",再到十九大报告提出"开启全面建设社会主义现代化国家新征程",这些既体现了国人对"现代性"之理解的发展过程,也体现了现代化的历史进程本身的展开。历史反复证明,现代化是一个总体推进、局部曲折并且内涵不断丰富因而也远未完成的过程,其中各个层面或领域之间经常出现不同步、不协调的复杂情况。近年来国内出现的"自由"和"平等"如何协调、"公平"和"效率"何者优先等争论，都是这种复杂情况的表现。开展当代大学生社会主义核心价值观教育，不可避免地要经常面对这些争论，而且要向大学生们做出合理的解释与引导。

（二）当代中国社会转型状况及其影响

20世纪80年代以来，我国社会的经济制度经历了由传统的计划经济向社会主义市场体制转换的过程。在社会转型过程中，我国社会出现了四个方面的显著变化。首先，经济体制发生了深刻的变革。改革开放以前，我国实行的是计划经济体制，分配方式带有浓厚的平均主义色彩。改革破除了这种不符合生产力发展状况的经济模式，在重新认识了社会主义初级阶段的基本国情后，找到了适合生产力发展的社会主义市场经济体制。与此相适应，所有制形式也转变为以公有制为主体的多种所有制形式，分配方式转变为以按劳分配为主体的多种分配方式。其次，社会结构发生了深刻的变动。一是由"总体性社会"向"分化性社会"过渡，社会经济成分、社会组织形式日益呈现出多样化趋势；二是基层社会组织由"职能型"向"自主型"方向转变，企事业单位自主性逐渐增强，独立化程度提高，不再像以往那样只是国家的"代理人"；三是农村社会由"乡村型"向"城镇型"转变，城市化步伐大大加快；四是社会总体上还呈现从"农业型"向"工业型"转变、从"封闭型"向"开放型"转变、从"产品经济型"向"商品经济型"转变等特征。

我国社会转型中出现的上述显著变化对整个社会的价值观念带来了空前巨大的冲击。当前，我国社会的价值观念总体上呈现出"多元并存，新旧交替"的状态。所谓"多元并存"，是指在共时性上，当今中国不仅有旧的、传统的、保守的价值观念的沿袭，而且有新的、先进的价值观念的生成；所谓"新旧交替"，是指在历时性上，我国社会转型时期的价值观念变革的总体走势和发展方向是除旧布新、推陈出新。转型时期"多元并存，新旧交替"的社会氛围，引发了当代大学生价值观念的诸多转变。第一，拜金主义日益严重，享乐主义日益突出。"货币万能"的观念根植于某些大学生心中，"小资生活""享受孤独"成为一些大学生的精神向往。第二，传统价值观念淡化，个人主义膨胀。一些大学生忽视人际之间应有的基本价值准则，对"老黄牛""铺路石"等集体主义精神存有逆反心理。与此同时，一些大学生以自我为中心，争强好胜，"明哲保身"，不能处理好国家利益、集体利益、个人利益三者间的关系。第三，信仰缺失，理想淡漠。信仰在转型时期的解构，使一些大学生的信仰处于真空状态，各种拜物教和泛神教的观念乘虚而入，引发了一些大学生的信仰危机。第四，出现偏激思想和逆反心态。一些大学生为求张扬个性，常走极端，思想偏激，性格孤僻、抑郁，愤世嫉俗。一些大学生与传统道德规范背道而驰，不分正误地与大多数人的观念相悖，以此来博得别人的注目。第五，"寻求刺激，体验感性"的思想盛行。随着社会的转型，大学生文化正经历着理想主义与现实主义之间史无前例的冲突，大学生的价值观呈现出大众化、通俗化的特征，对感性事物的追逐日益凸显。一些大学生已逐步放弃对文化终极关怀的追求，漠视高雅文化，追求随心所欲的应时文化和快餐文化，自觉认同某些庸俗的社会潮流，使得神圣的生活理想、人生准则以及崇高的精神追求遭受前所未有的反叛与亵渎。社会转型带来的这些巨大冲击提醒我们，必须有的放矢、因势利导，有针对性地加强社会主义核心价值观教育，才能够引导当代大学生养成正确的价值观念。

在大学生价值观念发展过程中，无论是国际环境还是国内环境的变化，其影响一般都是潜移默化式的，应对这些变化的挑战，正面的说服教育与引导一般还能奏效。但面对社会发展中出现的一些突出社会问题，面对现实生活中人的生存与发展被严重压抑的困境，辛苦培养起来的大学生进步价值观念，往往会在一夕之间被颠覆。在中国，多年来形成的社会问题主要有贫富两极分化、大学生就业、房价畸形上涨、医疗与社会保障与政府官员腐败等。这些问题产生的原因尽管有所不同，但都严重影响着大学生的价值取向，影响着当代大学生社会主义核心价值观教育的效果。要提高当代大学生社会主义核心价值观教育的有效性，必须正视并努力解决这些社会发展中的深层次问题。近年来，这些问题越来越引起社会各界的高度关注，党和国家也正在逐步采取措施，力争从根本上消除这些问题产生的社会根源。这些问题的逐步解决，必将会极大地改善思想政治教育的社会环境，更好地推进当代大学生社会主义核心价值观教育。

第二节 大学生社会主义核心价值观教育现状调查

一、大学生社会主义核心价值观教育的问卷设计

(一) 调查的目的与内容

为了能够更加直接、清晰地了解大学生社会主义核心价值观教育的问题，本次调查围绕以下几个方面对大学生社会主义核心价值观的教育情况进行了调查：① 大学生社会主义核心价值观教育的主"阵地"调查；② 党团组织和辅导员、班主任的教育状况调查；③ 校园文化和社会实践活动教育情况调查；④ 大学生自我教育管理状况调查。

(二) 调查的对象

调查问卷向重庆市 5 所普通高等院校发放，共发放问卷 1000 份，回收问卷 986 份，回收率为 98.6%，剔除 42 份无效问卷，有效问卷 944 份，有效性 95.74%。其中，男生占调查总人数的 66.24%，女生占调查总人数的 33.76%。

(三) 调查的过程

问卷调查共分为三个阶段：第一个阶段，根据我国大学生社会主义核心价值观教育的现状精心设计和筛选、编制调查问卷；第二个阶段，以学校为单位，在规定的时间、地点对抽查对象进行测试；第三个阶段，对统计数据进行统计学上的整理分析。

二、大学生社会主义核心价值观教育的问卷分析

(一) 问卷调查的基本情况

1. 大学生社会主义核心价值观教育的主阵地情况调查

高校"两课"是大学生社会主义核心价值观教育的主阵地，是大学生接受马克思主义思想、中国特色社会主义共同理想、民族精神与时代精神以及社会主义荣辱观教育的最主要、最正规的途径，其直接关系到大学生

社会主义核心价值观教育的成效。

（1）社会主义核心价值观理论教材。

社会主义核心价值观理论教材是教师对大学生开展社会主义核心价值观教育的依据，教材编写的质量会影响教师的教学和大学生学习的积极性。调查显示：大部分学生对社会主义核心价值观理论教材编写质量的评价不高，其中有46%的学生认为教材有"教条主义""空洞理论"的问题，只有5%和10%的同学分别认为教材"与实际结合密切"和"内容新，反映了时代的要求"，还有39%的学生认为教材"与实际结合不够紧密"。对社会主义核心价值观理论教材的满意度见表3-1。

表3-1 对社会主义核心价值观理论教材的满意程度

满意度	很满意	比较满意	一般	不满意
百分比	8%	19%	52%	21%

（2）社会主义核心价值观教学现状。

社会主义核心价值观理论知识的讲授方式通常是课堂讲授与课堂讨论相结合、课堂讲授与社会实践相结合、多媒体教学等，学生最为喜欢的应该是与实际相结合的教授方式。然而在实际的教学过程中，许多社会主义核心价值观的教育者仍然沿用照本宣科的教学手段，采取"填鸭式""灌输式"的教学方法。调查显示：有56%的学生认为老师的讲授是"照本宣科"，有53%的学生认为教学内容针对性和效果"一般"，社会主义核心价值观调查情况见表3-2，对社会主义核心价值观教育满意度调查见表3-3。

表3-2 社会主义核心价值观教学情况

社会主义核心价值观教学方式				社会主义核心价值观教育内容针对性和效果		
照本宣科	互动式	研讨式	其他	好	一般	不好
56%	23%	11%	10%	21%	53%	26%

表3-3 社会主义核心价值观教学满意度

满意度	很满意	比较满意	一般	不满意
百分比	4%	23%	58%	15%

2. 党团组织和辅导员、班主任的教育状况调查

基层党、团组织也承担着对大学生开展社会主义核心价值观教育的重要任务。从调查的情况看，多数学生认为党、团组织在大学生社会主义核

心价值观教育中发挥了重要的作用。

(1) 党组织开展的社会主义核心价值观教育。

因为大学生中党员毕竟是少数,所以对大学生而言接受党组织教育主要是通过党校学习和培训。调查显示:在"参加完党校培训后对你的影响"的回答中,有54%的同学认为"对党的有关知识有了进一步的了解",46%的同学认为"对共产主义信仰更加坚定",62%的同学认为"认识到党在新世纪面对许多挑战",只有0.9%的学生认为"没有任何收获"。可以看出,党校在大学生社会主义核心价值观教育过程中发挥了重要的作用。

党支部发展党员时,思想政治素质是第一位的考虑。调查显示,多数同学认为党支部在发展党员时对思想政治素质要求较高,但也有部分学生认为党支部对大学生的思想政治素质要求不高,说明党支部在发展学生党员的过程中存在着忽视大学生思想政治素质的问题。调查结果见表3-4。

表3-4 党支部发展党员时对思想政治素质的要求

要求	很高	较高	一般	没要求
百分比	17%	40%	36%	7%

(2) 团组织开展的社会主义核心价值观教育。

大学生中团员的比例是非常高的,团组织对团员的教育主要通过定期召开团组织生活会和组织社会实践活动进行的。调查显示:58%的大学生所在的团支部"按要求开团会",有33%的大学生回答"不按要求开,开的很少",还有9%的学生回答"从来不开"这表明,大部分团支部还是按要求开会,但仍有少部分团支部没有按照要求开会。在团支部的作用方面,对于"你如何看待团组织的生活会的"的问题,有82%大学生认为"给同学之间交流提供了平台",78%的大学生认为"可以进行坦诚的交流,有助于认识自己和发展自己",42%的大学生认为"可以学习党的路线方针政策理论"。这表明,通过团组织生活会,可以使大学生接受到社会主义核心价值观教育,对大学生的成长成才有重要的作用。

(3) 辅导员、班主任开展的社会主义核心价值观教育。

辅导员和班主任是学生的人生导师、承担着部分社会主义核心价值观教育的内容,然而现实是,辅导员和班主任由于时间、精力以及学生人数等原因,更多是承担着管理者的角色,只是执行上级领导下达的一些任务和要求,没有做到对学生具体情况的了解,对大学生社会主义核心价值观教育工作有所疏忽。具体见表 3-5 与 3-6。

表 3-5 辅导员、班主任了解大学生思想状况

了解大学生思想状况	经常	比较多	比较少	很少	从不
百分比	6%	25%	42%	25%	2%

表 3-6 辅导员、班主任开展大学生社会主义核心价值观教育状况

开展社会主义核心价值观教育状况	经常	比较多	比较少	很少	从不
百分比	5%	22%	42%	29%	2%

3. 校园文化和社会实践活动教育状况调查

良好的校园文化是开展大学生社会主义核心价值观教育的重要保障，可以使社会主义核心价值观教育与校园文化活动有机结合，切实发挥教育的实效。另外，社会实践活动也是大学生社会主义核心价值观教育的重要途径，让大学生在实践中受教育、长才干、做贡献，是社会主义核心价值观教育的第二课堂。

（1）校园文化。

校园文化的调查结果显示：62%的学生认为大学校园文化"丰富"，只有 7%的学生认为校园文化"不丰富"。在对"你如何看待文化节、艺术节等校园文化活动"上，有 46%的学生认为"丰富了校园的学习文化生活"，31%的学生认为"有利于院系之间的交流"，有 33%的学生认为"开拓了思维，学到了很多课外知识"。这说明文化节、艺术节等校园活动对于丰富校园文化，加强院系之间交流，提升学生能力具有重要的推进作用。但我们也应注意到，还有 21%的学生认为"流于形式，没有实际意义"，这表明校园文化活动还存在很多不足的地方，需要加以改进。

（2）社团组织活动。

社团组织是根据大学生的兴趣爱好而组建起来的，其在学生课余生活中发挥了重要的作用。调查结果显示有 74%的学生参加过社团组织，这表明学生参加社团的积极性还是比较高的。在"你对社团的看法"的调查中，有37%的学生认为"可以学到很多东西，提升自己的能力"，有33%的学生认为"可以交到朋友"。这说明社团对于拓展学生的知识面和交际圈，发挥

了积极的作用。但我们也应看到，仍有 18%的学生认为社团组织"无实际活动，流于形式"，15%的学生认为"学不到什么东西"，这表明社团组织在活动方面仍然存在不足，需要改进和提高。

（3）社会实践活动。

社会实践活动是大学生成才的一条重要途径，调查显示：71%的学生参加过社会实践，这说明大学的社会实践活动开展得比较好。在"你如何看待社会实践活动"的调查上，有 52%的学生认为"可以更多地接触社会、了解社会"，有 24%的学生认为"可以把自己所学的东西运用到社会实践中"，有 22%的学生认为"可以学到东西，能够让自己变得成熟起来"，只有 2%的学生认为"参加社会实践活动只是应付差事"。

4. 大学生的自我教育管理状况调查

（1）对待学习的态度。

学习态度端正是大学生成才的前提。调查显示：大学生对社会主义核心价值观教育的认识程度不是很高，认为社会主义核心价值观学习"重要"的占 52%，"不重要"占 18%，"无所谓"的占 30%；学习这门课的目的是"为了考试"的占 31%，"为了提高理论知识水平和自我修养"的占 57%，"不知道"的占 12%。这表明部分大学生对马克思主义缺乏需求动力，不能主动进行自我教育。

（2）职业规划与就业观念。

在就业压力日趋沉重，就业危机日益突出的今天，大学生职业规划和就业观念有了新的特点。他们在择业时，既注重社会理想、道德理想，也强调生活理想和职业理想，更加理性化。调查显示：在"你对所学专业的兴趣"上，有 40%的学生认为"感兴趣"，有 29%的学生认为"不太感兴趣"，有 22%的学生认为"一般"，有 9%的学生"没有兴趣"。被问及"毕业后是否愿意到西部和基层工作"时，12%的学生回答非常愿意，25%的学生回答比较愿意，被问及"你不愿意到西部和基层就业的主要原因"时，35%的学生认为发展空间不够，22%的学生认为"对西部和基层缺乏了解"。

（3）网络认知度和信息辨别力。

科学技术高度发展的网络化时代里，对网络的认知度和信息辨别力是大学生所面临的一个重要观念选择。当代大学生对以网络技术为特征的现代学习方式比较感兴趣,他们将网络作为与外界沟通和交流的重要途径,认为可以通过网络为自己带来学习、科研、求职、交友等多方面的便利。调查显示:72%的大学生选择"网络"作为日常获取社会信息的最主要的渠道,上网最主要的目的中,"了解新闻"的占46%,"学习和查阅资料"的占21%,但还有18%的学生选择的是"玩网络游戏"和15%的学生选择的是"观看影视热播剧"。在对待网络上关于批评政府的言论的态度上,48%的学生选择"不知道",态度模棱两可。调查表明,网络在大学生中具有重要的作用,但对学生的网络使用还需要加强引导和教育。

(二)存在的主要问题

从上面的调查情况,我们可以看到当前大学生社会主义核心价值观教育总体状况还是较好的,但仍然存在一些不可能忽视的问题。

1. **大学生社会主义核心价值观教育的定位不够明确**

大学生社会主义核心价值观教育与思想政治教育是相互联系又有区别的,目前高校在大学生社会主义核心价值观教育的内容定位上存在偏差,片面地将其与思想政治教育内容合为一体。思想政治教育的内容是比较宽泛的,而社会主义核心价值观教育则重点是要帮助学生树立社会主义核心价值观,对学生进行正确的"三观"教育,使其成为有用有德的人才。在大学生社会主义核心价值观教育的方式定位上也存在不明确的地方。现行的大学生社会主义核心价值观教育没有作为单独的一门课程进行研究,主要是沿用思想政治教育替代社会主义核心价值观教育。思想政治教育相关理论内容多、方向多,教育者在进行理论传授、实践指导时往往会受多种因素干扰,对大学生社会主义核心价值观教育的定位、目标及内容把握不准,使得教育效果打了折扣。

2. **大学生社会主义核心价值观教育内容不够贴近学生和社会**

大学生社会主义核心价值观教育只有从大学生的实际出发,了解大学生的个性特征,站在大学生的角度上思考问题、解决问题,才能赢得大学生的拥护和支持。目前在这方面存在的问题主要有以下三点。第一,教学的课程设计还不能够紧密结合大学生的生活实际,教育者只是机械地讲授书本知识,而忽视了书本知识与大学生现实生活的联系,导致理论与实践的脱节。第二，教育忽视学生个性特征和身心发展规律，针对性不强。教育者没有研究大学生的个性特征和身心发展规律，只是笼统地传道授业，教育没有实现与学生个体的互动与反馈。第三，教育缺乏人文关怀和人性化。教育者过分注重大学生的智育，轻视大学生人格培养，教育没有考虑大学生的实际需求，缺乏人文关怀和人性化。这些导致学生上课的出勤率较低，认真度不高，很多学生认为思想政治理论课对于他们是没有用的，不喜欢上马克思主义理论课和思想品德课。大学生思想政治教育的主阵地、主课堂、主渠道作用没有充分的发挥出来。

3. 大学生社会主义核心价值观教育方法缺乏针对性和实效性

目前大学生思想政治教育内容忽视了时代变革中的新情况、新现象，对大学生的个人实际和学生所关注的社会热点、难点等实际问题关注度不够，这种状况使得思想政治教育本身缺乏针对性，缺乏时代感，无法与时俱进，不能适应时代发展的要求。主要表现在以下几方面。第一，教育以课堂说教为主要方法，进行"填鸭式"的理论灌输，内容陈旧，形式枯燥，缺少互动。第二，榜样教育脱离大学生现实生活，过度"高、大、全"，不能深入大学生内心，不能产生共鸣，教育缺乏感召力。第三，教育重视校园文化，但是娱乐性过度、内涵不足，校园文化缺少规划性。第四，教育重视社会实践，但是实践流于形式，没有科学规划，也与学生所学知识脱节。传统的大学生社会主义核心价值观教育思路和方法已经不适应时代发展的需要，也不适应当前大学生价值观教育的现实情况，应该加强对互联网络的运用与管理，充分利用好现代传媒手段。

4. 大学生社会主义核心价值观教育工作队伍力量较为薄弱

大学生社会主义核心价值观教育主要是由思想政治教育教师以及教育管理人员进行。从调查的情况来看，目前大学生思想政治教育工作队伍还不能适应大学生思想政治工作的要求，质量有待提高、数量有待增加、队伍有待稳固。从管理队伍的质量和数量来看，专职管理政工人员数量不足、经过专业培训的管理人员更是少之又少。根据国家教育部要求，每120至150名学生需要配备一名专职政工管理人员，而在实际工作中，虽然大多数高校都为各院系配备了专职总支副书记、党团委书记，但是和教育部的规定相比，缺额现象比较严重。大学生社会主义核心价值观教育的队伍人数少、综合素质参差不齐，而且教育者身兼其他事务性工作，负担繁重。又因缺少合理的评估激励机制，教育者的工作主动性不强、动力不足。

5. 大学生社会主义核心价值观教育的合力未能充分形成

大学生社会主义核心价值观教育是一个由社会、学校、家庭、个人共同参与的教育，全社会应该形成"人人关注大学生社会主义核心价值观教育，人人投入大学生社会主义核心价值观教育"的全员教育局面。但是，当前的教育还没有引起足够的重视，大部分的教育责任落在了高校，家庭和社会没有能够担起教育的责任，教育的统合力尚未形成。主要体现在以下两个方面。第一，教育没有得到社会、家庭和学校的足够重视，尤其是社会和家庭的重视程度严重不足。第二，教育没有得到社会的全员参与，缺少合力的支持，高校承担了几乎全部的教育责任，社会和家庭的参与度不高，教育应该是社会、学校和家庭共同发挥作用。

（三）问题的成因分析

1. 对大学生社会主义核心价值观教育工作缺乏足够的重视

目前大多数高校将更多的精力放在学校的办学规模、学科建设、师资队伍建设，把学生的社会主义核心价值观教育工作作为软任务，没有给予足够的重视。教育者没有把对大学生的社会主义核心价值观教育当成是教育者自身的责任，也没能全身心地投入到教育中。教育者存在"重智轻德"的偏见，往往只重视大学生知识和技能的学习而忽视了大学生价值观、道德品质、人格修养的教育。另外从大学生的角度看，大学生本人往往把社会主义核心价值观教育当成是课业负担，而没有真正深入内心，认真学习，活学活用。也存在"重知识才能轻道德品质"的偏见，没有把成才与成人，把自身成长与国家命运联系起来。

2. 国内外环境对大学生社会主义核心价值观教育带来挑战

大学生社会主义核心价值教育是在一定的社会环境中进行的，社会环境对接受具有导向的作用，决定着接受的大方向。就国内环境而言，改革开放以来，我国现阶段社会情况与以前相比发生了复杂而深刻的变化。随着改革开放的发展和经济的转型、社会转轨，在意识形态领域，出现了多种思想观念相互碰撞。当代大学生由于阅历尚浅，容易受社会变化的影响，难免会出现思想的困惑或混乱。此外，社会主义市场经济体制的确立，对尚处在世界观、价值观形成中的大学生来说影响会更大。改革开放出现的一些消极腐败现象及社会上的坏风气，也严重地影响着青年学生的心灵。从国际环境看，由于苏联的解体和东欧剧变，社会主义运动从高潮转入低谷，再加上西方敌对势力通过互联网、多媒体等现代传媒渠道，对我国实施"西化""分化"战略，使部分大学生的思想深受影响。来自不同国家，代表不同的政治观点、文化观念、道德行为、价值观念和生活方式的信息云集网上，在这些信息中不乏消极的、错误的、甚至是反动的观点，境外敌对分子往往利用互联网的优势推销自己的价值标准、意识形态和社会文化。

3. 大学生社会主义核心价值观教育工作者角色多重化

当前高校大学生社会主义核心价值观教育队伍主要由辅导员、部分专职理论课教师、行政人员等组成。他们发挥着各自不同的作用：行政人员负责学生的思想教育的组织、协调、实施；理论课教师根据学科和课程内容、特点，负责对学生进行思想理论教育、思想道德教育和人文素质教育；辅导员、班主任负责按照党委部署有针对性地开展德育活动，在思想、学习和生活等方面指导学生。但是，在这些工作人员中，普遍存在着同一个问题，从事社会主义核心价值教育只是暂时的，而不是长期持续的，从事社会主义核心价值教育的专业人员不多，专职教师较少，兼职教师比重过大，社会主义核心价值教育工作队伍素质参差不齐。而且，大部分兼职教师同时还担任行政领导、党务工作或学生管理工作，他们都肩负着比较繁重的学生管理工作或行政工作，不能把社会主义核心价值教育作为重点对待，对备课和教学投入的精力也很有限，在选择教育内容和教育方法时缺乏科学性，导致大学生社会主义核心价值观教育工作薄弱，对学生的世界观、价值观、人生观教育不能得以很好的展开实施。

4. 大学生成长家庭环境及教养方式影响

每个大学生的家庭出身不同，家庭成员结构不同，家庭成员素质不同，家庭成员处世、处事方式不同，这些因素决定了每个大学生家庭在大学生社会主义核心价值观教育问题上的认识、态度、处理方式也有差异。首先，现在大多数学生都是独生子女，从小父母对其溺爱有加，包办过多，部分家长过度关注孩子的智力发育而忽视孩子的身心健康，过度重视孩子的学业成绩而忽视孩子的品德修养，过分放纵孩子的随心所欲而忽视教导约束。这些偏见导致家庭对大学生社会主义核心价值观教育的重视程度不够，认识不全面，执行不得力。其次，家庭过度依靠学校。部分家庭认为孩子一旦上了大学，教育就是学校的事情，高校应该承担起学生成长、成人、成才的重担。因此，家庭出现了推卸教育孩子责任、完全依靠学校的行为，而且家庭主动与高校进行的沟通也严重不足。最后，家庭成员素质参差不齐。部分学生的家庭成员本身对社会主义制度就不认可或者不够坚定，或者家庭成员的文化水平、道德修养、处事方式存在问题，这些因素都会直接影响到家庭对大学生社会主义核心价值观教育的开展和效果。

第四章 大学生社会主义核心价值观教育模式的构建

党的十六届六中全会以来,我国从理论与实践的双向维度,对社会主义核心价值体系、社会主义核心价值观给予了全面、深入、系统的研究和阐释。随着社会的发展,青年大学生的价值观呈现出多元化的趋势。加强大学生社会主义核心价值观教育,在大学生中构建有效的社会主义核心价值观教育模式,就显得尤为迫切和重要。本章将在分析构建大学生社会主义核心价值观教育的必要性和紧迫性的基础上,从学理依据与现实基础角度论证构建大学生社会主义核心价值观教育模式的可行性与构建原则,从心理学学科思维角度进行大学生社会主义核心价值观教育模式研究,阐释大学生社会主义核心价值观教育模式的构建与运行。

第一节 大学生社会主义核心价值观教育模式的构建依据

当前,构建中国特色社会主义社会的核心价值观教育模式已成为一项十分紧迫的战略任务。青年大学生是未来国家建设和发展的中坚力量,加强大学生社会主义核心价值观教育,在大学生中构建合理有效的社会主义核心价值观教育传播路径,以社会主义核心价值观去引领、统摄、整合多样化的社会价值观,就显得尤为迫切和重要。

一、紧迫性

高等学校是培养适应社会主义现代化建设需要的高素质人才的园地,他们代表了中国的未来和希望。"一个有远见的民族,总是把关注的目光投向青年;一个有远见的政党,总是把青年看作推动历史发展和社会前进的重要力量。"作为青年中最富有创造精神和超越意识的大学生群体,确立起社会主义核心价值观,成长为中国特色社会主义事业的合格建设者和可靠接班人,对于构建社会主义和谐社会,加快推进社会主义现代化的宏伟目标具有重大而深远的意义。

当前,我国大学生社会主义核心价值观的主流是好的、是积极向上的。他们拥护党的领导,拥护改革开放政策,热爱社会主义祖国。多数大学生能够认识到人的价值不仅包括社会对个人的尊重和满足,而且也包括个人对社会的责任和贡献。然而,由于我国当前处于市场经济发展的初始阶段和新旧体制转换时期,市场运作法规和秩序尚不健全,加之各种不良思潮的冲击,使部分大学生的人生价值观向"自我"倾斜,出现了"功利化""多元化"的倾向,对其人生价值观产生了严重的不良影响。所以,加强大学生的社会主义核心价值观教育刻不容缓、势在必行。

(一)改进当代大学生价值观现状的要求

首先,当代大学生的政治态度是积极的。当代大学生关心国家的前途和命运,善于捕捉和接受新生事物,报纸、广播、电视,特别是网络已经成为他们获取信息的重要工具。大多数学生对党和政府的重大决策以及对重大事件的处理,能够表示理解、赞同和支持。政治思想上积极要求上进贯穿着当代大学生成长的全过程。

其次,当代大学生的思想是务实的。对人生价值的看法与选择,许多大学生都有自己的见解。他们已不满足于课堂上所学到的专业知识,而把努力拓宽知识面、开阔视野、锻炼各种驾驭生活的能力、了解社会、自强自立等放在第一位。多学些本领,多掌握几种技能,适应竞争,适应社会,已得到当代大学生普遍认同。

再次,当代大学生价值观的主流是进取的、向上的。当代大学生对"追求健康向上、对社会有所作为"的人生价值观普遍持认可态度。他们富于同情心、责任感和正义感,越来越多的当代大学生追求人格的完美。

然而,由于改革开放的进一步深入发展及社会正处于转型期,社会的发展对大学生的价值观产生了一定的错误导向,主要表现在以下几个方面。

（1）重金钱实惠轻理想追求。

当代大学生大多数赞成或接受共产主义理想，但也有人内心认为实现共产主义理想是渺茫的。他们大多数虽然赞成"人生价值在于奉献"，但往往又未将其完全付诸行动。

（2）重个人利益轻集体利益。

当代大学生大多数赞成正确人生价值观的一个重要方面是为国家、集体做出贡献，赞同以集体主义为价值的核心。但目前个人主义、利己主义对大学生也产生了很大影响。一些大学生认为人的本质是自私的，另一些人则把人与人之间的关系视为等价交换关系，时时从"利己"出发，缺乏社会责任感。

（3）重才能轻道德品质。

一些大学生认为，个人价值的实现仅决定于个人的学识、才能、机遇和人际关系，而与个人品质无直接关系，故出现了"重才轻德"的倾向。一些人把精力放在加强自身的专业知识方面，而在个人道德上出现滑坡，他们在政治上不求上进，不讲职业道德，为谋求个人利益而见利忘义。

（4）重奢侈享受轻艰苦奋斗。

随着改革开放的深入和社会主义市场经济的建立和发展，出现了高收入阶层，不少人以高消费为荣，大肆挥霍，加之少数舆论媒介的渲染和不正确引导，造成社会心态的躁动和大学生们的价值观念失衡，少数大学生不考虑自身的经济承受能力而追求超前消费。他们把高消费看作是一种派头，一种个人价值的体现。

随着经济和社会的发展，大学生的价值观必将呈现更加多元化的发展趋势。因此，加快构建大学生社会主义核心价值观教育有效模式，将社会主义核心价值观深入内化为大学生的主流价值观至关重要又迫在眉睫。

（二）时代的精神诉求和高校德育的新使命

在当今世界经济全球化、政治多极化和科学技术信息化的大背景下，我国社会正在经历着深刻的变革。这种空前的社会变革对高校学生的思想观念、道德观念、价值观念等产生了巨大影响，青年学生在价值观念和价值追求上日益呈现出多样化的趋势。时代呼唤社会主义核心价值体系去统领和整合大学生的多元价值取向，为他们指引正确的方向。另一方面，高校承担着思想文化建设和人才培养的重要使命。社会主义核心价值体系的提出为高校的德育体系建设提供了指导，指明了德育建设的方向、重点、依据、内容等，为我们探讨建立适应时代特点、反映时代要求的德育体系提供了可能。大学生是国家宝贵的人才资源，是民族的希望、祖国的未来。要使大学生成长为中国特色社会主义事业的合格建设者和可靠接班人，不仅要大力提高他们的科学文化素质，更要大力提高他们的道德修养。如何构建大学生对当代中国社会主义核心价值观体系的接受和认同机制，使之树立正确的价值观念，是提高其道德修养的关键环节，成为新时期高校德育工作的新使命。

（三）国际背景下的战略需要

亚瑟·施莱辛格指出，文化交流是指跨越国界的单纯的思想观念和价值观念的交流。当这种交流伴随着政治、经济、军事压力时就变成了一种侵略。"文化帝国主义"就是一种文化对另一种文化有目的的侵略，是把一种"优越的"文化灌输给另一个国家的人民，使他们自愿服从在这种文化的统治之下，其根本特征是以施加文化、价值观方面的影响作为推行侵略扩张政策的主要手段。

当前，经济全球化、政治多极化和多元化迅猛发展的世界格局，使各种价值观的冲突与融合变得越来越频繁。思想文化领域的扩张与反扩张、渗透与反渗透的斗争日趋激励，尤其是以快捷性、方便性和开放性为基本特征的互联网的介入，使保持文化多样性和反对"文化帝国主义"的斗争变得更加复杂。美国学者丹尼尔·贝尔曾经这样说："思想和文化风格并不改变历史——至少不会在一夜之间改变历史。但是它们是变革的必然序幕，因为意识上的变革——价值观和道德伦理上的变革——会推动人们去改变他们的社会安排和体制。"

西方资本主义大国所谓的全球文化战略，实质上就是意识形态战略。根据文明发展规律，先发的文明对后发的文明具有强大的渗透、挤压乃至同化作用。在西方反共反华势力利用其先发文明优势挟带着其核心价值观向我们发起冲击的时候，如果我们不坚持、弘扬和发展我们的主流文化，不坚持、弘扬和发展社会主义核心价值观，那么我们民族文化、民族凝聚力和社会主义文化、社会主义凝聚力就会面临着被剥削、被消解的危险。

因而，作为一个发展中国家，从文化安全战略的高度，自觉加强社会主义核心价值观建设显得尤其重要。社会主义核心价值观的构建，是我们对西方强势文化挑战的回应，有利于我们充分认清文化帝国主义的实质，警惕文化帝国主义的渗透。我们必须从战略高度大张旗鼓地宣传社会主义的共同理想与马克思主义的意识形态，加强对青年群体尤其是大学生的社会主义核心价值观的灌输，构建合理有效的社会主义核心价值观教育传播路径，以更加积极、主动的心态建设社会主义的"强势"文化，决不允许敌对意识形态抢占我们年轻一代思想的"战略高地"。

二、可行性

（一）大学生社会主义核心价值观教育模式构建的学理依据

社会主义核心价值体系为模式构建提供了理论基础。党的十六届六中全会的《中共中央关于完善社会主义市场经济体制若干问题的决定》将社会主义核心价值体系的基本内容明确规定为四个方面，即马克思主义指导思想、中国特色社会主义共同理想、以爱国主义为核心的民族精神和以改革创新为核心的时代精神、社会主义荣辱观。这四个方面的基本内容，集中体现了社会主义意识形态的本质属性，是对社会主义核心价值体系科学内涵的深刻揭示。其中，马克思主义指导思想是社会主义核心价值体系的灵魂，中国特色社会主义共同理想是社会主义核心价值体系的主题，以爱国主义为核心的民族精神和以改革创新为核心的时代精神是社会主义核心价值体系的精髓，社会主义荣辱观是社会主义核心价值体系的基础。它们相互联系、相互贯通、有机统一，共同构成一个完整的价值体系。

心理接受机制为模式构建提供了理论支持。①接受，从德育角度来看，是研究人类的思想文化产品与其认识者之间关系的范畴，它标志着人们对语言象征符号表征出来的思想文化客体信息的选择、解释、理解和整合以及运用的认识论关系和实践关系；从心理学角度来看，接受就是指受教育者主动寻找外来信息，接受外来信息，并按一定的心理结构进行内化的过程。②机制，指一个工作系统的组织或部分之间相互作用的过程和方法。机制是基于事物各个部分而存在的，因为只有事物存在各个部分才能涉及如何协调各个部分之间的关系问题；协调各个部分之间的关系一定是一种具体的运行方式；模式以一定的运作方式把事物的各个部分联系起来，使它们协调运行而发挥作用。接受活动过程中，接受主体在与接受客体和接受中介互动过程中的组织机构、功能状态、运作原理和规律性变化体现出的一系列心理规律、特点。在开展大学生社会主义核心价值观教育活动中，接受客体（教育者）在接受中介（教育信息）的作用下，与接受主体（受教育者）相互作用的过程中，呈现出心理变化、心理运动和心理接受的特点、规律。

（二）构建大学生社会主义核心价值观教育模式的可行性

一是社会主义核心价值观精辟地概括了当代大学生价值观的核心内容。大学生价值观的内容可以是丰富的，但社会主义核心价值观必须是处于核心地位，对认识主体的价值尺度、价值取向、价值追求产生最重要、最深刻、最广泛影响的价值观。

二是社会主义核心价值观反映了大学生主体价值目标的普遍要求。大学生是一个具有多样性、差异性价值目标追求的群体。核心价值的内容包括了全体大学生的基本要求。只要是大学生，都可以用社会主义核心价值观来要求自己，这就保证了大学生核心价值观建设的可行性和有效性。

三是社会主义核心价值观具有社会价值目标与个体价值目标的统一性。任何国家、民族、社会、群体都有自己的在一定历史时期居于主导地位的价值目标。同时，任何社会的个体都有自己的价值目标。一般说来，社会价值目标制约着个体价值目标，只有与社会所主导的、符合历史发展规律的价值目标相一致的个体价值目标，才有可能得到充分的实现。违反社会价值目标的个体价值目标往往很难实现。三句话的大学生核心价值观很好地把社会主义社会的核心价值目标与当代大学生的主要价值目标有机地结合起来，构成了现实的、具体的、可行的价值目标内涵，使所提出的价值目标成为社会和个体的共同追求，增强了价值观的科学性和实现价值目标的可能性。

四是社会主义核心价值观突出了主流价值导向。价值导向是被社会群体或个人确定为追求方向的价值取向，任何国家和社会都有自己的主流价值导向。学校教育是按照一定的社会要求和人才成长的规律，有计划有组织地对教育对象施加定向影响，使其达到培养目标的社会活动。引导学生树立一定社会需要的价值观，是古今中外一切学校教育的重要内容。我国是社会主义国家,大学教育的一个重要任务就是要引导大学生树立社会主义价值观,使培养出来的人才适应建设、巩固和发展社会主义事业的需要。把社会主义核心价值体系的要求与大学生的实际相结合,既充分考虑了大学生的特点又突出了国家的主流价值导向,体现了价值观教育的引导性功能。

第二节 大学生社会主义核心价值观教育模式构建的理论视阈

从学理和内在逻辑上看,构建大学生社会主义核心价值观教育模式,应采用历史、现实与未来相结合的立体维度,接受主体、接受客体与接受中介全方位角度,综合各方面相关学科的知识,形成全面合理的理论基础。大学生社会主义核心价值观教育模式的构建,其理论根基源于接受理论。接受理论在教育界有着重要的地位和影响,对我们研究大学生的价值观,构建合理有效的教育模式具有重要的作用。

一、接受理论简述

西方学术界对"接受"问题的关注并非发端于教育界,而是始于可回溯至古希腊的"解释学"(Hermeneutics)和由此发展起来的接受美学。19世纪末,德国哲学家狄尔泰在继承施莱尔马赫把狭义解释学发展成为哲学认识论和方法论的基础上,融入了历史学和心理学方法,使古典解释学发展到顶峰。而到了海德格尔和伽达默尔,则发生了"第二次哥白尼式的革命",实现了解释学本体论的转折,并使古典解释学跨入现代解释学阶段。20世纪70年代初,作为解释学在文艺领域的直接延伸,以研究文艺作品的接受问题为中心的新派文艺论——"接受美学"(Receptional Aesthetic)在前联邦德国首先发展起来。其理论先锋 H. R. 尧斯对接受美学的基本理论作了系统的阐述。他一反以往文学史只注意作品和作家的传统,强调读者对作品的重要意义,认为作品本身如果不经过阅读和理解就没有任何意义,成为没有生命的、死的语言材料。正是读者的阅读赋予了作品以意义和价值。尽管接受美学在本质上也是一种消解哲学,但它对接受现象的重视是颇有意义的。

20世纪40年代在美国发展起来的"传播学"（Communication）中的受众理论，率先对教育接受活动、尤其是以大众传播方式进行的教育中的接受活动展开了研究。美国传播学者关于大众传播对受众（接受者）的影响和作用的认识大致经历了"靶子论"——"影响有限论"——"社会类型论"三个阶段。早期的传播学者过分夸大传播工具的作用，把听众看作是毫无防御能力的"靶子"，处于完全消极、被动的地位，而传播者与媒介具有不可抗拒的力量，此即所谓的"靶子论"。然而，通过进一步研究，人们发现，受众对传播信息接受的状态受主体性因素的制约，因而外部传播对受众的影响是有限的，这就是所谓的"影响有限论"。此后的对传播积累效应的研究表明，大众传播和受众的反应总是与多种社会因素交织在一起。特别是受众因年龄、性别、种族、文化水平、职业、信仰、政治、经济地位等方面的差异，分为不同的类型。属于同一社会类型大群体内的受众对同一内容的反应基本一致，并以大体一致的方式去选择大致相同的大众传播信息内容。此即所谓的"社会类型论"。在此基础上，约瑟夫·克拉伯提出了接受者心理上的三种选择因素：一是选择性注意，二是选择性理解，三是选择性记忆。比较而言，传播学的受众理论侧重在更加具体的层面上研究"接受"问题，不像解释学和接受美学那样过于抽象，而且它还同自然科学建立了有机的联系，把定量分析与心理学方法引入了接受理论研究，使其结论更具操作性。

在教育心理学界，以奥苏伯尔（D.P.Ausubel）为代表的认知心理学家也曾把接受作为一个重要的范畴引入其理论体系，把学习分为接受式学习和发现式学习两大类，从学习材料的逻辑意义、组合形式和学习者的学习意向等方面探讨有意义学习的接受条件。

美国著名的科学哲学家莱维（Isaac. Levi）和凯伯格（H.E. Kyburg）、亨佩尔（C. Hempel）等人致力于知识接受理论的研究。他们研究的重点是运用归纳逻辑探讨知识接受的条件。

二、接受机理理论

大脑的思想接受运行机理可作如下解读。

反应状态。接受者主体的感觉系统对施教信息做出大脑反应，是外来信息在主体意识中再现而形成相对应的观念形象，这是接受活动的起始环节，只是思想接受的准备阶段。

接收状态。大脑把外来的信号所具有的物理能量转化为思想信息予以接收，但并未涉及思想信息的潜在意义，并未注意其信息意义的不确定性。接收状态受其心理准备状态的影响。

解读状态。对已接受的思想信息作出自己的解读，这是对外来思想信息的对应状态，这是由感性反应向理性反应的过渡，即产生第一印象。对外来信息的解读，往往受到以需要和认知为基础的双因素影响。

筛选状态。这是接收、解读后对外来思想信息的分解、选择过程，这是受者主体的理性反应。受者主体根据对信息的解读与自身的需要，对施教信息进行筛选、过滤，进入思想库。受者各有不同的筛选标准。

整合状态。即对外来的信息的容纳、加工与整合，进而产生自己思想的重构过程。如果只讲新思想的获得，而忽视新知与已知的整合、重构，则思想接受难以到位。一般说来，只有外来信息与已有知识产生谐振，在思想自组织规律的作用下，才能产生新知。

化解状态。外来思想信息经过加工整合，转化为自己新的思想认知结构以后，接受活动并未停止，后续接受活动仍在进行。一是内化，经过接受者的自省、反思过程，内化为情感，融入意志、信仰等主体意识，使认知深化，出现稳定性的思想状态。二是经过社会生活的验证，转化为社会行为方式，在劳动、交往、生活的各个方面表现为行为习惯，转化为接受新知的预备状态。三是外化，融入人群、社会，影响周围人，扩散为社会意识和行为，表现为新的思维释放与吸纳。

三、新时期大学生接受心理的新特点

（一）大学生接受心理的趋利化

物质利益是人类生存的基础，也是人们进行其他社会活动最基本的条件，马克思主义认为，人们奋斗所争取的一切，都与他们的利益有关。随着改革开放的深入发展，物质利益原则逐渐被承认，并开始作为调动人们积极性的手段使用，开始重视物质利益，特别是随着社会主义市场经济的发展，使物质利益观念空前膨胀和凸出，追求利益最大化是市场经济的基本准则，市场经济的发展必然造成人们思想活动的趋利性。然而，近年来

在大学生中悄然兴起的盲目的趋利性严重侵蚀着大学生的心理健康,长此以往,对中华民族的复兴和社会主义事业都有着巨大的危害。

(二)大学生接受心理的独立性

随着社会主义市场经济的发展,人们逐渐由"单位人"变为"社会人",这些都潜移默化地增强了人们自主、自立、自强等意识,随着我国的民主法制建设,特别是基层民主的推进,人们的民主意识不断增强,思想活动的独立性进一步强化。这就要求思想政治工作尊重大学生的个性,多采用民主的方法去进行说服和引导工作,引导大学生正确处理民主和法制、自由和纪律的关系,反对无组织无纪律的自由主义和不受任何约束的自发行为。

(三)大学生接受心理的多变性

人的思想从来就不是一成不变的,总是随着社会实践的改变而改变,在社会转型时期,思想活动的变化则显得尤为突出。当前大学生思想活动的多变性,正是由目前我国正处在社会大变革和转型时期的基本情况所决定的。这就要求思想政治工作者增强敏锐性、洞察力和针对性,随时关注大学生思想变化的最新动向,及时洞察苗头性的问题,以科学的预测性和灵活多样的工作方法去适应大学生思想活动多变性的特点,引导大学生随着社会实践的深化,不断补充、修正、丰富自己的认识,使大学生的思想向积极健康的方向发展。

(四)大学生接受心理的选择性

随着现代科技的发展,信息传播工具和传输手段越来越多,现代传媒加上传统传媒,为人们提供了大量的信息,形成了一个巨大的信息"买方市场"。随着人们活动独立性的增强,这种选择表现为一种自主性的选择。直接影响人们思想选择的因素,一个是人们的接受心理,一个是被选择对象的吸引力。人们思想活动选择性的特点,为思想政治工作提出了更高的要求,这就需要思想工作者增强"阵地"意识,一方面要研究大学生的接受心理,利用现代科技手段增强主渠道信息的吸引力,另一方面对一些错误的思想观念要旗帜鲜明地进行有说服力的反击和批驳,不能放任错误思想观念的蔓延和传播。

（五）不同社会环境下大学生接受心理的层次性

不同地域、不同文化层次、不同生活环境的大学生，其接受心理会存在较大差异，有些甚至会迥然不同。而社会经济的快速发展，社会的大变革和社会结构日益复杂，使得这种差异性更趋明显。比如城市大学生和农村大学生的差别；先富起来的家庭的大学生与其他大学生的差异，都值得思想政治教育工作者认真去发现他们的差异，并根据不同的情况进行因材施教。

（六）大学生接受心理的非理性

非理性是指对问题缺乏理性的思考，对任何事物抱一种无所谓的态度，不讲原则；或处理问题感情用事，情绪处于一种浮躁的状态。转型时期社会经济发展处于不稳定状态，给人们的心理情感造成极大的压力，使一些人产生强烈的孤独、焦虑和不安情绪。这就要求思想政治工作者努力提高教育和引导的质量，用改革开放以来大量生动具体的事例去唤起人们的理性思考；把我们工作中的成绩、前进中的问题实事求是地告诉大学生，引导他们一分为二地去分析问题；把大学生的情绪变化作为思想政治工作的"第一信号"，及时去关心、体贴和疏导，减轻他们的心理压力，及时化解不良情绪，消除不稳定因素。

第三节 大学生社会主义核心价值观教育模式的构建原则

构建大学生社会主义核心价值观教育模式，必须探索符合实际情况的工作原则，以促进教育的有效性和实效性，进而实现教育目标。

一、主体性与主动性的统一

主体性。所谓主体，从哲学层面而言，即对客体有认识能力和实践能力的人，为属性所依附的实体。接受活动非常明显的一个特征就是强烈的主体性，主体是从自己的内在需要、利益、愿望、爱好出发，对所感受到的信息做出抉择。由于大学生的理性思维能力已经初步形成，自身思维已经呈现出一定的独立性和批判性，越来越习惯于根据自己的思维把握事物的内在联系,独立思考,得出自己的结论,由此体现出主体性的特点,如他们愿意接受真理,注重情感、崇拜偶像、敢于创新的心理特点。主动性,即大学生由于自身心理需要的动机,在心理接受的活动的过程中表现出来的主观能动性。大学生是社会主义核心价值观教育接受的主体,他们能否主动应答、主动选择、主动思考是社会主义核心价值观教育的关键。需要在科学的教育引导下,通过形式活泼多样,内容生动形象的活动让他们自由、平等、民主地参与,激发他们的主体性和主动性,开展社会主义核心价值观教育。

二、长期性与反复性的统一

从心理学角度讲,接受主体从接触到内心真正接受一种理论、观念是一个从低到高、从部分到整体、从外表到内心的一个长期过程,不是立竿见影、一蹴而就的,甚至需要一个较长"时间段"。这就决定了大学生社会主义核心价值观教育的长期性。反复性,即大学生理解认同社会主义核心价值观教育需要长期不断,多次重复,较长时间才能完成。大学生一个明显特征就是情绪起伏波动大,高兴时,热情奔放、情感浓烈,没有丝毫掩饰;伤心沮丧时,则情绪低落、抑郁消沉。这就需要大学生社会主义核心价值观教育长期坚持,通过各种途径、各种形式影响大学生,感染大学生。要充分考虑当代大学生心理接受的反复性,运用社会主义核心价值观的激励功能鼓励大学生在人生低峰时不消沉,积极奋进;在成绩面前,不骄傲自满,不断前进。

三、心理性与实践性的统一

社会主义核心价值观所蕴涵的思想观念、政治原则和道德要求属于社会意识形态,整个接受活动反映出来的是一种知识、思想、文化的交流、传承。因此大学生社会主义核心价值观教育是一种心理性、精神性的活动。同时,接受主体大学生接受的是一种以指导行为为目的,通过大学生个体的心理内化、进而表现出一定的外化行为,并将这种心理内化的知识、思想、文化具体到日常的学习、工作和生活当中去。因此,大学生社会主义核心价值观教育是一种心理性和实践性的统一。

四、多样性与差异性的统一

大学生社会主义核心价值观的表现形式是多种多样的,可以以歌曲、影相、文字、图片等多种形式出现,因此大学生社会主义核心价值观教育的形式也是多种多样的,具有多样性的特点。同时由于大学生个体的差异,如认知水平、情感体验、价值观取向等个体差异,在开展大学生社会主义核心价值观教育的过程中,也受到上述因素的影响,体现出差异性的特点。由于个体接受水平的差异性,也必然对大学生社会主义核心价值观教育形式、途径的多样性产生影响,因此,大学生的接受心理也呈现出多样性与差异性的统一。

五、核心性与时代性的统一

社会价值观念的多元化是任何一个社会的常态,但是不能由此导致社会价值观念的混乱。社会的稳定和发展需要社会多元价值观念的有序。而社会多元价值观念的有序的一个重要前提,就是必须形成具有内在统一性的若干个占主导地位的社会价值观念,从而对其他社会价值观念予以引领。这就要保证社会主义核心价值观的核心性。而按照马克思主义发展观的理论,任何事物都不是一成不变的,任何真理也都是有其时代特征的。所以我们对社会主义核心价值体系的学习和认识,对大学生进行社会主义核心价值观教育,也应保持与时俱进,充分尊重其时代性的特点。因此,构建大学生社会主义核心价值观教育模式应遵循核心性与时代性的统一。

第四节 大学生社会主义核心价值观教育模式的构建

大学生社会主义核心价值观教育模式主要由接受主体、接受客体和接受中介三部分内容构成。

一、接受主体

接受主体即接受者。在大学生社会主义核心价值观教育活动中的接受者,即接受社会主义核心价值观的大学生及其群体。接受主体是人,但不等于人。"人并非都是和总是主体,只有在与一定客体的关系中通过自己的自觉能动而获得对客体的主动态势,发挥出能动的积极作用并取得支配地位的人,才会成为主体。"在实践中,接受主体之所以成为主体,在于他的实践活动,因为主体和客体的关系从根本上说,是主体的活动与活动对象的关系。在大学生社会主义核心价值观教育活动中,大学生及其群体是现实的、生动的、多样的,具有鲜明的心理接受特征。

接受主体的社会主义核心价值观教育,本质上是一种接受活动。接受主体的接受活动由注意信息、保持信息、接受信息、心理内化、改变认知、转变态度、影响行为等六个环节构成。接受信息,即受教育者通过视觉、听觉等感觉器官选择性地接受外界的信息。接受信息后受教育者心理发生了内化行为,将自己所认同的新思想、观念同原来的观念思想整合为一个统一的系统,具有持久性。接受的信息,经过接受主体的心理内化,进而造成态度发生改变,影响到接受主体以后的外界行为。这六个环节相互影响,紧密联系,构成了接受主体的心理接受活动。

二、接受客体

大学生社会主义核心价值观教育作为接受主体的一种对象性活动,总是收到接受关系统的另一级——接受客体的信息。接受客体是外部世界中那些客观存在并被设定同接受主体相关联而被纳入大学生社会主义核心价值观教育活动接受系统结构,同接受主体一起发生了接受上的功能关系的社会主义核心价值观信息,包括事物、事件和现象。在大学生社会主义核心价值观,教育中,接受客体是由具体的接受主体根据自己的接受图式和接受能力有目的有选择性地确定,设定以外的不是接受客体。接受客体是一个复杂的系统,有许多构成因素、属性及规定性,因而客观上它的不同方面对接受主体的意义也不同;另一方面,面对同一接受对象,不同的接受主体根据自己的接受图式、接受能力,从不同层面,不同角度,不同意义上选择性接受客体。

接受客体即教学信息,决定着教育内容。此处的教育内容即是指社会主义核心价值观的内容,主要包括四个方面:坚持马克思主义指导地位,坚持中国特色社会主义理想,爱国主义民族精神和改革创新的时代精神及坚持社会主义荣辱观。这四个方面相互联系、相互作用,构成了社会主义核心价值观。

三、接受中介

从哲学层面讲，接受中介是指事物之间借以相互联系和相互转化的条件或中间环节。马克思主义哲学认为，世界上的一切事物都是相互联系和相互转化的，这种联系和转化只有通过一定的中介环节和条件才能实现。在大学生社会主义核心价值观教育活动中，接受主体和接受客体作为接受活动的两极，具有一般联系的特点，在其两者之间，存在一个中介系统，我们称之为接受中介。它把接受主体和接受客体连接起来并使之发生相互影响和相互作用，从而使大学生社会主义核心价值观教育得以展开。需要注意的是，接受中介是一个复杂的系统，由若干要素构成，教育者在接受中介中居于主导地位。

在我们的研究中，接受中介的教育活动主要由课内教学活动、课外团学活动、校园文化建设、网络教育基地建设、心理环境打造和社会实践活动六个部分构成。课堂教学是大学生社会主义核心价值观教育的主渠道、主战场。将社会主义核心价值观教育融入政治理论课、基础课和专业课教学活动中，通过多种方式，触及学生心灵，激活学生意愿，转变学生认知，改善学生行为，提高教学实效。通过主题鲜明、丰富多彩、寓教于乐的课外团学活动，促进知行并重——知行统一的实现，提高大学生社会主义核心价值观教育的实效性。积极依托高校学生社团，凸显社会主义核心价值观教育的主体，是推进高校社会主义核心价值观教育，迅速占领学生学习活动新阵地，促进大学生健康成长的需要。校园文化建设，为大学生社会主义核心价值观教育提供了良好的、能动的文化氛围。网络教育基地的建设，让社会主义核心价值观的教育信息通过大学生喜闻乐见的网络平台实现了有力、有效的传递。我们组织的灾区学生心系家乡，服务灾区，回报社会的大学生心理健康服务团，以来自5.12地震灾区的学生为主体，以回到家乡为家人亲属邻居及所在社区开展心理服务为基本形式，将关爱家乡、关爱亲人的亲情与关注民生、服务基层、奉献社会的志愿者精神结合起来，将心系家乡的情感转化为心助家乡的实际行动。使学生在社会实践中升华了生命价值观，获得了心理成长。

课内教学、课外团学活动、校园文化打造、网络教育基地建设、心理环境建设和社会实践六者相互渗透，相互影响，相互作用，构成了接种中介的教育活动的主要内容。

第五节　大学生社会主义核心价值观教育模式的运行

前一节我们介绍了大学生社会主义核心价值观教育模式分别由接受主体（受教育者）、接受中介（教育活动）和接受客体（教育信息）三部分组成。那么这三者是通过怎样的运行过程实现社会主义核心价值观教育的呢？本节将会对模式的运行作详细介绍。

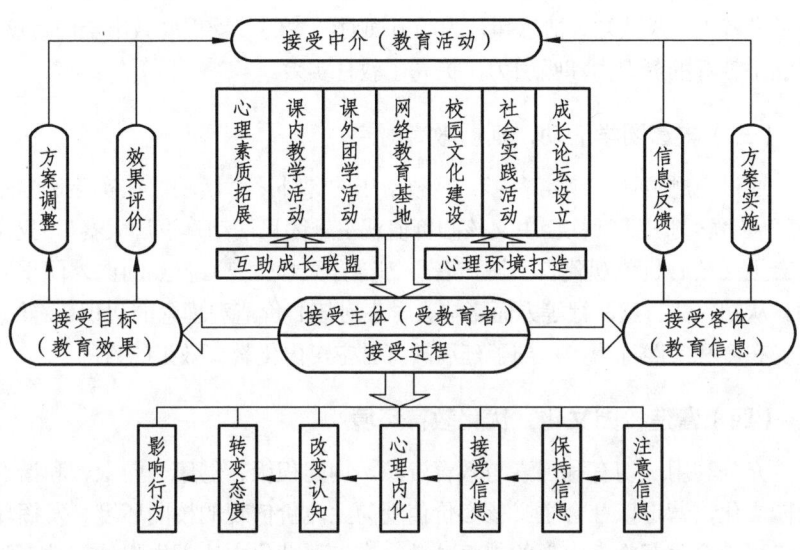

图4-1　大学生社会主义核心价值观教育模式的运行图

一、大学生社会主义核心价值观教育模式的实现路径

（一）拓展心理素质，疏通接受渠道

以团体心理训练的方式，对学生开展心理接受性、开放性训练。通过精心设计的"心相约·心相通""心探索·心溯源""心成长·心飞翔"三个单元的心理素质拓展训练，有力促进了学生接受新观念的主观能动性，

为核心价值观教育奠定了良好的心理基础。

（二）创新教学模式，提高教育实效

课堂教学是核心价值观教育的主渠道、主战场。我们的研究将社会主义核心价值观教育融入到了思想政治课的教学中。例如：在《中国近现代史纲要》第一章讲述爱国，第八章讲述民主；在《思想道德修养与法律基础》第一章讲述文明，第二章讲述友善，第三章讲述敬业，第四章讲述法治；在《马克思主义基本原理概论》第一章讲述公正，第五章讲述和谐，第七章讲述平等。在教学过程中，以激活学生心理接受意愿为突破口。在教学考核中，从认知、情感和行为等方面对学生的接受程度做出全面考核。增强了教育的凝聚力和吸引力，提高了教育实效。

（三）丰富团学活动，延展教育时空

通过主题鲜明、丰富多彩、寓教于乐的课外团学活动，在实验班学生中开展"学习·践行社会主义核心价值观主题团日活动"设计大赛、"我为社会主义核心价值观代言·微声音"等符合大学生身心特点的课外团学活动。从知、情、意、行等方面影响大学生对核心价值观理念的认识、看法、接受态度和实践行为，达到了延展教育时空，内化教育效果的目的。

（四）营造校园文化，优化教育环境

充分利用一切有利因素与教育资源，构建积极、健康、向上、和谐的校园文化，营造以社会主义核心价值观为主流价值观的校园环境。发挥环境隐形教育"润物无声"的教育功效。在潜移默化中让学生将外部教育影响转化为内在稳定的价值观念。

（五）建设网络基地，开拓教育载体

将网络载体作为核心价值观教育的重要手段，利用校园网，开发了"心价值·新视界"专题网站。在网页中融入红色经典、原创作品、名人轶事、时事动态等版块。将社会主义核心价值观倡导的先进文化理念和主流意识形态利用网络载体传递给学生。融入性地进行核心价值观教育，让学生在放松中获得成长与收获。

(六)开展社会实践,促进知行合一

社会实践是接受主体由认知、内化到行为的重要环节。成果寻找生动、有效的载体(例如,灾区心理服务团"北川行"、重走长征路等暑期社会实践活动),让大学生在社会实践活动中了解国情、感受社会、认识人生。强化对核心价值观的价值认同,完成从认知到实践、再从实践到认知的提升。促进教育的知行合一。

二、大学生社会主义核心价值观教育模式的运行保障

(一)建立大学生互助成长联盟,为机制运行提供主体支撑

将传统的"管理本位"转变为"学生本位",依托大学生社团、互助成长网络平台、互助成长热线、互助成长 QQ 群、互助成长微信等载体开展活动。充分调动了学生自我教育、同伴教育的积极性,构筑起了学生互助成长的能动体系。凸显了学生追求成长的主体性,为机制的运行提供了强有力的主体支撑。

(二)建设心理环境,为机制运行提供基础保障

打造对大学生核心价值观教育起积极作用的、能动的心理环境。营造具有时代气息、高品位的校园文化氛围。强化环境育人的渗透性和引导性,让学生在良好的环境氛围中,接受核心价值观教育的熏陶和感染。发挥环境育人"润物无声"的教育功效,为教育奠定了心理基础。

三、大学生社会主义核心价值观教育的心理接受过程

(一)注意信息

心理学上的"注意"分为二大类,一是由外在刺激引起的结构性注意,二是由人的主观状态引起的功能性注意。反应的强弱由两个因素所致,一是外在刺激的强弱度,二是内在需要的切合度。因此,我们在实行大学生社会主义核心价值观教育的过程中,需要重视引起"注意"的两大要素,结合实际情况调整两大要素的比重关系,以实现合理的外部刺激与内需的切合,实现教育效果的最优化。

（二）保持信息

人们对信息的普遍注意通常持续较短时间，而对感兴趣的信息则会保持一个较长时间的注意。对于信息的保持，除了接受者自身的兴趣外，外界刺激的不断强化与持久刺激也是重要的方面。因此在大学生社会主义核心价值观教育的过程中，需要不断地通过各种途径和方式强化我们的教育内容，使被教育者在相当长的一段时间可以保持对教育内容的注意，为之后的接受与内化打下良好的基础。

（三）接受信息

接受信息的过程包括对信息的解读、信息的筛选和信息的整合。这个过程是教育目的实现的重要一环。只有对教育内容（社会主义核心价值观）接受，才能通过后来的努力内化为自身的一致价值观或价值取向。信息的解读包括两个方面，一是对思想信息传递源的意图性解读，二是对思想信息与自己的相关性的解读。在教育的过程中，必须让学生明确我们实行社会主义核心价值观教育的意图，同时使学生明确社会主义核心价值观对于自身发展的重要性。对于信息的筛选，由于被教育者因其思维习惯的不同各有其一定的筛选程序，因此我们在实施教育活动的过程中，不能一概而论，而应把握不同学生的不同接受模式，因材施教。信息整合是被教育者依据信息化发展趋势，按照其自身发展的需要，对信息资源分配和共享，进而实现信息资源配置最优化、拓宽信息资源应用领域和最大化挖掘信息价值的接受过程。

（四）心理内化

心理内化是外在的价值理论转化为个体内在价值取向的必然过程，也是个体学习外界价值观理论知识，形成符合社会需求与个人发展的价值取向的必由之路。现代认知心理学的研究表明，任何信息的获得必需经过主体对外界输入信息进行不同层次的心理转化才能实现。人们根据信息本身的特性和联系，在头脑中进行一系列的认知活动，将新信息内化于学习者原有的认知结构中，以建立新的认知结构。由此可见，心理内化是制约教育效果的重要环节之一。

（五）改变认知

被教育者在接受了教育内容并内化为自身的认知结构的一部分以后，就会逐步改变以往的认知结构，开始按照新的认知来理解和对待周围的人和事物。当大学生树立社会主义核心价值观后，必然会呈现出与以往不同的价值取向。

（六）转变态度

当大学生将社会主义核心价值观内化为自身的价值观之后，他们的社会世界观、人生观、价值观也会随之发生变化，对待周围的人、事、物的态度也必将更加客观和理性。在实现自我价值与奉献社会的问题上，在个人利益与国家集体利益的选择上，在奢侈享受与理想追求的权衡上，都将呈现出与以往不同的态度和观念。

（七）影响行为

大学生正处于人生观、价值观形成的关键时期，对大学生进行社会主义核心价值观教育，可以改变一些大学生政治信仰模糊，功利意识严重的现象；矫正一些大学生扭曲的价值取向，如重物质利益轻无私奉献，重等价交换轻爱心付出等；增强大学生的社会责任感；等等。

四、大学生社会主义核心价值观教育模式的运行

大学生社会主义核心价值观教育模式的构建与运行由接受主体（受教育者）、接受中介（教育活动）和接受客体（教育信息），通过方案实施、信息反馈、方案调整、效果评价四个环节的有序循环，有效地促进了接受主体、接受中介和接受客体之间的相互联系、相互作用、相互影响。形成了教育由物理过程向心理过程的转化。接受主体通过注意信息、保持信息、接受信息、心理内化、改变认知、转变态度、影响行为这样一个循序渐进的心理接受过程，促进接受主体表现出相应的外化行为。从而形成了一个良性循环的整体运行机制，最终实现教育目标。

整个运行机制由三个层面组成。环节之间的相互影响、相互作用，构成了机制运行的第一个层面；教育内容、教育活动和接受活动三者通过教

育方式和心理认知两个环节构成了机制运行的第二层面；由社会主义核心价值观的具体内容（即坚持马克思主义指导地位，坚持中国特色社会主义理想，爱国主义民族精神和改革创新的时代精神和坚持社会主义荣辱观），教育活动的具体内容（即课堂教学、团学活动、校园文化和网络教育基地）和由接受活动的具体内容（即接受信息、心理内化、改变态度和影响行为）构成了机制运行的第三个层面。三个层面相互联系、相互作用、相互影响，构成了一个层次鲜明、不断循环、有序有效的大学生社会主义核心价值观教育路径。

第五章 拓展心理素质，疏通大学生社会主义核心价值观教育接受渠道

社会主义核心价值观教育作为一种教育活动，需经过个体心理结构的筛选、认同和内化，才能成为心理结构的内容，将社会主义核心价值观内化为自己的价值观，从而外化为行为。健康的心理素质是大学生社会主义核心价值观教育的重要心理条件和保证。因此，社会主义核心价值观教育应以学生为主，提高大学生心理素质，充分调动大学生的积极性和主动性，使大学生在正确认识自我、接纳自我的基础上，将社会主义核心价值观内化为自己的价值观。本章主要通过根据大学生心理发展的特点以及身心互动的理论设计，组织一系列活动，使大学生通过体验——分享——总结——应用四个环节，充分打开自己的心灵世界，融入团体；挖掘自身潜力，培养自我教育意识，增强自信心，学会关心他人，提高自身心理素质；帮助大学生澄清自己的价值观，同时学会理解、参照别人的价值观，在轻松愉快的氛围中通过体验、选择、反省等过程培养大学生的价值判断能力和价值评价能力，为大学生社会主义核心价值观教育奠定良好的心理基础。

第一节 当代大学生心理发展的特点与心理素质拓展

一、当代大学生心理发展特点

大学生作为一个特殊的群体，有群体自身的特殊性，又有与其他群体的相似性。这一阶段的个体生理发展已基本完成，具备了成年人的体格以及各种生理机能，但他们在心理上还尚未成熟，社会认知、情感、自我意识、性意识等方面需要进一步发展。所以了解大学生心理发展的特点，是提高大学生心理素质的基础。大学生心理发展的主要特征可分为以下几个方面。

（一）自我意识不断增强，但认知能力发展不成熟

自我意识是指人对于自己、与他人及社会三者关系的认识，包括自我认识、自我评价、自我控制和自我体验等。大学生处于自我意识迅速发展并趋向成熟的阶段。大学生由于生活环境的变化，脱离父母的呵护，开始了独立生活，因而成人感、独立感骤然增强，自我意识进一步发展。注重对内心的分析和体验，力图了解自己的情感和心理，关心别人对自己的评价，渴望得到尊重和理解。他们十分注重塑造自身形象，并设计出理想中的自我模式，现实自我与理想自我开始产生区别。大学生的自我意识发展虽正逐步走向成熟与完善，但受认知能力发展的限制，自我评价存在片面性，要么过高要么过低；对事物的见解和看法带有幻想色彩，不能切合实际；自我体验存在波动性、敏感性。

（二）情感日益丰富但不稳定

大学生是一个处于成长中、极其敏感的群体，其内心体验极其细腻与微妙。他们对于自身有关的事物往往体察得细致入微。随着文化层次的提高，生活空间的扩大，社会性需求的增多，情感变得日益强烈而丰富。同时大学生情绪调控能力由弱变强，大多数人的内心体验渐趋平稳。

但由于大学生心理发展滞后于生理成熟，价值观念尚不稳定，以及追求的独特性，使得大学生在受到内心需要和外界环境影响的强烈刺激下，其情绪容易波动而表现出两极性，既可能在短时间内从高度的振奋变得十分消沉，又可能从冷漠突然变狂热，乃至造成消极的后果。

（三）规划未来生活，准备承担未来的社会角色

在大学阶段，每一个青年都关心自己的未来，并规划自己的生活。他们对未来的设想主要从三个方面表现出来：一是政治理想；二是生活理想；三是职业理想。根据某所高校的调查，在政治理想方面，有87%的学生关心国家命运与前途；在生活理想方面，有87%的被调查的大学生向往所谓的"上流社会"的生活，只有13%的人很切合实际地考虑过未来生活；在职业理想方面，要求"既有合乎自己理想，又符合国家需要"的占11%，希望专业对口的占38%，愿意在高校科研单位与城市工作的占38%。这份调查说明大学生关心自己的未来，并对自己未来的职业生活进行了一定的规划。

社会化是一个吸取社会成人的规范和价值,并促进个人为承担社会角色做好准备的过程。预期社会化构成社会化过程的一个特殊侧面,通过预期社会化,大学生在价值观、行为取向、需要、选择和抉择等各方面准备承担未来社会角色的要求。

(四)价值观念逐步形成,但存在片面性和易变性

当代大学生群体是同龄人中知识较丰富、最具活力,最易接受新思想、新观念的群体,大学生的价值观念往往就是社会价值观念的缩影。但是从总体上讲,由于大学生具有年龄偏小、生理发育提前而心理成熟滞后、社会经验缺乏、思维方式单一等特点,容易陷入自我认识的误区,从而对其价值观念产生严重影响。比如心理素质不成熟,导致了价值观念的无序、易变;思维方式的单一导致了价值观念的片面性和矛盾性等。一些学生在面对多元化价值时找不到自己的坐标,无所适从,让自己陷入一种苦闷、绝望的境地,从而引发了一定的心理问题。另一些学生则是以自我价值的实现为目的,强调个人利益,社会、集体利益次之;在物质和精神关系上,过分关注眼前的机会和发展,忽视远大理想和目标,不少人把实现较高经济收入和安稳生活作为人生追求的唯一目标,重实惠、求实用,从而淡化社会责任感,甚至陷入极端个人主义的泥坑;还有部分学生在价值观取向上过于急功近利,敬业意识薄弱,理想追求淡化。尤其是随着大学生群体中很多独生子女的加入,当代大学生的逆反心理和自尊心理显得尤为强烈,他们习惯以自己独特的不成熟的思维方式观察思考问题,而以旁观者的身份对社会中的不合理现象发表议论和不满。当代大学生自身心理矛盾与外界的社会变化的冲突的相互作用,是大学生价值观念形成和变化的主观原因,并最终决定着价值观念的变化结果。

二、心理素质与大学生心理素质拓展

心理素质是以个体的生理条件和已有的知识经验为基础,将外在获得的刺激内化成稳定的、基本的、衍生的并与人的适应行为和创造行为密切联系的心理品质。它以个体的自我意识发展为核心,是由认知、需要、兴趣动机、情绪、人格和非智力因素有机结合的复杂整体。心理素质作为一个普遍的概念,具有丰富的内涵和外延。就其内涵而言,心理素质所反映

的是人在某一时期内的心理倾向和达到的心理发展水平，是人进一步发展和从事活动的心理条件和心理保证。就其外延而言，心理素质包括人们所有的心理活动过程和心理结果。一个人的心理素质形成源于个体的生理、心理和所接触的外部条件，是内因与外因共同作用的结果。大学生基本的心理素质包括正确的人生态度、积极的价值观、积极的自我概念、敬业与责任感、关爱与合作精神、智慧与创造力、实践与生存力、耐挫与坚持力。

大学生心理素质拓展实质上是一种特殊的教育过程，它是在心理学的科学原理和方法的基础上，根据大学生心理发展的特点以及身心互动的理论设计，组织一系列活动，通过团体内人际的交互作用，促进个体成员认识自我、探索自我、接纳自我、完善自我，同时调整和改善与他人的关系，学习积极的态度与行为方式，从而达到生理、心理、精神之间关系的平衡与良性发展。

三、心理素质拓展的主要方法——体验式学习

（一）体验式学习以及对大学生心理素质的提升

1. 体验式学习内涵

体验式学习由英文中的"Experiential Learning"翻译而来，从英文中可以看出它重视学习者个人经验对学习的重要性，体验式学习理论的最早构建者大卫·库伯认为："学习是体验的转换并创造知识的过程。"将体验式学习放入教育中，可以将其定义为在某个真实或者模拟的场景中，由教师引导学生在活动中进行切实的实践并获得充分的体验，在这个过程中对其以往的经验进行运用、反思和改造，并与他人分享，从而得出新经验、新知识、实现自我认识、技能的改造、提升的一种学习方式。体验式学习不仅强调行为体验，如参观、调查、访问、制作、表演、欣赏等亲身经历的动作过程，而且更注重心理体验，即在行为体验基础上所发生的认知、感受、领悟的情感内化和升华的过程。

2. 体验式学习对大学生心理素质的提升

心理素质的提高主要从认知、情感、意志、行为四个方面着手，这四个方面是相互渗透、相互联系的。但这四个方面的协调发展不是简单掌握

心理学知识就可以实现的,而是要依赖一定社会生活环境与社会实践。体验式学习就是创造一种环境,大胆地走出教材、走出课堂,让学生在生活化、活动化的氛围中接受教育,让学生不必经历真实的艰险就能领悟和发现真理。是一种现代人和现代组织的全新学习方式和训练方式,它通过各种精心设计的活动,在解决问题、应对挑战的过程中,为学生创造难忘的学习体验,通过对体验的反思,使体验者超越体验。

(二)体验式学习的主要形式——团体心理辅导

1. 团体心理辅导的涵义

团体心理辅导是在团体情境下进行的一种心理辅导形式,通过团体内人际交互作用,促使个体在交往中通过观察、学习、体验等,从而认识自我、探讨自我、接纳自我,积极调整和改善与他人的人际关系,学习新的态度与行为方式,以发展良好的适应的助人过程。团体心理辅导的优点在于培养人的信任感和归属感,由对团体的信任扩大到信任周围的其他人,由对团体的归属感扩大到对学校、国家及社会的认同感和归属感。团体心理辅导内容包括两大类,一类是基本理论、流派、内容和操作方法等基本知识的介绍,称为讲授式团体心理辅导;一类是活动参与的方式,称为体验式团体心理辅导。

2. 体验式心理素质拓展团体辅导的功能

体验式心理素质拓展团体辅导是一种全新的体验式学习方法,具有体验式学习方法的特点:主动性、寓教于乐、学以致用、虚实结合、感性化、亲历性、感悟性。它让每个人在心灵和精神上都有一个新的超越,重新认识自我、认识生命的活动。通过体验式团体辅导训练,使参训者认识自身潜能、增强自信心,树立坚定的理想信念和积极的人生态度;培养他们的价值判断能力和价值评价能力,为大学生接受社会主义核心价值观奠定心理基础。体验式团体辅导训练分为4个环节:体验——分享——总结——应用。体验:参加活动,以观察、行动和表达的形式进行。这种体验是整个过程的基础。分享:体验过程结束后,参加者分享他们的感觉或观察结果,与其他体验者探讨、交流。总结:总结出原则或归纳提取出精华,以帮助体验者进一步定义和认清体验中得出来的结果。应用:最后将体验联系在学习和工作中。因为生活本身也是一种体验，从而对生活产生新的体验，新的体验循环又开始了。

第二节 心理素质拓展对大学生社会主义核心价值观教育的意义

社会主义核心价值观的教育作为一种接受活动，是人的一种重要认识和实践活动，它总是在一定的心理基础上产生的，而且其本身也是一项重要的心理活动。心理活动有其自身的特征和规律。不同的接受心理，必然要产生不同的接受结果。大学生心理素质拓展就是根据大学生心理发展的规律和特点，通过拓展体验、团体辅导和理论教学等活动，培养大学生自我意识，增强对自我的了解，将学生本能的成就动机、价值理念转化为态度和行为。通过心理素质的拓展完善认识与改变行为，在实践与认识的交替、冲击与磨合之后形成积极的价值观念体系。它具体有以下几点意义。

一、培养自我教育意识，优化接受主体对核心价值观教育的接受心理

正确地认识自我。正确认识自我是建立、健全自我意识的基础，具体包括了解自我、评价自我和反省自我三方面内容。了解自我并能正确地评价自我，就能控制自己、完善自己，并根据自己的实际情况制定适宜的努力目标。反省自我则可以通过内心的自我检查、自我分析、自我解剖，批判地看待和审视自我，对自己做一分为二的客观分析，从而更精确地发展、完善自我。

接纳自我。表现在既对自我有价值感、满足感和自豪感，又能以发展的眼光看待自己，并能平静、理智地看待自己的优缺点，冷静地对待自己的得与失。既不以虚幻的自我来补偿内心的空虚，也不消极回避自身的现状，更不以虚幻哀怨、自责甚至厌恶来否定自己。只有这样，才能建立其自信、自立、自强、自主的心理品质和良好的自我意识。

控制自己。有效调节自我是健全自我意识、完善自我的根本途径。可

以通过根据自己的长处和优势确定抱负水平和奋斗目标,增强自尊和自信,培养顽强的意志和性格来实现。

接受社会主义核心价值观的形成是从教育走向个体自我教育的过程,通过团体心理辅导的形式把自身作为认识和改造的对象,通过自我修养、自我管理,逐渐达到自我发展、自我完善。在活动中充分尊重学生的主体性和主观能动性,帮助大学生认识自我潜在能力和极限,克服恐惧心理和思想障碍,锻炼动手能力和创造力、自我管束能力、完善人格、达到自我教育,从而优化社会主义核心价值观的接受心理,增强社会主义核心价值观教育的实效性和长久性。

二、提高心理素质,为核心价值观教育奠定良好的心理基础

对当代大学生来说,他们的心理素质不仅影响到自身的发展,而且也关系到全民族素质的提高,更关系到未来人才的培养。一项关于当代人主要素质的调查表明,当代人的素质不能适应社会进步和发展的需要,其中,最欠缺的是心理素质,具体表现为意志薄弱,适应能力和自立能力差,缺乏竞争意识,缺乏自信心等。究其原因,这与不重视人的心理素质的培养与塑造有关。在大学生中,有人因自我否定、自我拒绝而几乎失去从事一切行动的愿望和信心;有人因考试失败或恋爱受挫而产生轻生念头或自毁行为;有人因人际关系不和谐而逃避群体自我封闭。为预防和改善大学心理问题,通过团体的心理素质拓展训练,建立相互接纳、相互支持、相互信任的团体气氛,可以让大学生在活动中开放自我、超越自我,从而开发自身潜能、肯定自我价值、提高自信心。培养大学生上进心理,增强抗挫折和突破能力,避免或消除由种种心理压力而造成的心理问题;还可以使大学生在相互冲突的价值观念和生活方式中能进行明智选择。总之,通过体验式的心理素质教育为社会主义核心价值观教育奠定健康的心理基础。

三、优化认知,加强大学生对社会主义核心价值观的心理认同

人的心理结构是一个有机的整体,其中认知是核心。在认知基础上产生的思想观念是支配和制约其他心理要素的主导力量,是情感、意志、信

念形成发展的必要条件。心理认同就是一种情感、态度乃至认识的移入过程，是一种态度的变化过程。"社会主义核心价值观的教育过程既是一种'外炼'的过程，同时也是一种'内化'的过程。"一般来说，大众接受某一价值观体系的过程先是被动地从表面上转变自己的观点和态度，再慢慢地过渡到自愿接受价值观体系中的观点和态度，并据此不断修正自己的信念与行为，最后达到真正从内心深处相信并接受这一体系，从而把这些新的思想和观点纳入个体的价值体系，成为自身态度体系中的一个有机组成部分。

大学生正处在迅速走向成熟的过渡阶段，在知、情、意、信、行等心理品质和特征上表现出许多过渡状态。通过大学生心理素质拓展，能够培养学生健全人格和积极的思维方式和生活态度，激发其对社会主义核心价值观的心理认同感。

四、发挥主动性，调动大学生在社会主义核心价值观教育中的积极性

实践是在社会主义核心价值观教育过程中起决定作用的环节。客观地说，以往我们的价值观教育，效果欠佳。究其原因有很多，其中一个重要的原因就是忽视了大学生的主体性，忽视了学生的自身内化接受与自觉体悟。这样就把激发大学生个体积极性的源泉搁置一边，抑制了最充满生机的力量，最终阻碍了大学生的成长和发展。在教育过程中，不少教育工作者仍沿袭传统的价值观教育模式，仅仅把社会主义核心价值体系作为一种理念和思想传递、灌输给青少年，不少教育工作者只抓住了最高的一个层次，要求大学生"大公无私""公而无私"等，犹如在培养道德家、培养圣人，而把学生自身的成长给忽视了。更重要的是这种过于完美的期望目标会导致大学生或因目标的高不可攀而丧失追逐的勇气，失去信心，或因理论与现实的巨大差距而陷入怀疑和迷惘的泥潭。教育工作者所宣扬的道德、价值观念等往往给大学生"假、大、空"的印象。这样就使得科学多元、内涵丰富的社会主义核心价值体系，在大学生心中变成了空中楼阁、天边浮云、海市蜃楼。由此，有效实施大学生社会主义核心价值观教育，教育工作者应确立切实可行的教育目标，把社会主义核心价值体系转化为大学

生社会性发展的需求。心理学研究表明，个体的社会性发展包括情感发展、自我了解和社会理解、道德发展等方面。所以应通过大学生心理素质拓展使受教育者重新认识自我、探索自我、激发大学生社会性需求。让受教育者了解自身，从而把自己发展的需求与社会主义核心价值观联系在一起，根据自己的需要有选择地将社会道德规范、价值观念等"内化"为个体的需要，再"外化"为个体的行为；让受教育者树立坚定的理想信念；认识群体的作用，增进参与的意识与责任心，调动大学生在社会主义核心价值观教育活动中的积极性和主动性。

第三节 心理素质拓展团体训练方案的设计与实施

人的成长是一个不断社会化的过程，团体对一个人的成长与发展有着重要的作用。因此，心理素质拓展以团体心理辅导活动的形式，启发式地对学生的心灵进行拓展，让学生在游戏的过程中体会如何交往，如何建立自信，如何对自己的未来人生进行有效规划。在团体中看清自己的盲点，建立积极的自我概念，在一个开放而温暖的氛围里，打开自己的心灵，接受积极的价值观念和树立正确的人生态度。然而，如何建立一个开放而温暖的团体、如何有效发挥团体作用正确引导大学生，就需要妥善设计团体辅导方案，明确理论基础、团体目标和过程。

一、理论依据

（一）团体动力学理论

团体动力学是研究团队中人与人相互接触、影响所形成的社会程序的一种团体行为理论。其要点如下。①团体动力学所研究的团体指非正式组织。有三个要素，即活动、相互影响和情绪。②团体是处于均衡状态的各种力的一种"力场"，叫做"生活场所""自由运动场所"。这些力涉及团体在其中活动的环境，团体成员的个性、感情及其相互之间的看法。③团体有着不同于正式组织的目标，以维持团体的存在，使团体持续地发挥作用；④团体的结构。在团体中有一个非正式的、较难辨认的结构，包含正常成员、非正常成员、领导成员和孤立者。⑤团体有三种不同领导方式，即专制的领导方式、民主的领导方式和自由放任的领导方式。不同的领导方式其效果也是不同的。⑥团体的参与者。影响团体成员参与程度的主要是团体规模的大小、领导方式和成员的地位等因素。

（二）价值观理论

罗杰斯认为一个人的自身结构包括三个部分：①自己的态度和感情，即直接经验到的、符合自己价值观的经验；②符合别人的价值观但已全部内化为自己的经验；③符合别人的价值观，但并未被完全内化为自己的经验，使自己的经验受到歪曲，包含在自身结构中。一个人在成长过程中，如果自己的真实经验被否认而接受符合别人价值的经验，人的自身结构中就加进了虚假的成分，改变了他的本来面目。在虚假的可意识到的价值和真实的意识不到的价值之间，就存在着冲突。

（三）存在主义心理学理论

存在主义心理学认为，人类行为最大的动因是创造欲，是发现和体验生活意义的欲望。其主要观点有：①人的存在是一种过程，人类通过投身不断创造自身，不应把人看做是可以任意拼装拆卸的各种机理的综合；②治疗针对当前，但也顾及以往，观望将来；③人是自由选择的，但也由此对选择负有责任；④因为我们必须选择，由此使我们产生焦虑，但如果放弃选择则使人们产生负疚感；⑤当事人不应被看做是"病"人，而是"陷入病态生活"的人，因此，改变生活则成为治疗的核心；⑥治疗的主要目标是激发当事人认识前景的广阔，帮助他们选择新的生活。

（四）积极心理学理论

积极心理学倡导人类要用一种积极的心态来对人的许多心理现象做出新的解读，并以此来激发每个人自身所固有的某些实际的或潜在的积极品质和积极力量，从而使每个人都能顺利地走向属于自己的幸福彼岸。其研究有三个主题。①积极情绪体验。积极心理学特别强调积极情绪体验在人生活中的作用，提出了积极情绪的"扩展——建构理论"，积极心理学还对主观幸福感这一积极情绪进行了重点研究，强调人要满意地对待过去、幸福地感受现在和乐观地面对将来。②积极人格特质的研究。把人格分为"乐观型解释风格"和"悲观型解释风格"。认为培养个体具有这些积极人格特质的一条最佳途径是增强个体的积极情绪体验。③积极组织系统的研究。研究怎样建立积极的社会、家庭和学校等系统,从而使人的潜力得到充分发挥的同时也能感受到最充分的幸福。

(五)社会学习理论

社会学习理论认为个人的行为不是由动机、本能、特质等个人内在结构决定的,也不是如早期行为主义所说的由环境决定的,而是由个人和环境的交互作用决定的。即人的行为受到内在因素和外在环境因素交互作用影响,行为与环境、个人内在因素三者交互影响,构成一种三角互动关系。行为同时受到环境和个人的认知与需要的影响,人的行为又创造、改变了环境,个人的不同动机以及对环境的认识使人表现出不同行为,这种行为又以其结果使人的认知和动机发生改变。社会学习论还认为,人的大部分社会行为是通过观察他人、模仿他人而学会的,以及受个人对自己的评价、认识所产生的强化的影响。

二、设计原则

设计方案时领导者应遵循以下原则。①领导者要了解自己的特质、能力、偏好及带领风格。②领导者要了解自己所要带领团队及其对象的特质、目的。③评估自己与所带领的团体的匹配性。④设备设计,包括整个团体方案以及每次团体计划。⑤方案设计要实际、具体可行,掌握团体的目标与性质。⑥方案内各项活动设计要有一致性,前后连贯。⑦方案设计活动的选择标准应符合社会主义核心价值教育的目标。

方案的内容设计应遵循以下原则。①生活化原则。体验式团体心理辅导的内容应该来自于学生日常生活或者与日常生活密切相关的问题。学生只有经历过、见到过,才能在重新体验中对照和思考过去处理问题的方式方法恰当与否,才能充分挖掘个体直觉反应背后隐藏的平时难以觉察的动因,才能在交流过程中取长补短,修正不恰当的做法,并直接应用于现实生活。如理想信念、职业选择、自我认识等等。②简便性原则。团体心理辅导活动的内容要简单，便于操作。由于受活动场地一般是教室）、道具、时间和人数的限制，大的、复杂的活动往往难以开展。③启发性原则。团体心理辅导活动的内容要富有哲理性，能够发人深思，在平常之处带有启示性的想法和行为，能够比惯常反应有更恰当的表达方式。这样的活动内容能够引起学生共鸣，便于对照自己的言行和观念，也便于小组交流讨论。

三、执行步骤

（一）团体的形成

团体训练效果与团体成员的构成密切相关。因此必须非常重视成员的选择。同时，成员最好是自愿参加的，这样比较容易达到效果。在社会主义核心价值观的教育中，有时候由于教育工作者的需要，挑选一些学生参加，因非学生本人意愿，其防卫心理较强，团体形成的初期抗拒力比较大。这种情况下，团体领导者必须做好工作，想方设法采用有效技巧，吸引团体成员由非自愿变成喜欢团体辅导。比如：阅读有关文件、观看有关影视资料、筛选面谈时的承诺和建议、签订协议、召开预备会。

（二）引导成员相识并形成信任关系

团体活动的各项准备工作就绪后，团体就进入了实际操作阶段。团体过程可分为导入阶段、实施阶段、终结阶段。每一个阶段都有一些具有特征的感觉和行为，相对应每一个阶段有一些活动和训练。首先让团体中的成员了解团体中人际沟通的过程及其影响，协助成员投入团体，增强团体凝聚力，形成良好的团体氛围，为成员提供信任的环境。如：建立与强化团体规范、处理防卫与抗拒等情绪。

（三）促进团体成员探索自我

这个阶段是训练的关键阶段。灵活运用不同的角色功能与技巧，在充满信任、理解，真诚的团体气氛下鼓励成员主动探索个人的感受、价值与行为，深化自我的认识，学习接纳自己，澄清自己的价值观、打开心扉接受新事物，并树立自己的理想信念。

（四）协助团体成员总结团体经验

带领团体成员回顾团体历程，将团体心得、体会、收获加以系统整理。协助团体成员总结团体训练的收效，并引导成员树立符合社会主义要求的理想信念以及科学观、人生观、道德观。

四、实施模块

（一）团体名称

"心成长、心开放"心理素质拓展训练营

（二）团体性质

发展性，结构式团体

（三）团体宗旨

此次团体旨在培养学生自我探索和思考的能力，协助成员挖掘自身潜能，使成员具有宽广的视野，以更为开放、自由的心灵悦纳自我，接受他人，接收新事物。

（四）团体目标

1. 凝聚团体共识，强化团体向心力。学习社交和发展人际关系的能力，包括如何信任自己和别人，懂得重视与人分享的价值的重要性，从而使成员更有效地与人交往。

2. 强化成员在团体中的自我价值感、增强自我认识、自我评价、自我接纳、自我教育。

3. 协助成员努力发掘并充分发挥潜能。帮助成员澄清个人的价值观、发展方向。培养成员具有宽广的视野，能够从多种角度来判断和接受新事物。

（五）适用群体人数

大学生，60人

（六）场地要求

宽敞的教室，有可以移动的桌椅。

（七）活动内容和流程

第一单元　心相约　心相通

一个人的人生价值观并不是自发形成的，它是在一定的生活环境下，在人际交往中，通过接受各种人、事的教育和影响形成的。人们从自己的切身利益出发，从交往中所遇到各种现实的人和事中得到直接体验，不断调整着自己的认知，进一步影响自己的人生价值的确定。当然，人生价值观的形成，还受着其他条件的限制，如受教育程度、知识水平、思想观念等等。但人际关系在其形成中的重要性是不容忽视的。本单元活动的主要目标是：通过活动使小组成员相互认识并初步了解，促进小组成员对团体的了解并融入团体，学会在团体中与人交往。

导言：你或许有过这样的感受：觉得大家对你不好，甚至觉得人人都在与你作对。但事实可能是：你没有进入团队，没有成为团体的一员；你不知道如何与团队沟通。每个人在心灵中与自己打交道，而我们如何对待自己，可以通过我们如何对待他人反映出来。

流　程	内　　容	时　间
热身练习	名称：找朋友 目的：通过热身游戏，让成员形成初步印象并分组。 操作： ① 全体成员围成一个大圈，主持人任意喊数字，成员几人手拉手站在一起。 ② 落单者与做错者分享心理体验。 ③ 将团队成员分成若干小组。 分享：通过找朋友分享自己的人际交往模式。 总结：交往应该是主动的和相互的，而不是等待着别人来找你	10分钟

续表

流　程	内　　容	时　间
活动一	名称：滚雪球 目的：活跃团体氛围，使学生在活跃气氛下打开自己心扉，接受新事物。 操作： ①小组成员围圈而坐，每人用一句话介绍自己，包括姓名、家乡、专业等。 ②在相互认识后开始滚雪球。规则是，每一个人在介绍自己的时候必须将之前已经做过自我介绍的人的信息依次全部讲出来。 分享：小组成员谈感受。 总结：为什么你没有记住别人的信息，当你的信息没有被人记住的时候，你有什么感受，当你的信息被人记住的时候你有什么感受，记住名字在人际交往中的重要作用。	20分钟
活动二	名称：坐地而起 目标：成员之间信任和谐地共同完成任务。 操作： ①两人坐地，脚尖对齐，双手拉住对方的双手，靠对方的力量站起来。 ②从两人开始做，成功后加一人；依次类推不断加人直至全部成员加入，比赛哪一组先完成。 分享：最先完成的小组，分享经验；其他小组补充，最后完成的小组总结原因。 总结：这是考察大家的信任感，并共同解决问题的一个活动。	20分钟
活动三	名称：解开千千结 目的：让团体成员感受到团体合作的力量，同时了解到努力可以战胜困难，从而坚定战胜自卑的信念。 操作： ①全体成员站成一个紧密的圈。 ②伸出右手拉住对面人的左手，伸出左手拉住对面另外一个人的右手，形成一个复杂的结。 ③手拉住不放开，规定时间内将结解开。 ④先是一个组打结，解开，再两个组一起打结，解开。都是有时间限制的。 分享：分享感受，谈谈团体凝聚力的作用。	35分钟
结束会面	领导者总结，结束此次会面。	10分钟

第二单元　心探索　心溯源

人们只有认识自我，才能发现自我，才能实现自我。自我认识是自我意识的认知部分，它是主体我对客体我的认知和评价，主要包括自我概念、自我理想和自我评价三个部分。本单元练习的主要目标就是对大学生自我认识进行辅导，使大学生能够对个人自我概念和社会概念整合统一，并能够客观地评价自我，实事求是地看待自己的优缺点，悦纳自我。在此基础上更清楚地认识自己未来发展的可能性，树立合理的自我理想和正确的价值取向。

导语：最先和最后的胜利是征服自我，只有科学地认识自我，正确地评价自我，严格地管理自我，才能站在历史的潮头去开创崭新的人生。

流　程	内　容	时　间
热身练习	名称：热身练习 活动目的：热身，增进小组成员凝聚力。 操作：以小组为单位，按列站好，只有第一个同学面对指导老师，其余同学面向后站。指导老师给每一组一组数字，由第一个同学用身体语言（不能单纯用手指表达）向下一位同学表示出来，下一位同学理解后再后传达，直到最后一位同学。该向谁传达时，该同学方可转身来，过程中不允许讲话。看哪一组最先准确完成。可进行三次，三组数字（9、060、0.01）。每次胜者可积10分，第二名可得8分，第三名可得6分，以此类推。最后优胜者可让输了的组表演节目。	30分钟
活动一	名称：写我话我 目的：认识并接纳自我，认识并接纳独特的他人。 准备：每人一张白纸一支笔。 操作： ①指导者告诉大家，要反映个人特征，应尽量选择一些反映个人内心、风格的语句。（在纸上写明可以从几个方面去写，如：兴趣爱好，性格，特长，能力，理想，价值观等） ②指导者让大家开始边思考边回答"我是谁"这个问题，写出20个。	30分钟

续表

流程	内 容	时 间
活动一	③将各自所陈述的20项内容作下列归纳： A. 身体状况有几项 B. 情绪状况有几项 C. 理想信念有几项 D. 价值观念有几项 ④当指导者看到最后一位放下笔时，请团体成员在小组内交流。任何人都抱着理解他人的心情去认识团体内一个个独特的人。接着各自评估一下对自己的陈述是积极、肯定的还是消极否定的态度。在每句后面标上加号（表示肯定满意）或减号（表示不满意、否定的态度）。看看自己的加号和减号的数量各是多少。 分享：每个小组代表发言，交流感受。 总结：总结自己所列的几项，看是否能很好的接纳自己？是否能清楚了解自己的理想信念、价值观？	30分钟
活动二	名称：走出圈外 目的：使成员能真诚地了解自己，学习自我开放、了解他人、关心他人、接纳他人。 准备：每人一张白纸，一支笔。 操作： ①领导者先说明练习的目的，发给每人一张白纸，请成员画四个大小不同的同心圆。 ②在最外圈写上自己常常感到愉快、喜悦、高兴却很少对人说起的一件事；在次一圈写上自己常常感到不愉快不舒服但极少告诉他人的一件事情；在次二圈写上自己希望做到的一件事；在内圈写上对自己的看法。 ③每个成员轮流将自己的练习纸展示给其他成员看，并说出自己写的内容。 ④成员对每一位分享者给予积极的反馈和理解。 分享：小组讨论：当说出自己的圈里的内容后有何感受；当自己对别人念的内容给予反馈时有何感想；当听到别人对自己的反馈时有何感受	30分钟
活动三	名称：优点轰炸 目的：发现别人的优点并欣赏之，促进相互接纳，学习合作共事。	20分钟

续表

流　程	内　容	时　间
活动三	操作： ①请一位成员站在团体中央，其他人轮流说出他的优点及欣赏之处，如性格相貌能力等，要说得具体。 ②被称赞的成员要说出哪些优点是自己以前就察觉的，哪些是自己不知道的。 规则：必须说优点，态度要真诚，不能毫无根据地吹捧。 分享：被人称赞时感受如何，怎样用心去发现他人的长处或优点。怎样做一个乐于欣赏他人的人。	20分钟
结束会面	领导者总结，结束此次会面。	10分钟

第三单元　心成长　心飞翔

　　价值观是指一个人对周围的客观事物（包括人、事、物）的意义、重要性的总评价和总看法。这种对诸事物的看法和评价在心目中的主次、轻重的排列次序，就是价值观体系。结合当前的社会主义条件，我国社会主义价值观的内容有信仰与理想、人生观、科学观、道德观和审美观等方面。

　　价值观大都是在无意识下所产生的，因此我们时常无法发现或是未觉察到自己的价值观，导致我们虽然在人生中设定了许多目标，但却不知道为何要达成这些目标，也很可能所设定的目标根本不符合我们的价值观而不自知。我们所做一切决定及行为都受价值观和信念所控制，信念不仅影响我们的思维和感受，也主宰我们是否开始行动以及怎样行动。我们很难判断自己价值观，部分是因为它们深藏在人的潜意识里。本单元的训练目标就是帮助大学生澄清自己的价值观，增强自我方向感，凸显社会主义核心价值观的理念。

　　导语：人只有献身社会，才能找出那实际上是短暂而有风险的生命意义。

流程	内容	时间
热身活动	名称：快乐兔子 目标：热身小游戏，缓和同学们刚刚坐入教室的冷清气氛，打破小组成员的局限，活跃气氛。 准备：报纸数张 操作： 在地上画出起止线，代表两岸，每组发两张报纸，全体组员踩报纸过河，脚不能落地，否则同船的成员重做，到达对岸后，须有一名成员踩报纸返回，搭载其他组员，每次摆渡队员人数自定，最快完全到达彼岸的小组获胜。	10分钟
活动一	名称：泰坦尼克号 目标：明确自己的价值观，理解他人的价值观。 准备：每人一只笔和14个人物资料 操作： ①指导语：你现在正坐在泰坦尼克号上，由于船长的大意，船撞到了冰山上。船上只有一艘救生艇，并且只能坐5个人。 ②现在船上有14个人，分别是你自己、孕妇、小孩、市长、老人、运动员、中学教师等等。请你选择5个人，排出优先顺序，并说明理由。 ③小组交流，每个成员说出自己救的5个人，与组员交流理由。选几个同学，将他们的选择与所有同学分享。 ④小组成员讨论，选出小组成员一致认为应该救出的5个人并说明理由。然后所有的小组分享。 ⑤个别同学的活动想法分享。 总结：通过这个活动，每个同学的价值观开始明朗化，有的同学选择自己、孕妇、小孩……而另外的同学优选运动员、老人等等，每个人的价值观不一样，选出的人也不一样。	40分钟
活动二	名称：最后24小时 目标：让所有成员更深层次地探讨自己的价值观，并让别人能够接受自己的价值观，同时也要学会参照别人的价值观。 准备：每人一张白纸一支笔 操作： ①领导者告诉所有人，因为某种不详的原因，在场的所有的人的生命只剩下最后的24个小时，但你身体健康，活动自如，那么你打算怎么度过剩下的24小时。	25分钟

续表

流　程	内　　容	时　间
活动二	②让同学们写下自己做的事情，然后指导小组讨论，说明自己做这些事情的理由。 ③请几位同学将自己最后的24小时与大家分享。 总结：通过这个活动，对自己的价值观有了更深层次的感知，更加清楚自己的价值观，希望你们以此来指导今后的生活。	25分钟
活动三	名称：拥有与失去（20分钟） 目标：协助反省和澄清个人价值观，懂得珍惜自己生活中最有价值的东西。 操作： ①请成员写出个人生命中最珍贵的五项事物。这些事物可以是人，也可以是事件；可以是已过去的，也可以是未来的；可以具体，也可以抽象。书写时不必排列次序。 ②由于现在面临一个特殊环境，个人不能再全部拥有这五项珍贵的东西，一定要放弃其中之一，待作出决定后，划掉放弃的那一项。 ③请你再放弃一次，思考后作出选择。 ④请你再划掉一项，只剩下两项。 ⑤迫不得已，你还要做出最后选择，只能剩下最后一项。 交流与讨论：你为什么留下那一项？请你把自己放弃过程中的心理感受以及作出最后决定的想法做一个小结和记录。 总结：在这一个活动进行的过程中，你会感到难以割舍甚至痛苦流泪不愿再做下去。其实活动的主题就是协助我们对自己的生命作反省，生活中什么是最值得珍惜的？你的这种选择虽会随着岁月的流逝而逐渐改变，也可能在你生活中的某一刻这种优先选择会突然改变。但是在任何一个时候，通过这个活动得出的你的优先选择都反映着你的价值观念和心灵深处的目标。	25分钟

续表

流 程	内 容	时 间
结束会面	名称：我的收获 准备：笔和"我的收获"表每人一份 操作： ① 将"我的收获"表发给所有的同学； ② 让同学们仔细阅读，认真写出自己的收获； ③ 将表收回。 名称：祝福你我他 准备：笔和小纸片 操作： ① 让同学们将对自己，对他人，对活动等等的祝福写到小纸片上 ② 将纸片粘在展板上 领导者总结所有的活动 活动结束	20分钟

（八）心理素质拓展训练对大学生心理接受性和开放性的影响

为了验证心理拓展训练对学生心理素质的提升效果，课题组采用自编的《心理素质拓展训练效果自测评估表》，在心理素质拓展训练前后施测。有效前测被试470名，有效后测被试452名，比较结果采用独立样本均值T检验，统计结果如下。

表5-1　心理素质拓展训练心理评估项目　前后测独立样本T检验结果比较

评 估 项 目	前后测	N	均值	标准差	均值的标准误	T值
（1）对于未来的大学生活，我感到自己完全有能力去适应。	1	470	4.08	0.730	0.071	-2.403*
	2	452	4.33	0.694	0.075	
（2）我对大学的人际关系很少感到紧张。	1	470	3.38	1.130	0.110	-0.016
	2	452	3.38	1.190	0.128	
（3）我完全有能力去处理大学里面的人际关系。	1	470	3.73	0.902	0.088	-2.014*
	2	452	3.98	0.735	0.079	
（4）对于未来的学习，我觉得自己更有目标和规划了。	1	470	3.89	0.934	0.091	2.884*
	2	452	3.67	0.903	0.097	

续表

评估项目	前后测	N	均值	标准差	均值的标准误	T值
（5）我觉得自己是敢于表达内心想法的人。	1	470	3.82	1.063	0.104	1.087
	2	452	3.65	1.060	0.114	
（6）我觉得自己在环境中很难信任他人。	1	470	3.44	1.168	0.114	-3.419***
	2	452	3.98	0.970	0.105	
（7）我认为自己在人际交往中能够真切体会他人的反应和感受。	1	470	3.83	0.945	0.092	1.067
	2	452	3.69	0.885	0.095	
（8）我非常愿意和陌生人一起交往。	1	470	3.42	0.959	0.094	0.141
	2	452	3.40	0.889	0.096	
（9）在团体中，我觉得能够放开自己去建立和他人的关系。	1	470	3.70	0.843	0.082	-1.226
	2	452	3.86	0.910	0.098	
（10）我觉得人际关系中的相互关心、相互赞美是必不可少的。	1	470	4.40	0.873	0.085	-0.245
	2	452	4.43	0.819	0.088	
（11）我觉得自己在大学里面能够交到真心的朋友。	1	470	3.90	1.009	0.098	-4.328***
	2	452	4.48	0.808	0.087	
（12）我觉得自己有很多的优点，自我认识更清晰。	1	470	3.53	1.010	0.099	-3.668***
	2	452	4.03	0.846	0.091	
（13）我觉得有很多可以帮助自己克服困难的优秀资源。	1	470	3.65	0.951	0.093	-3.263***
	2	452	4.07	0.809	0.087	
（14）我愿意在人际交往中开放自己，表达自己。	1	470	3.63	0.880	0.086	-2.134*
	2	452	3.97	0.887	0.096	
（15）我的心情总是能够保持比较的放松和快乐。	1	470	3.90	0.909	0.089	-1.108
	2	452	4.05	0.853	0.092	

*$P<0.05$，**$P<0.01$，***$P<0.001$

从上表可以看出，通过团体心理素质拓展训练，大学生在部分心理品质和自我体验方面与培训前有显著差异。其中，在"我觉得自己在环境中很难信任他人"方面，受训前后大学生的体验有极其显著差异。在"是否能在大学交到真心朋友"方面,受训前后有极其显著差异。在自我提升方面,在"我觉得自己有很多优点,自我认识更清晰"以及"我觉得自己有很多可以帮助自己克服困难的优秀资源"方面,受训前后有极其显著差异。在"对于未来的大学生活,我感到自己完全有能力去适应""对于未来的学习,我觉得自己更有目标和规划了""我完全有能力去处理大学里面的人际关系""我愿意在人际交往中开放自己,表达自己"方面,受训前后有显著差异。

统计结果说明,大学生在经过了心理素质拓展训练后,在信任他人、自信交往、自我开放性、积极自我、大学生目标规划和环境融入性方面比训练前有显著提升。

第六章 创新教学模式，提高大学生社会主义核心价值观教育实效

第一节 课堂教学现状分析

一、课堂自身的影响因素分析

课堂教学是学校教学中一项占用时间最多、涉及面最广、内容最广泛的经常性活动，自然也是高校对学生实施社会主义核心价值观教育的主阵地，是其他任何实施途径所无法取而代之的。只有关注课堂教学，才能抓住实施社会主义核心价值观教育的有效基点。因此，对课堂自身要素的分析对构建大学生社会主义核心价值体系有着至关重要的意义。

（一）课堂主客观环境的影响

除了外部社会环境对教学过程和效果有着必然影响外，课堂教学自身作为教学的重要载体，其内部的环境因素也对核心价值观教育教学起着决定性作用。课堂环境包括物理环境和人际环境两方面。和谐的课堂教学环境，教学过程诸要素之间以及教学过程与学习环境之间民主宽松、和谐融洽的状态将促进理想教学效果的产生。然而当前部分高校的教学环境存在着不尽人意的地方。

1. 物质环境

目前高等院校的招生规模仍较大，使教学空间环境超过了受教育个体的承受力和耐受度。首先，由于师资力量的缺乏，班级学生数量多，少的几十人，多的一两百人，过于拥挤的空间必然导致班级群体生理与心理压力的增加，使学生感到烦躁，影响上课效果。其次，由于教室中学生人数分布过多，师生配比严重失衡，造成师生之间的对话困难，教师难以了解学生的具体思想动向，因材施教也就成了一句空话，探讨式教学也成为了

一种时有时无的奢侈。再次,从生态学的视角审视,传统的教室空间布置体现了一种极强的权力意志:学生的课桌一排排向后整齐地排列,教师高高立于讲台之上。这种结构强化了教师作为权威和信息发布者的角色。师生之间在空间位置上的不平等使得师生难以进行有效沟通和情感交流。最后,课堂教学硬件设备的平面化也阻碍了教学的有效进行。传统教学模式中,一支粉笔、一根教鞭、一张黑板的单一灌输式让课堂变得死板僵化,在引入多媒体视听设备后,由于教师自身所掌握的多媒体技术未同步跟进,又使传统照本宣科的填鸭式教学变成了简单放映式教学,教学氛围再一次陷入僵局。

2. 人际环境

课堂人际环境的和谐平衡是课堂教学成功实施的又一重要因素。所谓和谐平衡就是指师生之间处于一种相互尊重、友好合作、充满人性关怀的氛围中,从而激发学生最佳的心理状态和参与教学的热情。在和谐的多维度课堂人际关系中,教师应该扮演主导者角色。在课堂教学中,教师为了实现教学目标,需要有意识地主动营造出和谐的课堂氛围。这种和谐氛围首先体现在师生之间的平等、民主、合作关系。同时,学生之间也要做到平等、互助、合作、竞争。

当前高校课堂教学环境多数过于封闭。学生的学习场所与现实生活严重分离,从书本到书本,闭锁式的循环体系使学生无法将理论与实际相结合,当遇到与现实社会问题相矛盾的地方时,他们就对教学内容产生了质疑与对抗,这对于核心价值观教育效果非常不利。教师成为教学的唯一权威,学生则相应沦落为被控制体和单一的被动接受体。师生交往少,关系淡漠,感情沟通渠道狭窄,师生间常常出现心理上的代沟或情感期待上的落差。作为教育主体双方的种种不和谐语境,严重阻碍了教学过程的良性互动。

(二)教师人格魅力的影响

苏联著名教育家米·依·加里林十分深刻地说明了教师这一职业的特殊性:"教师这一职业是特殊的,它要求具有特殊的、外表看来似乎同教学事业并无直接联系的品质。可如果没有这些品质,就会显著地影响教学成绩。教师的世界观、他的品行、他的生活、他对每一现象的态度都这样那样地影响着全体学生，这点往往是觉察不出来的。"这种觉察不出来的东西就是教师的人格魅力。

教师在学生的价值观学习中是不可否认的引路人。为人师者的人格魅力对学生的影响往往是潜移默化的，是终身难忘的。教师在学生的心目中既是学习的对象，又是要求进步的榜样。

首先，教师人格魅力表现在为人师表，以高尚的道德情操率先垂范。只有当学生接触到的事物与所接受的教育一致时，他们才会对所学内容感兴趣并接受。教师在核心价值观教育中要求学生对社会主义、共产主义事业有坚定的信念时，自身就必须具备奉献精神。如果只是理论的宣讲者，说一套做一套，不但会降低教师在学生心目中的形象，而且会导致学生对教师传授内容的逆反心理，核心价值观教育效果将会杯水车薪。

其次，教师的人格魅力还来源于他的人格品位、学识深度。要达到这一目标，教师要不断学习业务理论，提高自身的素质，以适应新的教育教学形式。这是保证教学效果不可或缺的因素之一。因为学生对某门学科的兴趣，往往一开始是来源于其对教师的才能和人品的钦佩，而最终引起对教师所教学科产生浓厚的兴趣。

再次，教师的人格魅力还表现在其精神状态的展示上。教师健康的心绪、激情的语言、严谨的态度是学生产生勤奋好学的积极情感的前提。教师得体庄重的外表、声容并茂的表现必定会吸引学生的注意力，营造良好和谐的课堂氛围，从而刺激学生的接受欲。相反，如果教师穿着不得体，无精打采，语气平淡乏味，学生的注意力就会转移，而去做一些与课程无关的事情，课堂气氛就会变成一潭死水。

（三）学生接受度的影响

在社会主义核心价值观教育过程中，学生作为受教育者，其实质并非是完全被动的受体，而是积极活动的主体。核心价值观教育作为道德教育的主要内容，更强调受教育者在课程实施过程中的直接经验。从此种层面上而言，任何一个受教育者，尽管他和其他受教育者同在一个课堂，同时面对一个教师，但是由于其自身的思想和生活经验的不同以及课堂参与情况的不同，其所获得的道德教育的效果也迥然不同。这就是说，教学效果也受制于大学生自身的接受程度。

当前大学生都是"90"后和"00"后，他们所生活的社会处于转型时期，各种文化乃至非主流思潮影响着他们的价值观体系的建立，实用主义思潮使他们更关注自身状态和现实利益。通过在重庆几所高校实行问卷调查和实地访问，我们了解到当前大学生对开展核心价值观教育的必要性认同度总体较高，87%的学生认为党中央提出建立社会主义核心价值观非常必要和及时，86.32%的同学认为爱国主义应该成为民族精神的主要内容。但另一方面，从调查情况又反映出相当多学生存在信仰真空，50.1%的学生选择了无信仰，关于社会主义荣辱观，65.2%的人不太了解。可见当前核心价值观教育在学生中的心里接受和认同度有一定提升但还远远不够。

一般来说，一种观念的移植和接受主要取决于两个因素：一是能不能接受，二是愿不愿意接受。其中"能不能"主要受制于主体的认知因素，而"愿不愿意"则受制于主体的情绪因素，而"愿不愿意"的问题始终是价值观教育能否实现的重点和难点。

大学时代是大学生身心发展的重要时期，在这个时期，大学生逐步建立起新的思维视角——自我意识。自我意识作为主体自身的自觉能动反映主要涵括着人对自身、对环境以及自身与环境的关系等一系列问题的追问与反思。自我意识是社会发展、时代特征在主体的反馈，但同时，经过大脑处理筛选而形成的自我意识反过来又会作为经验影响到主体对社会环境、生活现象的客观分析与评价，从而形成新的价值观。大学生这样一个特殊的群体，由于其自我意识的不完全成熟，对事物的判断明显带有幼稚性和情感性，可能会盲目吸收西方扭曲的价值观和意识形态，在思维上出现错位。在价值观的接受和心理机制建构过程中，他们首先接触并理解教育者所传播的价值体系和内容，然后根据自己先前的经验和感受进行比对，当他们经过分析比较后，发现与原来的认知相悖离时，就会立即在大脑中反应，产生抵制，从而形成逆反心理。如果无视大学生的接受能力，不能满足其发展的需求，必将影响核心价值观教育的成效。

二、传统课堂教学内容的不足之处及其原因分析

近年来，为了在大学生中加强社会主义核心价值观教育，对大学生主导价值观进行合理引导，以激发其爱国热情和民族精神以及社会责任感，各高校总结了许多好的教育方法和教育途径。这些都是进一步加强和改进

大学生核心价值观教育的宝贵财富。但在新的形势下,面对大学生思想观念的新问题,传统的教育方法的缺陷日益凸显,已经在一定程度上束缚了大学生社会主义核心价值体系的构建,难以适应时代发展的要求。

(一)价值观教育缺乏系统性

长期以来,高校教育把价值观教育等同于一般性道德教育,泛泛而谈,从教学体系上看,没有与其他人文学科相互联动而成一个系统的思想研究领域。在教学过程中,理论和实际脱离,没有结合社会经济、文化发展的最新成果和核心价值观的实际应用价值进行有机的对应与整合。因而,难以让学生深入理解社会主义核心价值体系相关理论在社会转型时期所发挥的巨大理论作用。相反,学生在遭遇现实社会一些负面效应时,由于其价值观的模糊,会产生对社会主义的质疑和动摇,而教育者在面对这些价值冲突和价值困惑时,也失去了有效的应对之策。

(二)价值观教育取向存在偏差性

现代信息技术的广泛发展,使大学生掌握大量信息,因此对他们的价值观教育需要紧密结合其自身思想实际有针对性地加强教育,但传统教育模式却无视这些问题而出现了各种形式的偏差,具体表现在以下两个方面。

第一,政治化倾向严重。

社会主义核心价值观教育的主体内容是对大学生进行爱国主义、社会主义观念的积极引导,因此它不可否认地具有一定的政治倾向性。但是,核心价值观理论作为大学生价值观的构成,更多地涵括了有关人生真谛、价值信仰等内容,因此相关的教育就应该是对大学生作为人的价值关怀和情感关怀,而不应该是冷冰冰的政治说教。目前多数高校的核心价值观教育目标限定在政治价值的一元化。这种一元化强化了核心价值观教育的政治功能,忽视了对学生主体道德意识的培养;强调受教育者对社会的责任,对正当利益要求避而不谈或不加分析地加以排斥。当今时代是多元化的时代,大学生的价值基础、需求目标、接受方式都发生了质的变化,大学生对物质利益的欲求与对政治意识形态的漠视态度形成鲜明的对比。如果与学生的生活世界相脱离,缺少对人自身的生存意义的关注,就会导致那些对政治本就不感兴趣的学生产生逆反甚至质疑、抵触心理,使教育效果大打折扣。

第二，价值取向片面化。

传统的教育模式为了维护核心价值观的唯一性和权威性，往往回避学生对其他多种价值观的了解。这种一味回避的态度不利于大学生提高抗干扰能力，自觉接受核心价值观。相反，大学生往往由于好奇和逆反心理而加强了对其他价值观和社会思潮的浓厚兴趣和关注。此外，教师常常脱离社会现实，一味拔高社会主义核心价值的先进性，将核心价值观抬到了"圣人理想"的角度，忽视了其时代性和社会性，忽略了核心价值行为与个人利益的关系。这种抽象的价值观教育使学生感到困惑、失望，甚至得出学校里的价值观教育都是"虚伪之谈"的结论。

从总体上看，社会主义核心价值体系如果远离大学生的生活和思想实际，就无法转化为大学生的自觉追求。

（三）价值观教育方式方法单一呆板

首先，采用简单灌输式教学方式，忽视学生在课堂中的主体地位，使教育对象无法充分发挥主观能动性。当然必须承认，灌输式教学有其特殊的地位并发挥着特殊的作用，然而，采取分散、间接的方式，将一定社会所形成的某种道德规范灌输给年青一代，而不是仅凭单一的强硬灌输。其次是强调集体活动，冷落个人修养。如果在社会主义核心价值观教育中忽视学生个人修养的提高，则无法调动学生的积极性，致使价值观教育流于形式。最后，重视理论传授，轻视情感培养。课堂教学过分强调理论的记忆，而没有深入对学生的道德实践和道德修养进行鼓励与引导，导致学生远离道德生活、缺乏道德体验，难以引导学生形成正确的是非、荣辱、责任、良心、爱憎等道德情感。

第二节 创新教学模式的思考

一、创新教学模式的原则

（一）整体性原则

整体性原则也称统一性原则或一致性原则。首先，大学生是一个完整的意识活动主体，也就是知、情、意、行相统摄于一体的个体。在教育过程中，要求教师引导每个学生积极主动地将自己经过理性选择和情感认同的价值规范外化为道德行为，从而让其价值观通过不断地内省、反思、实践，最终发展成为健康的价值观体系。其次，虽然思想政治理论课程教师对核心价值观教育担负着主要责任，但是在现实课程组织和实施层面，所有存在的课程都蕴含着价值理想培养的元素。高校必须发挥各门课程的整体育人功能，把各种教育因素作为一个整体来进行设计和开发，使之服务于教育目标实施。因此，必须建立在专业教育中渗透，在人文素质中彰显，在高校思想政治理论课中系统推进价值观教育的多维传授系统。

（二）系统优化原则

所谓系统优化即指"在一定条件下对于系统的组织、结构和功能的改进，从而实现耗能最小而效率最高、效益最大的过程"。学生是一个多领域活动的主体，不是封闭的个体，学校诸多因素对其价值观形成都有重要影响。

整个教育教学过程就是一个相互联系的整体，应遵循综合培养原则，创设最优教学条件。为激发学生形成正确的学习态度，应该对整个教学过程的所有教育因素、教育影响、教育力量进行综合设计并实现最优化。学校各种组织机构、部门，各种规章、制度、政策等必须形成整体合力，有助于整个学校建成良好和谐的育人环境。

（三）知行合一原则

核心价值观作为指导人们现实行为的观念形态，是在人们经验的基础上积累而形成的，人们获得经验的最基本途径就是实践，通过实践的体验，通过活动来获得。如果只重视"知"的因素，而忽视"行"的因素，则有可能使价值观教育成为一种知识的教育过程，成为"智育"而不是一个理想人格的塑造过程。

同时，知行合一还体现在核心价值观教育必须注重其教育内容以及方式方法的时代性，一切从实际出发。国际形势的变化，经济形势的巨大变迁，许多深层次矛盾日益显露，学生对面临的自身问题和现实社会问题非常迷茫。如果教师只是照本宣科，书本与现实脱节，那么课程对学生的吸引力就可想而知，从而严重影响教学目标实现。

因此，这就要求教师在课堂上的价值观教育必须结合时代发展出现的新情况、新问题，引导大学生作出思考。教师要直接面对现实中的社会问题，有针对性地回答大学生关心的重大问题，理论联系实际，帮助大学生做好价值澄清与选择。

（四）主体性与主导性结合原则

主导性与主体性是相对于核心价值观教育实施过程中"人"的因素而言的，教育者与受教育的矛盾是所有教育过程中最复杂的。某种意义上，二者均是一种积极活动的主体。

一方面，教学认识是由教师领导进行的。教育者是整个课程实施过程的"发动力量"，是课程的设计者、组织者、实施者，教育者处于领导、控制和执教的地位；而受教育者是一种"受发动力量"，是课程的接受者、学习者、参与者，在整个课程实施过程中处于一种被领导、受控制和受教的地位。总之，教学认识的方向、认识的结果和质量等，都首先由教师负责。

另一方面，人有情感，有需要，人应主动地追求道德境界的提升，进而形成动态的、不断进取的主体性道德人格，而不是被动地做出道德的言行。过去，我们的教育者无知地认为，学生是幼稚的，是被动的有"可塑性"的自然人，于是，单调乏味的道德理论说教、形式主义的价值观灌输活动，极大地抑制了学生的主体性的发展。

当然，主体性原则并不是简单迎合接受主体的价值倾向，而是要在研究接受主体需要、动机等的基础上，引导、调动大学生对社会主义核心价值观的接受兴趣，使教师的教育目标与主体的道德需要相吻合。在核心价值观教育实施过程中，既要注重教育者的主导作用，又要充分调动受教育者自我教育的积极性、主动性，把主导性与主体性结合起来。

二、创新教学模式的思路

（一）借鉴价值澄清理论的积极因素，在价值澄清中培育

价值澄清理论的最大特点是强调个人价值选择的自由，将价值教育的重点从价值内容转移到澄清个人价值的过程上去。价值澄清理论的主要代

表人物路易斯·拉思斯（Louis E. Raths）提出了价值澄清方法的四大要素：第一，以生活为中心；第二，对现实的认可；第三，鼓励进一步思考；第四，培养个人能力。

价值澄清理论在哲学上吸收了存在主义的自由思想，极力主张尊重学生的主体性、关注生活、以人为本的教育理念，这完全符合大学生社会主义核心价值观教育的时代要求。同时，它重在培养学生去追求终身所需的价值态度和能力，使学生不断适应环境，学会处理问题，真正实现人的可持续发展，符合我国当前的教育理念。因此这一理论对我国大学生社会主义核心价值观教育有极大的启示。

1. 教会选择

价值澄清理论认为教育者不能把道德和价值直接教授给受教育者，教育者也不能对受教育者的价值进行"对"与"错"的判断，而是帮助学生在评价过程中澄清和减少价值混乱，使学生自由选择并澄清自身的价值观，最终形成清晰的价值观念。

随着我国经济的高速发展，各种意识形态、文化思潮、生活方式都在不断地涌入其中，传统的价值观受到了前所未有的冲击。受社会大环境的影响，大学生在个体的心理发展过程中表现出价值选择的自主性，但是能够选择并不意味着能进行理性的选择。正如价值澄清理论所说，获得价值的过程比获得怎样的价值更为重要。因此高校价值观教育应转变传统教育观念，将价值观教育重点放在教会选择上。尊重学生的价值选择自由，以平等的态度对待学生，同时充分利用价值冲突，帮助和引导他们在面对价值冲突时，能够正确认清自己所处的冲突情境，并做出正确的价值取舍和行为选择，积极引导学生进行道德判断，检验和改进自己的道德选择，确立合乎社会基准的价值判断。

2. 呼唤主体

价值澄清理论注重受教育者在价值培养中的主体地位，认为在价值评价过程中，教育者不能强迫学生接受某种价值。学生是整个过程的中心，教师只是学生思维路径的引路人，教师的作用只是在学生充分的自由选择下，帮助他们对自己所做的各种选择进行价值澄清，最终形成学生自己的价值观。

价值澄清理论给予我们的积极启示是，随着社会的日益多元化，价值观不能只靠生硬灌输的方式使学生接受,学生才是真正的价值观教育主体。因此,大学生核心价值观教育需要改变单向度的知识传授,尊重学生的主体地位,使教师与学生处于一个平等的环境下。教师不再担当绝对"价值官"的角色,而是着眼于学生的自我需要,为学生提供一个平等开放、真诚互信的学习氛围,让学生开放自己的思维,锻炼自己的判断与选择能力,使学生在价值理想的不断澄清与确认中,学会自我调控、自我完善。

3. 回归生活世界

价值澄清理论认为价值源于经验,而经验又往往是在生活中获得,多变的生活造就丰富的经验,价值根植于生活。

长期以来,我国高校的价值观教育过多地注重知识和理论的需要,而脱离了现实当下的需要。大学生在价值观教育接受的内容往往是经过处理的信息,与学生所接触的社会现实有很大的差距,从而使学生不但不会相信这些说教,甚至会产生对教育本身的麻木和反感。

价值澄清理论把主要注意力放在了解决学生的生活问题上,其教育宗旨不是采取自上而下的灌输将现成的知识和技能传授给学生,而是以学生的实际生活经验和学习活动为出发点,通过评价的实践过程使他们获得价值观。

道德选择的智慧是人获得幸福生活的根本能力,只有道德教育向道德选择的理性回归,人的幸福生活才可以获得实现。因此,作为道德教育的重要组成部分,大学生核心价值观教育要向生活世界回归,向生命体验回归,关注人自身的成长和发展。教育是一种导向,但正如著名教育学家杜威所说,"生活本身就是教育",生活就是价值理性的导向。大学生核心价值观教育必须重视学生的生活实践,引导与启发学生独立思考,在学生逐步扩展的生活经验的基础上,为他们正确认识自我、理解他人、热爱国家和社会,提供必要的指导,将正确的价值引导蕴涵在鲜活的生活主题之中,贴近实际、贴近生活、贴近学生,有针对性地开展价值观教育。只有实现了价值观教育内容的生活化和社会化,才能使学生在生活中学习,在体验中明德,最终形成既满足自身需求又符合社会要求的价值规范。

(二)注重人文关怀与心理疏导,在感动与共鸣中培育

注重人文关怀是现代大学生核心价值观教育的基本要求,将人文关怀

与具体的教学实践相联系，具有深远意义。

1. 人文关怀释义

"人文主义"的英文为"humanism"，它是由德语的"humanismus"翻译而来，而"humanismus"又是德国一位教育家于 1808 年根据拉丁词根"humanus"（人性）杜撰出来的。我们现在所倡导的人文关怀，是对人在发展中遇到的各种问题的关注和解答，重视人文精神的关怀，尊重、理解每一个个体，把人作为道德实践的主体和目标，促进人的全面自由发展。

2. 注重人文关怀的实践措施

第一，以人本思想为指导，加强主体性教育。"以人为本"是指一切历史创造活动，都要以人为前提，以人为基础，以人为动力，以人为目的。它包括两层含义：一方面，人是社会的主体，是一切活动的根本出发点。另一方面，强调人的主观能动性，以最大限度发挥人的积极性和创造性为根本，以人为本的实质是指人类的一切活动都要以人的生存、安全、自尊、发展为出发点和归宿。以人为本强调对人本身的尊重。对人的尊重，既缺少不了对人的个性的尊重，又缺少不了对人的自由的尊重，让人始终能保持强烈的自主意识和自主能力。

第二，注重个体差异，加强课程的针对性。教育者只有针对不同类型及层次的教育对象的特点，在教学实践中重视"因材施教"，结合大学生思想实际进行教学，解决其具体的思想困惑，才能达到价值观教育的最佳效果。

第三，注重心理疏导，寻求师生关系的共生。面对纷繁复杂的价值观冲突，我们应该反思和追问，教育的本质是什么？教育本质是爱，爱是教育的前提。如果教师不是抱着真诚的态度，向学生敞开自己的真实的心灵，用爱去呵护学生，而是用教育者的权威来阻断师生之间的交流，就会使学生对教育者所讲授的内容不屑一顾，甚而产生怀疑，势必抵消教育的效果。因此，教师要触及学生的心灵，触及学生的情感领域，向学生的心灵回归，回归学生的道德智慧本性，形成学生难以忘怀的情感经历，从而彰显学生的向善之心，提升其价值选择的能力。在这种沟通过程中，可以采取"价值商谈"模式。通过价值讨论过程中对话、商讨式的价值体验，使双方知、情、意达到最完美的价值和谐。此外，还可以创设间接的情感体验情景，通过对话与沟通，找寻师生之间在价值取向和情感经验上的共鸣。价值观教育双方处于一种平等的相互尊重的人际关系，敞开心胸，通过真诚的相遇、相知和心灵沟通，用爱心去换回学生人性中的善，促进学生正确价值理念的形成，这是价值观教育的最高境界。

三、创新教学模式的设计

（一）创新教学模式的基本架构

1. 教学思维

要体现出现代教育新理念和新思想，用新的教育理念和思想指导立体化教学活动；围绕思想政治理论课的特点和教学规律，以大学生核心价值观教育为目标，构建全方位、多层次和多元化化的教学模式。

2. 教学角色

在价值观教育的课堂教学过程中，教师与学生的关系是二元一体化的统筹关系。

首先，应当承认学生在教学认识中的主体地位。事实上，作为认识的主体，学生往往将教师所传授的价值观内容在大脑中进行选择和加工，选择那些自己认为有兴趣、有价值的知识，排斥那些他们认为无用的知识。如果教师在教育、教学过程中，没有积极引导学生通过主动参与教学活动，通过情景体验来最终获得正确的价值认识，那么他的教学将会是失败的。

其次，我们也不能因为强调学生主体地位就忽视教师的重要引导功能。学生的主体地位是在教师主导下逐步确立的。作为教学认识的主体——大学生，其年龄大都在二十岁左右，他们具有一定的认识能力，但又尚未定型。相对于大学生而言，思想政治理论课教师作为教育者，作为核心价值观的传道者，具有主导性的地位，从事教学活动时，需要通过教学引发学生不断思考、吸收理论知识，引导他们树立正确的政治方向，进而帮助他们形成正确的价值观。

3. 授课模式

立体化教学模式在授课模式上主要表现在，采用问题式教学、启发式教学和开放式教学。

第一，问题式讲授法。要在教学中加强价值观教育的实效性，必须理论联系实际，解决学生普遍关心的社会问题和他们自身的思想认识问题。要逐步从直线式的理论灌输向解决学生实际问题的动态模式转变。选择社会生活中具有代表性的重大现实问题，以问题切入式的教学方法加深学生对核心价值观问题的认识度和接受度，提高学生价值选择的能力。

第二，启发式教学法。运用启发式教学，需要教师着眼于刺激和调动学生内在的动力和积极性，在讲授过程中有意识地引导学生思考、自学，促使其主体性功能的发挥，让学生自己有一个思考和选择的过程，以此加深学生对所学理论的认识，让他们在坦诚的讨论中得到启迪，在独立的思考中有所提高，在共同的参与中接受核心价值观教育。

第三，开放式教学法。开放式教学要求调动大学生主动参与教学过程的积极性和主动性，加强师生之间、学生之间的立体化多向交流，激发学生的个体能动性，扩大思想活动的开放度。比如设计一定的情景，在教学中将抽象的原理融入生动的情景中，让学生通过体验角色来领悟知识从而达到良好的教学效果。教师最大限度地减少自己说话的时间，最大限度地满足学生课堂表现的需要。

4. 教学组织

立体化教学模式最重要的一个环节就是互动——目标教学法，也就是以学生为中心，以课堂中的人际互动为主要手段，引导学生从互动中学习的教学模式。课堂教学中，直接参加人际互动的主体有三种，即教师个体、学生个体及学生群体。对这三种主体加以两两组合，就可区分出多种互动类型。这些互动类型主要分为两大类。

(1)"师—生"互动式

师生互动又分为教师个体与学生群体之间的互动，教师个体与学生个体之间的互动。其中教师个体与学生群体之间的互动是最常见的课堂人际互动，课堂教学的大部分时间和大部分内容都表现为教师个体与学生群体之间的互动，诸如组织教学、课堂讲述、课堂提问、课堂评价、课堂练习等。

教师个体与学生群体之间的互动多半是单向的。而教师个体与学生个体之间的互动，是最能对学生产生影响的互动，它主要存在于课堂教学中的提问与应答、要求与反应、评价与反馈，以及个别辅导、眼神交流、直接接触等过程中。教师对学生个体的积极、肯定、富有启发性的互动行为，无疑会促进课堂教学效果和学生价值认识和选择能力的提高。

(2)"生—生"互动式

学生个体之间的互动也是影响教学效果的重要因素，最常用的互动方式有两种。

第一，合作学习。在学生自愿的基础上，划分学习小组。在明确任务之后小组成员进行合作探究。小组成员共同努力写出教案、调查报告及课堂讨论的发言稿。讲课中的查资料、制作课件、上讲台，提交调查报告中的定主题、设计问卷、发放收回问卷、数据统计、问题分析、版面制作设计等，就是学生动手、动脑、动口的实践过程。学生将学习成果在课堂中展示，让学生互相之间交流学习。

第二，研讨式教学。研讨式教学是创新教学的一种模式，就是在教师的指导下，将研究与讨论贯穿于教学中，学生主动地提出问题、思考问题、解决问题，从中获取知识和能力，每个学生都必须自主地去寻找自己的学习之路。由于研讨式教学中的每个环节都是从学生能力培养和素质提高入手，提高了学生的各种能力，激发了学生内在的潜力。

总之，课堂教学中的人际互动过程是直接影响教学效果的重要因素。学生在课堂教学这一社会情境里，通过与他人的交往和相互作用，学习价值目标和社会规范，认识和处理各种社会关系，从而形成社会主义核心价值观。

5. 教学评价：创设"以教定学"和"以学促教"的双向评价体系

教学评价作为课堂教学的必要环节，对教学效果的加强有着重要的作用。首先是诊断作用，通过教学评价，根据结果的比对，可以帮助学生正确估计自己所获得的价值选择水平。其次是强化作用，教师把评价结果以恰当的方式告诉学生，有利于激发学生的向上精神，促使学生在继续巩固已有正确认识的同时努力解决思想中的矛盾问题。最后，教学认识的检验还具有调节作用。根据教学评价和检验的结果，教师修改原来的教学计划和策略，以促进下一步教学产生更好的实效。学生依据教学检验的结果，可以调节学习计划和改进学习方法，从而提高学习效率。

这就需要建立一个"以教定学"和"以学促教"的双向评价体系。一方面，针对教师教学效果制定客观的评价标准，参照学生对教师的评分情况,结合学生学习过程和效果,考察教师是否以最优的速度、效益和效率促进学生在知识与技能、过程与方法、情感态度和价值观"三维目标"上获得整合,从而有效地实现预期的教学目标,实现社会主义核心价值观的渗透。另一方面,改变传统单一的教学考试模式,改变学生被动应考的客体地位,实现对学生学习能力的完整评价。对学生的考核与评价不应该仅仅局限在对教学结果的评价,将考核环节覆盖到平时成绩和期末考试,既关注学习结果,更关注学习过程。通过对学习过程而不仅是学习结果的评价,促进学生的成长。另外,还可以从社会实践活动中、合作学习过程中、日常行为习惯表现中评价学生能力、情感、价值、态度,从而促使学生在平常的学习、生活中注重对自己这些方面能力、素质的培养和训练,以达到增强价值观教育实效性的目的。

综上所述,我们课题组通过思想政治理论课立体化教学模式的构建,对大学生社会主义核心价值观教育心理接受机制的课堂运行模式及其有效性进行了积极探索和尝试。

第三节 创新教学模式的实践

课题组在重庆交通大学本科生思想政治理论课堂教学中做了改革性的尝试,努力探索社会主义核心价值观的课堂运行有效模式,并取得了较好的效果。我们以"思想道德修养与法律基础"和"形势与政策教育"两门课程为平台,从大学生心理接受角度对社会主义核心价值观教育进行积极探索,制定并且实施了《社会主义核心价值观教育课堂教学实施方案》。

一、教学目标和教学理念

(一)教学目标

根据大学生心理活动的规律和特点,用真理的力量感召、用人格的力量感染、用真挚的情感打动、用生动的形式吸引和激活大学生的心理接受意愿,培养和激发大学生的自觉能动性,引导其对自身的提升和超越,在此基础上促进社会主义核心价值体系内化成为主体自身的价值认同。

（二）教学理念

第一，从重"教"到重"导"，突出引导、指导、疏导、开导、劝导、督导在价值观引导中的作用，真正实现由"教师"到"导师"、由"经师"到"人师"的转换。

第二，从重课内到内外兼重，实现教育引导的全过程、全方位、多途径。

第三，从重"知"到知行并重，创造各种条件促使身体力行。

第四，从重多媒体技术到重人格魅力，彰显身教、德性和榜样力量。

第五，从重评价功能到重教育功能，将考试作为锻炼学生实际能力、提高学生分析能力和价值判断能力、培养团队协作能力的平台。

二、教学安排

教学安排上，我们紧紧围绕建立大学生社会主义核心价值观心理接受机制这个中心，以激活心理接受意愿为突破点，以突出课堂教学实效性为目的，力求有所创新。下面以"思想道德修养与法律基础"和"形势与政策"的课程教学安排为例加以说明。

表6-1 "形势与政策"的社会主义核心价值观课堂教学安排

理论课内容	第一讲	第二讲	第三讲	第四讲	第五讲	第六讲	第七讲
学时安排	2学时	2学时	2学时	2学时	2学时	2学时	2学时
具体内容	中美建交30年：开创未来的旅程	澳门：回归10年的回顾与展望	西藏民主改革50年	珍爱生命：甲型H1N1流感的蔓延与防控	建设新重庆	围绕宣扬五四精神和记念新中国辉煌60年开展主题班会	学生自选题目进行调查报告的汇报总结
授课方式	教师讲授为主	教师讲授为主	教师讲授为主	教师讲授为主	教师讲授为主	学生自己组织安排课堂情况，老师协助进行，并做总结评定	学生自己组织课堂讲解，老师协助进行，并做总结评定

续表

教学实践内容	推荐相关课外阅读资料	推荐相关课外阅读资料	推荐相关课外阅读资料	课后独立作业：应对突发事件应该具有的心态	学生做课后的调查，了解新重庆发展的方方面面	学生以小组形式课前做准备	学生以小组形式课前做详细的调查，并提交完整的调查报告

第二课堂活动
① 参加专家学者的大型报告会
② "学习践行核心价值观"主题团日活动
③ 参加"学生道德标兵"评选活动；听"学生事迹"报告会

表6-2 "思想道德修养与法律基础"的社会主义核心价值观课堂教学安排

教材章节	绪论	第一章	第二章	第三章	第四章
学时安排	2学时	2学时	4学时	6学时	4学时
具体内容	社会主义核心价值体系是什么，为什么要学习践行社会主义核心价值观	为什么要确立马克思主义的科学信仰，怎样树立中国特色社会主义共同理想	如何继承爱国传统、弘扬民族精神和时代精神	人生观、价值观基本理论	如何树立社会主义荣辱观
授课方式	教师讲授为主	教师讲授为主	教师讲授与学生讲课结合，以学生讲课为主	教师讲授、观看视频、课堂讨论结合	教师讲授与学生主题发言结合，以学生主题发言为主
实践教学内容	推荐阅读《社会主义核心价值观读本》《大学人文读本——人与自我》并交流读书心得体会	推荐学生课外阅读《毛泽东传》，观看纪录片《大国崛起》	① 学生分组查阅相关资料、制作课件、讲课；② 推荐阅读《大学人文读本——人与国家》	① 独立作业：我的人生经历及我的价值观。② 学生分组问卷调查。提交大学生核心价值观相关内容调查报告一份并进行课堂交流	课堂主题发言：大学生与荣辱观——从身边小事看大学生荣辱观
第二课堂活动	听专家学者有关核心价值观教育的大型报告会	听烈士后代的报告，观看当代英烈视频	组织参观白公馆渣滓洞、红岩村	参加"学习践行核心价值观"主题团日活动	参加"学生道德标兵"评选活动；参加"荣辱观"辩论赛

三、实验班与师资配备

（一）教学实验班选择

选定不同专业 11 个自然班共计 350 名学生作为教学实验班。经过充分的前期准备，在新生进校后先期进行 2—3 次团体心理拓展训练，再进行为期一学期的课内及课外教学实践，为从心理接受角度探索对大学生进行社会主义核心价值观教育的有效途径和方法收集原始资料。

（二）师资配备

1. 师资要求

教师是教学的主体，提高课程对学生的吸引力、激活学生社会主义核心价值观的心理接受意愿关键在教师。邓小平同志指出，"一个学校能不能为社会主义建设培养合格的人才，培养德智体全面发展、有社会主义觉悟的有文化的劳动者，关键在教师。"因此，在教师的选择上，我们要求担任主讲的教师必须以对社会主义核心价值观的自觉践行，率先垂范，具体做到以下几方面。

一是培养堪为人师的高尚品德。从小事严格要求开始，不迟到、不提前下课；课前认真备课，课堂上情绪饱满、用心讲课。

二是具有诚挚、博大无私的爱心。用实际行动真正关心爱护学生，积极帮助学生解决学习生活中的困难和问题，用真挚丰富的情感去感染、教育学生。

三是具有渊博的知识、灵动的智慧。教师不仅要具有扎实理论功底，还要具备不断学习的能力，能够不断更新自己的教育观念，不断地深化和拓宽理论知识，只有这样，才能更好地发挥对大学生的教育引导作用。

2. 师资选配

由学校首届最受学生欢迎的"十佳教师"获奖者，以及思想政治理论课各门课程教研室主任担任实验班的主讲教师。

四、教学特色

（一）采用多种方式激活课堂

熟练掌握运用现代化教学技术手段，根据不同教学内容的需要，采用多种模式激活课堂。第一，案例教育模式。案例教育是指利用能够体现一定的价值冲突的案例组织课堂教学，通过大学生自我甄别，从而使大学生将社会主义核心价值观有效内化。第二，情境教育模式。情境教育是指根据教育内容和要求，有计划、有目的地选择典型场景，使学生在典范的激励中，在感同身受中接受教育主体对价值观的传播。第三，双向互动教育模式。教师针对具体问题，采用贴近学生实际的、能为学生接受的启发式、参与式，通过教师主讲、课堂讨论、自学自讲、课堂辩论、学生主题发言交流等多种方式和手段，让课堂真正"活"起来，用生动的形式吸引人，多渠道、多途径影响学生的心理接受意愿，促进核心价值观的内化。

（二）加大教师课外对学生积极影响的力度

一是通过作业的方式了解学生在价值观方面存在的问题，针对学生个体的实际，主动与学生做"一对一"沟通与交流。

二是对"特殊"学生给予更多的关注。对家庭经济条件差、有自卑等心理障碍、学习成绩欠佳、不善于与人沟通交流等容易被忽视的学生以重点关注。

三是充分利用网络平台，拓展师生交流面。教师通过QQ空间、电子邮件等手段在网上给学生发帖，鼓励学生回帖交流，以实现更大范围沟通，让更多学生获益。

（三）开展假期社会实践

利用假期学生回家、旅行、打工的机会，在不增加学生经济负担的情况下，开展以暑期社会调查为主的社会实践。学生自主调查，了解社会，思考社会问题，撰写调查报告，在课堂上交流。

（四）第一课堂与第二课堂紧密结合

第一课堂与第二课堂紧密结合，促使学生主动积极参加丰富多彩的校园文化建设活动，旨在加强理论与实践相结合、知与行相结合，通过实践强化对社会主义核心价值体系的认知和认同，巩固心理接受的积极成果。

五、课程考核与教学督导

（一）课程考核

为建立大学生社会主义核心价值观教育的长效机制，充分发挥考试的积极导向作用，将发展性评价、生态性评价、形成性评价、动态性评价的理念贯穿对学生的考核过程中，始终坚持不仅把考试作为确定学生成绩的手段，更要努力挖掘和利用考试的激励、鼓舞、唤醒功能，使之为激活学生心理接受意愿、促进学生自觉学习、不断内化、积极践行社会主义核心价值观的教育目的服务。为此，课题组将"八个结合"贯穿于对学生考核的全过程：期末考核与平时考核相结合，一次考核与多次考核相结合，第一课堂与第二课堂相结合，考知识与考运用相结合，考理论与考实践相结合，考个人素质与考团队合作相结合，考过程与考结果相结合，教师评价与学生评价相结合。通过这"八个结合"，将考试搭建成为一个促进学生全面发展的平台，并通过多种方法和手段，多渠道、多层面、全面评价学生。

表 6-3 "形势与政策"的学生成绩评定权重表

成绩组成	平时成绩	期末考试	实践成绩	
形式	学生课堂发言讨论、独立作业	开卷考试	第二课堂（听讲座、参加各种演讲、朗诵、讲演、三下乡等）	学生调查报告
评分主体	任课教师与学生自评结合	任课教师	各社区学生管理者、辅导员	学生自评
在总成绩中的权重	20%	50%	20%	10%

表 6-4 "思想道德修养与法律基础"的学生成绩评定权重表

成绩组成	平时成绩	期末考试	第二课堂表现
形式	团队作业（讲课、调查报告形式）、独立作业、课堂参与度、出勤情况	开卷考试	听讲座、参加各种演讲、朗诵、比赛、参加志愿者活动等
评分主体	任课教师与学生自评结合	任课教师	各社区学生管理者、思想政治辅导员
在总成绩中的权重	30%	60%	10%

（二）教学督导

教学督导是为提高教学质量。对教学工作的监督和指导，它通过对教学活动全过程进行经常性的检查、督促、评价和指导，强化教学过程管理，确保正常的教学秩序，对教学质量的提升起着积极作用。

1. 专家督导

邀请学校教学督导组、德育与心理健康教育专家作为教学督导，通过听课为主、先导后督、动态监控、严格评估、提出建议等方式，深入教学第一线，巡查教学秩序，了解教学动态，掌握教学情况，对课堂教学进行监督指导。

2. 同行评估

通过同行之间相互听课的方式，开展同行间的教学评。

3. 学生评教

实验班学生利用学校教学质量网络评估平台，对任课教师的教学质量进行客观公正的评价，通过学生评教的方式，开展师生之间的交流沟通，使教学更贴近学生，促进教师改进教学，提高育人水平。

表6-5 "形势与政策"的学生实践成绩评定表

实施时间	整个学期的考察	第一、二周	十二、十三周
内容	第二课堂（听讲座、参加各种演讲、朗诵、讲演、三下乡等）	主题班会	关于社会主义核心价值观的调查报告
方式	与各社区学生管理者、辅导员达成一致	学生自己组织，以小组形式进行	以学生学习小组团队形式参与，提交报告并在课堂以学生学习小组的团队形式参与交流，每组发言时间10分钟
评分主体	各社区学生管理者、辅导员	任课教师与学生自评相结合	学生与教师共同评分
总成绩中的权重	10%	10%	10%

表6-6 "思想道德修养与法律基础"的学生平时成绩评定表

实施时间	第2周—第5周实施时间（3周时间完成）	第6周—第7周（1周时间完成）	第9周—第12周（4周时间完成）
内容	结合教材"继承爱国传统、弘扬民族精神"，学生讲课	结合教材"领悟人生真谛创造人生价值"，小论文、学习心得体会	以社会主义核心价值观为内容，对大学生进行调查
方式	以学生团队形式参与，每组讲课时间10分钟	学生独立作业	以学生团队形式参与，提交调查报告并课堂交流、展示
评分主体	组成学生评分组自评	任课教师	学生与教师共同评分
总成绩中的权重	10%	10%	10%

通过三个学期的课堂实践，对社会主义核心价值观教育进课堂的教学运行模式进行了有益的探索，取得了良好的效果。

首先在教学内容的安排上，课题组不仅选择直接体现社会主义核心价值体系的相关内容，而且将社会主义核心价值观所包含的理念融入到整个理论学习的全过程。其次，在教学手段上，由于改变了以往单一的灌输模式，采用了多种模式激活课堂，尤其是情境教育模式的使用，使学生在典范的激励中乐意接受教师对社会主义核心价值观的传播。在课堂上，学生一跃而成为教学主体，积极发言讨论，向教师质疑，整个课堂成为师生辩驳真理的空间和平台，对学生核心价值观的树立起到了重要的作用。再次，课题组对课堂的概念进行了比较广泛的延伸，不仅注重课堂内教学的运用，而且作为教学环节的有效补充，大力加强了教师在课后对学生积极影响的力度。通过课内课外全覆盖的方法，使教师的教育与引导"无处不在，无时不有"，实现了积极引导的大力度、全方位、全过程。

第七章 丰富团学活动，延展大学生社会主义核心价值观教育时空

第一节 意义阐释

党的十六届六中全会通过的《中共中央关于构建社会主义和谐社会若干重大问题的决定》深刻揭示了社会主义核心价值体系的内涵，明确提出了社会主义核心价值体系的基本内容。完成这一战略任务的关键就在于积极探索推进社会主义核心价值体系的实施方针，只有采取有力可行的措施、途径，推动社会主义核心价值体系从"高深"的理论形态向"操作性强"的实践形态转化，促使其真正成为全社会的普遍价值准则，自觉地内化为全体公民的价值追求、外化为其行为规范，才能切实有效地发挥社会主义核心价值体系的社会功能，增强社会主义意识形态的吸引力与凝聚力，实现"理论一经群众掌握，也会变成物质力量"的目标。高校团学活动是高校校园文化建设的重要载体，以其活动的多样性和丰富性、机制的灵活性等诸多特征吸引了大学生的广泛参与，已经成为我国推行素质教育的重要场所，亦为高校思想政治教育、构建大学生核心价值观教育创新模式提供了有益的探索途径。

团学活动是相对于第一课堂而言的。笼统地讲，高校第一课堂主要指按照教学大纲、围绕指定教材，在规定的教学时间（学时）内进行的教育教学活动，它由课堂教学、教学实验、实习、设计等构成；而团学活动则是大学生参与的第一课堂之外的一切教育活动，主要包括课外实验、课外文娱活动、大学生青年志愿者行动等。依托团学活动构建大学生核心价值观教育模式是提高大学生对核心价值观价值认同的战略需要，是改进高校思想政治教育工作的现实需要，是进一步发挥团学活动教育功能的客观需要。

一、提高大学生对社会主义核心价值观价值认同的战略需要

现阶段，在面临改革发展新格局的关键时期，我国经济体制改革、社会建设日益进入"深水区"，一系列挑战也随之而来。如社会思潮多元化、利益格局复杂化这些问题的存在导致了人们价值标准的异化，价值选择的迷茫，削弱了作为核心地位的社会主义价值观。

价值观作为确定人与世界的价值关系的尺度、作为人的实践活动和认识活动的向导、作为人们社会生活和道德选择的依据，其离散、混乱、冲突和失序，会造成一个社会的人们出现理想丢失、信仰动摇、道德失范、价值取向困惑等状态。因此，任何社会都极其重视对其成员进行价值观的教育。而每个既定的社会都有其基本的价值观，其中的一些价值观为大多数社会成员所公认，对社会成员的行为起着主导作用，这就是核心价值观，它反映着该社会所提倡的主流意识形态。

价值认同即是指价值主体不断改变自身价值结构以顺应社会价值规范的过程，它体现出社会成员对社会价值规范的一种自觉接受、自觉遵循的态度。价值认同主体具有自主性的特点，它是人的主体地位的体现，表明每个人都有自主意识、独特个性，具备一定的自主活动能力：认识—选择和实践—创造的能力。价值作为主体所选定、假设或期待、追求的目标，是一种主体选择和力图实现的某种可能性，是一种动态的过程，这就是价值认同的过程性特点。一方面，价值是对未来理想和目标的一种期盼和追求，它通常是表现为主体在多种可能性中所作的某种价值选择。但是，由于每一个人年龄、性别、生活环境、生存状态等客观条件以及思想意识、性格气质等主观条件的不同，对于价值观的认同也就截然不同，因而此过程并不是一劳永逸的，相反，它经常会经历从部分认同到完全认同的循序渐进的过程性。因此，依托课外团学活动，构建大学生核心价值观接受机制，重点在于加强接受主体对接受客体的价值认同，并上升到战略高度，将这一过程动态化、持续化、长期化。

（一）创新活动内容，增强核心价值观认知认同

认知是指人们获得知识或应用知识或信息的过程，是人的最基本的心理过程，包括感觉、知觉、记忆、想象、思维和语言等。所谓认知认同就

是指人们在对价值观、价值体系感性认知的基础上，完成的理性认同。在团学活动中，通过设计活动方案，规定活动主题，把社会主义的共同理想、民族精神、爱国精神、荣辱观等内容融入到每一次主题团学活动中，强化接受主体对核心价值观的认知。首先，认同主体将价值观内容的主体纳入到自己的认知范围，但对它的正确性和必要性不一定认可，甚至还会怀疑。然后认同主体在认知基础上对价值观表示承认、认可和赞同。衡量它的指针是认同主体对价值观的意义、地位、作用和要求的"知晓度"和"热知度"。认知认同并不是一次性完成的，对同一内容的传达要在不同的时间内多次反复进行，从而使认同主体获得对该内容所涵盖知识的全面而深入的理解，并达到熟知的程度，进而实现认知认同。

（二）创新活动方式，强化核心价值观情感认同

情感是指人在对事物的属性、特征及其关系等形成认识的同时所产生的对该事物满意与不满意、喜爱与厌恶、肯定与否定等一系列的态度。情感认同就是指在对一事物有了深刻全面的了解之基础上，在情感上对其产生的满意、喜爱以及肯定的态度。它在认知的基础上产生，源于对事物真切、深刻的了解。它是伴随着认知而产生和发展的，同时又推动着认知认同的深化并促进价值认同的发展。情感作为认同主体所固有的非理性因素之一，渗透于价值认同的全过程。从认同的选择，到客体信息的分析、加工、综合等，整个认同过程无不受到情感因素的影响，而且，认同主体的情感具有自身的复杂性和不稳定性，容易受到外在导向的影响。在团学活动中，情感无处不在，它对是否认同、认同的广度和深度发生影响，对认同活动起到调控作用。一般而言，认同主体对于能够引起其产生肯定性情绪反映的信息比较容易认同，也就容易取得良好的效果。而且，认同主体的情感状态也制约着情感认同。当认同主体处于积极的情感状态时，他往往对认同客体的感知取向、理解向度带有肯定性情感的痕迹，从而能促进价值认同。课题组充分利用具有重大纪念意义的节日，创新团学活动方式，注重烘托红色氛围，调动接受主体的积极情感，以便从情感上增强其对核心价值观的认同。如在实验班进行的"五四歌咏比赛"中，现场的格调突出"红色"，选手的服装以红军军服为主，辅以臂章、党徽，一面面党旗、国旗迎风招展，让在场观众置身于一片红色的海洋中，其激昂的情绪得以

迸发，注意力自然被舞台上的主旋律所吸引，所欲弘扬和突出的内容无形中入其脑、入其心。在"讲故事"主题日团学活动中，开场时全体起立高唱国歌，已经为活动定下了格调，随着选手们绘声绘色的讲演、抑扬顿挫的语调，辅以情节跌宕起伏的短片，接受主体的情绪逐渐被提升起来，引人入胜的情节引导着接受主体去追寻小故事里的大道理。这样的情感体验自然而然地加深了社会主义核心价值观教育效果的持久性。

二、改进高校思想政治教育工作的现实需要

发展社会主义事业，夺取全面建设小康社会建设的宏伟目标，关键在于培养一大批又红又专的人才。人才的培养是一项长期而艰巨的任务，高校则肩负着这项光荣而神圣的使命。坚持社会主义办学方针，继续推动高校教育教学改革，稳妥推进素质教育，扎实开展高校第二课堂，举行内涵丰富的课外团学活动，是新时期高校人才培养模式的突破口与着力点。

任何一种教育模式，只有真正做到理论与实际相结合，富有时代性，切实贴近现实生活，"亲近"教育对象，并能回答和解决受众在现实世界中遇到的种种问题，才能够发挥实际功效，为人接受。长期以来，我国高校在大学生思想政治教育工作方面发挥了很大作用，对大学生核心价值观的教育更是取得了瞩目成绩，造就了社会主义事业需要的又红又专的人才。但目前高校在主导价值观教育方面存在诸多问题，难以适应新时期的新形势。突出表现以下几个方面。首先，内容分散、重复、更新慢。长期以来，高校"两课"着重强调"世界观、人生观、价值观"，但对于这三者的联系与区别仅仅停留在学理层面，对于大学生急需解决的价值观问题，"两课"则各有所述，略有交叉，但着力不够，兼有重复。缺乏时代性与针对性，脱离了大学生的生活实际和自身成长过程中遇到的问题。而对于新时期党的最新理论成果则没有及时补充到课堂教学，也就未能及时地解决、疏导、调控大学生在内心深处和外在行为上遭遇到的价值困惑与价值冲突。其次，教育方法单一、死板，评价体系僵化。传统的思想政治教育模式下，大学生思想素质的培养一直是"灌输式"的，具体到教学方法上则沿袭"说教式""权威式"等固定模式——教师成为学习过程的主体，学生则扮演"被接受者"的角色，"满堂灌、机械讲、被动听"，结果自然导致"台上口干舌燥，台下心情烦躁"的尴尬局面。而且，对于教育效果的评价、学生学

习状况的考核基本采取"标准答案"式的单一标准，符合学生特点、灵活多变、更具操作性的评价体系尚未建立，这就造成了学生的思想行为和价值取向与教育初衷背道而驰，"只进耳，未进脑、进心"。

高校团学活动，以其内容丰富、形式多样的课外活动，可以充分调动大学生参与的热情，激发其学习兴趣，开拓其创新能力，使之得到全面、协调发展。依托课外团学活动，构建大学生核心价值观教育接受机制，可以有力避免传统思想政治教育模式的不足。课外团学活动在内容形式上不拘一格、因时因地制宜，形散而神不散；秉承寓教于乐、贵在参与的原则，实践出真知；契合大学生的生理与心理特点，容易博得他们的同感，引起他们的共鸣，触及他们的内心深处，在潜移默化中完成教育任务。

三、进一步发挥团学活动教育功能的客观需要

依托课外团学活动，构建大学生核心价值观教育创新模式，能够进一步发挥团学活动的教育功能。

其一，能引导大学生树立切合时代要求的主流价值观。伴随着我国社会经济体制改革不断深入与完善，以往那种以计划经济体制为基础、全民高度一致的社会主义价值观已被打破，而代表改革开放新时期时代特征的价值观尚未完全深入人心，在汹涌的市场经济大潮冲击下，社会思潮日趋多元化、复杂化，出现了各种不同的价值体系和评判标准彼此并存、鱼龙混杂的局面。为此，引导当代大学生树立切合时代要求的正确的价值观，就成为高校思想政治教育的当务之急。依托课外团学活动，构建大学生核心价值观教育接收机制，能够形成高尚的文化氛围、健康的精神生活环境，而使其参与主体无形中在思想观念、价值取向、行为方式、心理素质等方面产生价值认同，进而实现其精神、性格、心灵的塑造。一经认同的核心价值观往往就是一股强大的精神力量，对大学生的思想状态、行为方式起着规范性作用。在特定的校园环境下，它也会对身边的其他成员产生共鸣，经它肯定、宣扬的事物、行为，也将为大多数学生所推崇、追求；反之，为它否定、摒弃的，也终为大家所不齿。长期在这种正确的、积极的价值导向、舆论导向的熏陶、浸染下，大学生自然就会形成打上时代烙印的社会主义核心价值观。

其二，可以规范大学生的价值取向。校园文化活动的开展既需要智力

支持，又需要纪律约束，如长期形成的校纪、校规、校训、校风、学风等。而作为大学生自我参与、自我发展、自我管理的课外团学活动，就更需要全体成员共同创造和认可并自觉遵守的一定的纪律、准则去约束。在这些活动中形成的良性制度文化对大学生具有较强的约束力，规范其思想、行为，自觉抵制不良思潮、行为，督促其向好的、美的方向转变，不断提高其思想觉悟、道德水准。通过这种具有强制性的规章制度，使大学生知道应该做什么、什么应该做、什么不能做，化错误行为为正确行为，并养成习惯，内化为自觉要求。而这些带有硬性约束力的制度就是为了弘扬课外团学活动的初衷即遵纪守法、明礼诚信、团结进取、开拓创新等价值取向。这些价值取向具有无形的软约束力，"能使理想信念、价值观以及学校精神在大学生的心灵深处形成一种心理定势，构造出一种响应机制，当外部诱导信号发生时，就发出积极的响应，并迅速转化为预期的行为"。

其三，可以培养大学生正确的审美观念和健康的心理素质。丰富多彩的课外团学活动在陶冶大学生健康人格和高尚灵魂方面具有独特功能，它借助校园环境、文化氛围、活动设施等，以具体而生动的形象影响和教育大学生，引导其树立正确的审美观念、崇高的审美理想和健康优雅的审美情趣，促使其形成优良的个性品质和积极的心理特质。发现美、欣赏美可以消除人脑的紧张和疲劳状态，可以宣泄感情、疏导情绪、排解压抑，平衡心理压力，利于达到寓教于乐、乐于好学的效果。

其四，利于营造和谐的思想政治环境，促进大学生成长。构建大学生核心价值观教育接受机制，就是为了增强高校思想政治教育的吸引力、感染力、渗透力。课外团学活动作为思想政治教育的重要载体，在这方面发挥着独到的作用。课外团学活动以其直观易懂、具体生动、影响持久等特点，能创新思想政治教育的内容、方法，变深奥、枯燥的理论灌输模式为大家乐于接受、富有活力的自觉学习形式，使大家在潜移默化中受到熏陶、教育，提升自己的思想道德素质、人文素质、专业知识水平及心理素质，这种"润物细无声"的环境十分利于身在其中的大学生接受教育，成长成才。环境，是人类主体的活动赖以运行的自然条件、社会条件及文化条件的总和。它由实践主体——人创造，反过来又制约着人的实践活动。良好的环境以其独特的特征潜移默化地感染人、熏陶人、塑造人，发挥着强大的感召、促进和约束功能。团学活动想要充分发挥思想政治教育功能，离不开和谐的环境。依托课外团学活动，积极探索大学生社会主义核心价值观教育模式，利于从物质、精神层面去营造和谐、融洽的校园环境。通过具体活动方案的组织、实施，活动现场的设计、布置，活动内容的创新、完善，可以为大学生提供精彩纷呈、陶醉于斯的审美体验与享受，亦能营造格调高雅、景色宜人的校园环境，而这些良好的氛围能够陶冶大学生的品性、净化其心灵，使其保持乐观向上、积极主动的学习状态和健康的心理状态，从而激励他们刻苦钻研、奋发进取，成长成才。

第二节 可行性分析

大学生社会主义核心价值观教育模式主要由接受主体（受教育者）、接受中介（连接受教育者与教育信息的复杂系统）和接受客体（教育信息）三部分组成。它是在实施大学生社会主义核心价值观教育活动时，接受主体和接受客体在接受中介的作用下的接受机制运行过程中，所呈现出的心理变化、情感体验和价值认同的特点、规律，同时通过考评机制和信息反馈两个环节共同构成一个系统性的运行机制。因此，可分别从构成大学生社会主义核心价值观教育模式的接受主体、接受中介和接受客体三方面特征对，丰富课外团学活动，延伸大学生核心价值观教育时空的可行性进行分析。

一、团学活动的内容丰富性、模式灵活性符合接受主体的心理特征

相对于高校第一课堂而言，课外团学活动在内容设定、机制构建方面具有丰富性、灵活性的特点，这与新时期大学生的心理特征非常契合，利于接受主体对核心价值观教育的价值认同。

在当今这个提倡素质教育的时代，课外团学活动已成为"丰富学生课余生活，拓展学生综合素质"的重要载体，其具有课堂教学无法替代的价值正日益凸显。第一，内容丰富性。本课题组设计的以"唱红歌""读经典""讲故事""传箴言"为主要载体构建的大学生核心价值观教育接受机制，内容涵盖了政治、历史、文学、艺术等各方面的知识，贯穿于接受主体的世界观、人生观、价值观教育的全过程。同时，在接受机制运行过程中始

终坚持积极引导，接受主体自愿参与、自我管理，参与者可以根据活动的具体内容结合自己的兴趣爱好选择参加，其主体性得到充分展示，个性得到充分发展，也就符合其心理特征。

在改革开放大潮中成长起来的大学生，其现阶段的心理处于迅速走向成熟，但又未完全真正成熟阶段。由于信息渠道的急速拓宽，接触新鲜事物的频率加快，他们具有以下特征：观察力显著提升，逻辑思维能力逐渐提高，情感日益丰富、充满激情，自我适应感增强、社会性发展加快。同时，亦具有感情脆弱、意志薄弱、依赖性强等缺陷。这些特征就需要团学活动，一方面在内容上具有针对性、吸引力，易于接受主体学习、体验；另一方面在教育过程中符合接受主体的心理特征，借助接受中介达到接受主体与客体之间"无缝对接"。如在"践行社会主义核心价值观主题团日"活动中，针对高校校园中一些学生贪图享受、不思进取、缺乏吃苦精神等陋习，我们组织主题班会，通过阅读、讨论《钢铁是怎样炼成的》《假如给我三天光明》等书的主题思想，引导学生追寻人生的意义、告诫其珍惜大学时光。真理越辩越明，智慧在交锋中闪现。以贴近学生生活实际的案例为借鉴，用社会主义核心价值观去指导学生解决他们思想上的困惑、疑惑，增强社会主义核心价值观的说服力、吸引力，其效果自然事半功倍。事实证明，"红色理想与信念"是永远不变的主旋律，但宣传方式必须与时俱进，符合不同受众差异性的心理特征。

二、团学活动的参与广泛性、效益深广性利于接受主体产生行为认同

课外团学活动以其丰富的内容、灵活的机制广泛吸引大学生主动参与其中，具有接受主体参与广泛性、接受客体效益深广性的显著特点。它因时因地制宜，可以突破班级、专业、年级甚至学历水平的界限，在同一价值目标下集合接受主体于同一个活动群体中，进行价值观念、思维方式和行为方式的交流、互动，实现文理渗透、理论与实践相结合。活动时间可长可短，可以是一次性的，也可以是周期性的。地点不局限于校内，可以走出校门，融入社会，这就使得活动在结构、内容、形式和体系等方面能及时同外界进行信息交换而保持动态性，寓思想教育、观察分析、拓展思

维于其中,保证教育效果的持续有效性。

　　构建大学生核心价值观教育模式过程中,基于认知认同和情感认同的基础,接受主体无论在理智上还是在情感上都产生了价值认同,并内化为自己的价值准则和行为规范,进而指导自己的活动,形成行为认同。行为认同是价值认同的最高境界,也是其最终指向。所以,社会主义核心价值观教育价值认同的建构并不是要从外界强加给接受主体一套绝对高尚的价值体系,而是通过基本的社会共同价值要求供给,在向接受主体提供合理的社会价值要求的同时,使"自我"在日常经验生活中逐步实现"自我"(认同主体即接受主体)追求与"他者"(认同客体即接受客体)要求的内在统一和有机和谐。在价值认同过程中,如果离开相应的行为,那么认知认同、情感认同也就失去了坚实的着力点,不具有任何实质性的作用和意义。一般来说,衡量行为认同的指针仅用"知晓度""理解度""赞同度""支持度"是不够的,应该再加上"思想行为吻合度"和"行动贯彻度",因为认同要以观念的形态出现,最终还要通过行为认同活动实现自身。这就要求,社会主义核心价值观教育模式在运行过程中,要注重活动效果的测评,及时处理反馈信息,以便改进活动方案,力求活动效益的深广性,形成良性循环。

　　从本课题组收集的情况来看,各实验班通过"我爱我的祖国·庆祝中华人民共和国成立六十八周年年征文比赛""红岩英烈诗歌朗颂会""学习·践行社会主义核心价值观箴言创建活动""学习·践行社会主义核心价值观主题团日活动设计大赛""参观重庆市爱国主义教育基地""学习十九大　共话中国梦"主题宣讲和座谈交流、"我的中国梦·我的梦"演讲比赛、"中国梦　中华情"征文大赛、"美丽中国·慢递梦想"中国梦寄语征集活动、"群众路线与青年责任"主题团日活动等实验方案的学习、体会、总结,对于社会主义共同理想与信念、社会主义荣辱观、爱国主义精神和时代精神等核心价值观的内容经历了从"没有深刻印象"到"似懂非懂"再到"感知认同"的一个明显升华的过程。如在参观白公馆、渣滓洞等爱国主义教育基地活动中,英雄们的高尚形象和革命奉献精神通过一件件珍贵历史文物,一件件荡气回肠的英雄故事烘托出来,身临其境的体验触动了接受主体内心丰富的情愫,抓住了其注意力,特定的接受环境容易引起其情感共鸣,"爱党爱国爱人民""奉献精神"等活动主题也就获得接受主体的情感认同,伴随着活动后期的继续教育,此价值认同逐渐内化为其行为认同。

第三节　第二课堂创新模式的实践

创新高校第二课堂，依托课外团学活动，探索大学生社会主义核心价值观教育模式构建途径，不仅要在大的方向上把握高校思想政治教育工作的重要原则，更要利用好丰富的地域资源，借用地方的传统文化资源，加以创新、发扬，突出地方文化特色。

在重庆交通大学开展的"吟经典、感历史、展未来"活动，对于我们依托课外团学活动，探索大学生社会主义核心价值观教育模式构建途径，在大学生中间形成奋发向上、团结和睦的精神力量具有重大指导意义。"吟经典、感历史、展未来"，从宏观上讲，是社会主义核心价值观"外化于形"的融入过程，从微观上说，是社会主义核心价值观"内化于心"的深入过程。

一、方案实施

（一）吟经典——塑造人生

俗话有言："经典塑造人生"。红色经典更是如此，它于社会而言，丰富了社会主义精神文明，使社会主义精神文明的"大观园"更加生机勃勃；于个人而言，给人以精神上的愉悦，通过营造红色经典的思想氛围来感染个体向红色经典靠拢。中华优秀传统文化博大精深、浩如烟海。面对培育和践行社会主义核心价值观的新形势、新要求，诵读什么样的经典，用先人传承下来的价值理念和道德规范，来以文化人、以文育人，是我们首先要思考的问题。

中华民族的传统节日文化，是中华传统文化的精髓，凝聚着中华民族的共同精神追求，蕴含着丰富的思想道德资源。课题组抓住每一个传统节日的文化特点，精选诵读篇目，在全市集中开展诵读活动，践行传统美德，引导广大群众长中国人的根，铸中国人的魂。在春节、元宵节期间，突出辞旧迎新、幸福平安、家国兴旺的主题，组织开展经典诵读活动，增强家国情怀。在清明节期间，突出纪念先人、缅怀先烈的主题，组织开展经典诵读活动，继承先烈遗志，实现国家富强、民族振兴的伟大中国梦。在端午节期间，突出热爱祖国、求索创新的主题，组织开展经典诵读活动，加强爱国主义教育。在中秋节期间，突出团结团圆、喜庆丰收的主题，组织开展吟诵中秋经典诵读活动，增强团结友善、勤劳节俭的意识。在重阳节期间，突出尊老敬老、孝老爱亲的主题，组织开展诵读活动，传播孝道文化，引导感念父母的养育之恩、感念师长的关爱之情，养成孝顺父母、尊敬师长、敬老助老的良好品质。通过围绕传统节日文化，开展经典诵读活动，引导认知传统、尊重传统、弘扬传统，增进爱党、爱国、爱社会主义情感。

（二）感历史——洗涤心灵

历史是最好的教科书、清醒剂，能给后人以启迪和智慧。抗战纪念是涵养社会主义核心价值观的重要载体，在选择涵养社会主义核心价值观的契机和载体时，不能忽视抗战纪念的作用；抗战纪念应结合涵养社会主义核心价值观来进行，将社会主义核心价值观的涵养融入抗战纪念之中，以彰显抗战纪念的价值与功能。抗战精神是中华民族的宝贵精神财富。在实现中华民族伟大复兴的路上，尤其需要从抗战精神中汲取力量，这就需要弘扬抗战精神，做好与时代精神的融合；而社会主义核心价值观，正是时代精神的高度浓缩和凝结。从抗战精神到社会主义核心价值观，形成的时间虽然不同，但所包含的精神实质是一脉相承的。无论是国家层面富强、民主、文明、和谐的价值目标，还是社会层面自由、平等、公正、法治的价值取向，以及公民个人层面爱国、敬业、诚信、友善的价值准则，都是基于历史经验教训以及现实的实践而来。

学校是对青少年进行教育的重要场所，我们把爱国主义教育贯穿到教学、育人全过程中去，重庆交通大学作为以理工见长的大学，大学生的人文素养，一直是本课题组关注的重点。为了在纪念抗战中感受爱国主义、社会主义核心价值观的教育，也同贺建军90周年，本课题组在重庆交通大学进行了一次《建军大业》电影的公开放映，并在放映后开展了一次"我与社会主义核心价值观"的观后感征文活动。

这部电影的意义，一是回顾动荡的战争年代，向那个时代的英雄们致意，为当代人民能够在时局恶劣的年代里，创建一支属于自己军队致敬；二是生在和平年代下的大众应该永记战争的痛，铭记老一辈革命党人付诸的一切，心怀感恩，珍惜现在的幸福生活。

当代的青年，出生在和平年代之下，很难感受到在那个战争年代下抛头颅、洒热血的壮烈，很难感受到革命先辈们勇于奉献、牺牲的使命感，而青年是民族与国家的希望，忘记历史就意味着背叛，对其个人成长也是一种缺失。通过影片，学生们体会到中国共产党的艰辛岁月，抱持着感恩的心，尊重历史，缅怀为了革命事业献出生命的先烈，感谢先烈们为国家付出的一切。除此之外，这部影片讲述的少年军人的故事，也使正值青春、生于和平年代之下的当代大学生，在感恩之余，用自己的方式、自己的力量，为国家和社会做出贡献才是正确的做法。强军梦支撑着中国梦，而梦的征程映射在我们每个中国人身上，年轻是希望，青春是力量，共同创建和谐社会，一起完成中国梦。

一部一百三十三分钟的电影，跌宕起伏的故事，炮火轰鸣、硝烟四起的战争场面，血溅四方、动人心魄的历史，它不是别人家的故事，而是我们不该忘记的曾经。中华民族伟大复兴，是几代中国人为之奋斗的梦想。

（三）展未来——放飞梦想

伴随"十九大"的顺利召开，本课题组也与时俱进地顺应时事开展团学活动。在重庆交通大学抽取一个年级学生赴红岩革命纪念馆参观学习"培育和践行社会主义核心价值观"书画作品展。

岁月飘逝，荡涤着人生无数可歌可泣的故事。那久违的历史似乎又在眼前重映，一幕幕，一桩桩，打动人的肺腑，震撼着人们的心灵。先烈的事迹给徘徊在人生十字路口的人们以当头棒喝。在炮火连天的岁月里，在中外反动敌人联合的绞杀下，中国人民生活在水深火热中。为了挽救民族危机，涌现出了许许多多的仁人志士。他们在不同的地方以不同的方式进行着斗争。苟利国家生死以，岂因祸福避趋之。

红岩精神是烈士对共产主义信念执著追求的高度概括；是先烈坚持真理改造社会的伟大实践；是为人民无私奉献的真实写照；是改革开放、发展建设过程中不可或缺的精神支柱；是社会主义精神文明的伟大瑰宝。今天我们应感先烈之功业，励后人之壮举。为祖国建设贡献自己的力量甚至生命。

革命烈士的精神是我们新时期建设社会主义必不可少的一种精神支

柱，他们对于共产主义信念的执著追求，对于真理的无悔坚持，对于党的秘密的严格保守，对于艰难困境的坦然面对，对于献身祖国和人民的大无畏气概，都值得我们去学习和继承。

立足当前，从我做起，把实现共产主义的明天同今天的努力与踏实结合起来，我们的青年党员应当立足于自己实际的本职工作，以主人翁的身份意识，为国家强盛，为民族兴旺竭诚以赴。沧海桑田，风雨坎坷，伟大的祖国历尽磨难。当代青年肩负着跨世纪的历史使命，要继承和发扬先行者留给我们不怕困难，开拓前进的大无畏精神。少年兴则国兴，少年强则国强。要适应时代发展的要求，正确认识祖国的历史与未来，热爱祖国的大好河山。

（四）勤反思——克己自励

以富强、民主、文明、和谐，自由、平等、公正、法治、爱国、敬业、诚信、友善为核心的社会主义核心价值观是社会主义核心价值体系的内核，体现了社会主义核心价值体系的根本性质和基本特征，反映了社会主义核心价值体系的丰富内涵和实践要求，是社会主义核心价值体系的高度凝练和集中表达。因此，作为未来国家和社会栋梁之才的大学生应该积极践行社会主义核心价值观，把它作为生活和工作的准则，做一个对国家和社会有贡献的人。

践行核心价值观呼唤"莫若实干，心动不如行动"。课题组大力宣传推广典型，认真组织开展"向先进学什么、比先进差什么、学先进做什么"活动，用先进模范精神诠释核心价值观，用先进事迹弘扬核心价值观。以党的群众路线教育实践活动为契机，深入挖掘尽职尽责、默默奉献的先进人物和典型事例，除了要自觉践行核心价值观，更要带头做良好道德风尚的建设者，做社会文明进步的推动者。树立正确的人生观、价值观，自觉改造世界观，加强党性锤炼、人格修炼，做到自警、自省、自励，慎独、慎权、慎微，用模范言行和人格力量引领社会风气，促进社会形成讲道德、重修养、尚廉洁的良好氛围。

社会主义核心价值观教育必须以马克思主义为指导，必须坚定中国特色社会主义共同理想，要大力弘扬爱国主义的民族精神和改革创新的时代精神，还要牢固树立以"八荣八耻"为核心的社会主义荣辱观。

宣传要有创新。以理念创新和手段创新为切入点，做到善于运用现代科技手段宣传和引导主流舆论。要主动占领网络这一群众舆论新阵地，使核心价值观的传播更好地体现时代性、更能把握规律性、更加富于创造性。在活动中升华理想，传递梦想正能量。重庆交通大学利用网络这一新型载体在网络上开展"社会主义核心价值观网络知识竞赛"。本次活动采取微信平台、互联网平台进行题目发布与答题，参赛者可根据自身实际情况，选择在微信平台或网站任意一个入口参赛答题。

通过此次活动，不仅成功给予了学生们积极的鼓励，增强了学生们的社会责任感，与此同时，活动也提高了他们投身实践、自主解决问题的能力，增强了他们的社会责任感和归属感，并在弘扬社会主义核心价值观的道路上，迈出了自己的一步。同时也展现出积极向上的良好风貌和坚定信念、与党同行的优秀品质。此次活动不仅增强了学生们对社会主义核心价值观的理解与认识，也让他们自觉培养自己的思想道德修养，提高个人素质，更好地践行社会主义核心价值观。

（五）观实效——用生动的事实教育人

"理论联系实际""从群众中来到群众中去""实践是检验真理的唯一标准"等作风一直是共产党人的优秀传统。伟大的理论只有经受时间的检验，才会形成推动社会进步的力量。为了增强"吟经典、感历史、展未来"的教育意义，课题组凭借重庆交通大学丰富的红色教育资源，利用重大纪念日的机会，如"清明节""五四青年节""建党节""建军节"，组织学生前往重庆交通大学爱国主义教育基地参观。通过实地参观，在庄严肃穆的氛围下回顾国史、党史，用壮丽史诗般的英雄事迹去教育、感染每一位大学生。爱国英雄、仁人志士们的奋斗历程、奉献精神等优秀品质深深地震撼着每一位参观者的灵魂，引领他们珍惜光阴，志存高远，开拓进取，为实现中华民族的伟大复兴而奋斗不息。又如，在开展"青春倡廉"活动中，一批批大学生先后参观了重庆交通大学廉政教育基地，看着那一张张发人深省的照片，听着解说员精彩的解说，学生们心情久久不能平静，大家都在沉默中认真思考着"清正廉洁""克己奉公""执政为民""为人民服务"的真正含义。一位同学在观后感中这样写道："抗战以来的勤廉典型，焦裕禄等时代先锋，在重庆市各岗位上为民奉献的先进典型等等。一幅幅动人的画面、一段段感人的故事所折射出的时代精神深深打动了我们。而与之形成强烈反差的另一面，是一幅幅花天酒地的画面、一张张醉生梦死的面孔、一双双污秽肮脏的黑手，以及短片中沦为阶下囚的贪官发出的悔恨之声。事实证明，理想和信念永远不能动摇，丧失了信念就意味着背叛。丧失信念意味着蜕化变质滑向腐败的开始。理想信念的动摇是最可怕的。理想信念是共产党人的安身立命之本，是共产党人的灵魂。在改革开放和发展社会主义市场经济条件下，只有牢固树立马克思主义的世界观、人生观、价值观，才能认清人生真正的价值所在，并为之奋斗终生。我们的党员，必须自觉用共产党员的道德来规范自己的行动，防微杜渐，干净做人、干净做事。做到自重、自省、自警、自律。要求别人做到的，自己首先做到；禁止别人去做的，自己坚决不做。真正做到以身作责，严于律己，克己奉公，埋头苦干，抵制诱惑，拒腐防变，无怨无悔地为党的事业无私奉献。反腐倡廉，让我们参与其中，从自身做起，从细节做起，为祖国为人民担起这份责任。"此次参观活动，通过古往今来、国内国外两袖清风、严于律己的好公仆和腐化堕落、醉生梦死的贪官之间的强烈反差对比，使大家切实感受到了"清正廉洁是大智慧"的深邃哲理，亦为大家的信仰追求、人生理想树了一面镜子。

为深入学习宣传贯彻党的十九大精神，引导广大学生为实现国家富强、民族复兴、人民幸福的伟大"中国梦"而发奋学习、不懈奋斗，围绕立德树人根本任务，课题组组织开展了丰富多彩的"我的中国梦·我的梦"主题教育活动。在实验班开展了"学习十九大 共话中国梦"主题宣讲和座谈交流、"我的中国梦·我的梦"演讲比赛、"中国梦 中华情"征文大赛、"美丽中国·慢递梦想"中国梦寄语征集活动、"群众路线与青年责任"主题团日活动等多种形式多样的团学活动。通过开展"踏寻历史足迹、缅怀一代伟人"主题实践活动，通过参观重庆交通大学爱国主义教育基地，接受深刻的爱国主义教育，缅怀老一辈无产阶级革命家的丰功伟绩和革命先烈的英雄事迹，增强同学们的历史责任感和使命感，激发同学们的爱国热情和为实现中华民族伟大复兴这一梦想而奋勇前行的斗志。同时课题组充分利用报纸刊物、网络、广播等媒体，通过时事评论、热点解析、读书体会等形式，深化广大团员和青年学生对"中国梦"的认识，激发他们对实现中华民族伟大复兴的动力与热情。迅速掀起了"中国梦"校园文化热潮，引导广大学生更加坚定理想信念，让学生们深刻地懂得了只有脚踏实地刻苦学习、积极投身实践，将个人理想与民族振兴紧密相连，才能让青春在时代进步中焕发出绚丽光彩。

二、方案管理

课题组为了保证构建大学生社会主义核心价值观教育方案的顺利运行，制定了完善的长效管理机制。

（一）指导思想

活跃教学形式，丰富教学内容，注重学生能力培养，通过"寓教于乐"促进知行并重——知行统一的实现，提高大学生社会主义核心价值观教育的实效性。

（二）活动原则

1. 多样性原则：活动内容形式多样，让学生有选择、有机会，有展示自己的平台。
2. 实效性原则：因地制宜、因时制宜，根据学校实际情况开展活动。
3. 寓教于乐原则：让学生在活动中体会快乐，在快乐中体会成长的感觉。

（三）组织机构

为了实施方案正常有序、规范的运行，课题组组建了由相关学院分管学生工作的党总支副书记任组长、学生社区分团委书记任副组长、学生社区主要团学干部任联络员的管理机构。

（四）项目设置

1. "我爱我的祖国"庆祝建国六十八周年征文比赛
2. 参观重庆交通大学爱国主义教育基地
3. "学习·践行社会主义核心价值观主题团日活动"设计大赛
4. "学习·践行社会主义核心价值观"箴言创建活动
5. 红岩英烈诗歌朗颂会
6. "学习十九大 共话中国梦"主题宣讲和座谈交流

7. "我的中国梦·我的梦"演讲比赛

8. "中国梦 中华情"征文大赛

9. "美丽中国·慢递梦想"中国梦寄语征集活动

10. "群众路线与青年责任"主题团日活动

(五)活动要求

1. 辅导教师对实验班的第二课堂团学活动要做到长计划、短安排,要提前写出活动计划,使活动有计划、有目的、有步骤地进行。

2. 辅导教师应本着学中有乐、乐中求学、学有特长的思想,讲求活动实效。

3. 辅导教师要坚持育人与活动相结合,课内与课外相结合,普及与提高相结合。

4. 辅导教师要坚持面向全体学生、因材施教、分类指导的原则。使学生的实践技能,从低到高,循序渐进,逐步提高。

(六)活动内容

序号	活动内容
1	"我爱我的祖国"庆祝建国六十八周年征文比赛
2	参观重庆交通大学爱国主义教育基地
3	"学习·践行社会主义核心价值观主题团日活动"设计大赛
4	"学习·践行社会主义核心价值观"箴言创建活动
5	红岩英烈诗歌朗颂会
6	"学习十九大 共话中国梦"主题宣讲和座谈交流
7	"青春践行中国梦"演讲比赛
8	"中国梦 中华情"征文大赛
9	"美丽中国·慢递梦想"中国梦寄语征集活动
10	"群众路线与青年责任"主题团日活动

（七）活动学时与分数

序号	活动内容	学时	分数（总分10分）
1	"我爱我的祖国"庆祝建国六十八周年征文比赛	2	1
2	参观重庆交通大学爱国主义教育基地	2	1
3	"学习·践行社会主义核心价值观主题团日活动"设计大赛	2	1
4	"学习·践行社会主义核心价值观"箴言创建活动	2	1
5	红岩英烈诗歌朗颂会	2	1
6	"学习十九大 共话中国梦"主题宣讲和座谈交流	2	1
7	"青春践行中国梦"演讲比赛	2	1
8	"中国梦·中华情"征文大赛	2	1
9	"美丽中国·慢递梦想"中国梦寄语征集活动	2	1
10	"群众路线与青年责任"主题团日活动	2	1

（八）考核评分细则

为检验《大学生社会主义核心价值观教育心理接受机制研究》项目实验班学生参加社会主义核心价值观教育第二课堂团学活动的具体情况，客观公正地评价第二课堂团学活动效果，确保第二课堂团学活动取得实效，特制定本考核评分细则。

1. 考核评比内容及分值（总分：10分；在总成绩中的权重为10%）

（1）"我爱我的祖国"庆祝建国六十八周年征文比赛（2分）；

① 参与活动（即交了征文的学生）即可获得基本分（总分的60%，即1.2分）；

② 联络员初审，根据征文的质量酌情加分（总分的20%，即0.4分）；

③ 课题组终审，给评出的优秀征文作者颁发校级荣誉证书，同时获得该活动的满分（2分）。

(2)"爱国主义教育"报告会（2分）
① 按时到场，认真听报告，即可获得基本分（总分的60%，即1.2分）；
② 上交心得体会，联络员根据其质量酌情加分（总分的20%，即0.4分）；
③ 联络员综合评审心得体会，优秀者可获得该活动的满分（2分）。
(3)"学习·践行社会主义核心价值观主题团日活动"（2分）
① 以小组为单位设计一份团日活动方案，每小组选出一名组长，组内每个成员都应积极参与，将其设计的方案以纸质档上交到组长处。然后小组讨论，拿出小组的最终方案。上交方案者计1分，未上交者0分（此项评分由组长负责评定）；
② 每个小组的设计方案以班为单位上交到联络员处并组织开展团日活动，课题组成员担任评委，综合评定，参与活动表演的同学计1分；
③ 最后由课题组综合评定出优秀班级，颁发校级荣誉证书。
(4)"学习·践行社会主义核心价值观"箴言创建活动（2分）
① 参与活动，且至少上交5条箴言的同学，即可获得基本分（总分的60%，即1.2分）；
② 联络员初审，根据箴言的质量酌情加分（占总分的20%，即0.4分）；
③ 课题组终审，评出的优秀箴言作者颁发校级荣誉证书，同时获得该活动的满分（2分）。
(5)红岩英烈诗歌朗诵会（2分）
① 以小组为单位，此项评分由组长负责评定。先在组内成员中比赛，参与者可获得基本分（总分的60%，即1.2分）；
② 学生自荐或小组推荐，参加以班为单位开展的朗诵比赛，联络员初审，参与者可获得加分（总分的20%，即0.4分）；
③ 课题组终审，评出的优胜者颁发校级荣誉证书，同时获得该活动的满分（2分）。
(6)"学习十九大　共话中国梦"主题宣讲和座谈交流
围绕深入学习贯彻党的十九大精神，解读"中国梦"的历史底蕴和时代内涵，向学生宣讲我国革命、建设和改革的历史进程、辉煌成就、宝贵经验和前进方向，教育和引导学生全面准确地理解党的路线、方针和政策。同时聘请专家、学者就如何将实现"中国梦"融入到日常工作以及如何创新主题活动对学生干部进行专题辅导。

① 按时到场，认真听报告，即可获得基本分（总分的60%，即1.2分）；
② 上交心得体会，联络员根据其质量酌情加分（总分的20%，即0.4分）；
③ 联络员综合评审心得体会，优秀者可获得该活动的满分（2分）。

(7)"青春践行中国梦"演讲比赛

以"青春践行中国梦"为主题，内容围绕近代以来中国人民坎坷追梦历程的深刻启示，围绕新中国成立以来特别是改革开放39年以来的辉煌成就和宝贵经验，用言语诉说和讲述亲历亲见的"中国梦"，体现广大学生的爱国之心、强国之愿、报国之志，强化对自身责任和使命的认识，树立实干兴邦精神，努力实现中华民族伟大复兴的光荣梦想。

① 以小组为单位，此项评分由组长负责评定。先在组内成员中比赛，参与者可获得基本分（总分的60%，即1.2分）；
② 学生自荐或小组推荐，参加以班为单位开展的演讲比赛，联络员初审，参与者可获得加分（总分的20%，即0.4分）；
③ 课题组终审，评出的优胜者颁发校级荣誉证书，同时获得该活动的满分（2分）。

(8)"中国梦·中华情"征文大赛

组织学生围绕近代以来中国人民坎坷追梦历程的深刻启示，改革开放以来国家取得的辉煌成就以及家乡巨变，让学生用文章记录和表达爱国之心、强国之愿、报国之志，强化对自身责任和使命的认识，树立以实干兴邦精神奋力实现中华民族伟大复兴的光荣梦想。

① 参与活动（即交了征文的学生）即可获得基本分（总分的60%，即1.2分）；
② 联络员初审，根据征文的质量酌情加分（总分的20%，即0.4分）；
③ 课题组终审，评出的优秀征文作者颁发校级荣誉证书，同时获得该活动的满分（2分）。

(9)"美丽中国·慢递梦想"中国梦寄语征集活动

征集青年学子的"中国梦"，通过明信片传递每个人心中的中国梦和对学校的寄语，并将这份爱心梦想传递给学校的每一位学生。

① 参与活动，且至少上交5条寄语的同学，即可获得基本分（总分的60%，即1.2分）；

②联络员初审,根据寄语的质量酌情加分(占总分的20%,即0.4分);
③课题组终审,评出的优秀寄语作者颁发校级荣誉证书,同时获得该活动的满分(2分)。

(10)"群众路线与青年责任"主题团日活动

在当今社会日益全球化和网络化的趋势下,容易造成社会公众的情绪化,这样的社会特征更需要我们坚持群众路线。青年学生要敢于直视自己存在的问题,勇于面对才能更好地解决并不断的进步,前提是对自己有严格的标准,在成长的过程中不断自我反思,多听听老师的意见,多听听周围同学给予自己的各种反馈,在这过程中实现自己的不断超越,也实现对群众路线的不断践行。

①以小组为单位设计一份团日活动方案,每小组选出一名组长,组内每个成员都应积极参与,将其设计的方案以纸质档上交到组长处。然后小组讨论,拿出小组的最终方案。上交方案者计1分,未上交者0分(此项评分由组长负责评定);
②每个小组的设计方案以班为单位上交到联络员处并组织开展团日活动,课题组成员担任评委,综合评定,参与活动表演的同学计1分;
③最后由课题组综合评定出优秀团支部,颁发校级荣誉证书。

(11)上述十项活动结束后,每个学生上交一份活动总结,该总结可为学生争取加分机会,直到分加满为止。

2. 奖励设定

以上活动评奖名额按实验班班级或学生人数的20%设定。

3. 上交活动资料(征文、心得、设计方案、箴言和总结)的格式要求

(1)A4纸、Word格式、电子文档。
(2)标题用黑体三号加粗,正文用小四宋体;行距为固定值22磅。
(3)最后注明:××年级××专业班级××名字。

(九)管理办法

第二课堂活动实行"八定"的管理办法。
1. 定内容:各实验班要按照课题组的统一安排,完成规定的活动。

2. 定学生：要求实验班学生全部参加规定的活动。

3. 定时间：辅导老师要组织学生按时参加活动，联络员做好学生考勤登记。

4. 定地点：课题组负责协调各实验班的活动场所，尽力排除外界干扰，保证良好的活动环境。

5. 定辅导教师：课题组负责给各实验班配备辅导老师和联络员，辅导教师和联络员在实验期限内不得变动。

6. 定目标：辅导教师要认真分析学生实情，根据活动项目及特点，确定实验班辅导目标。对第二课堂活动做好记录并存档。在本学期末辅导教师要汇报辅导成果，进行活动总结。

7. 定学时：课题组负责给各项活动定学时，总学时为10学时。

8. 定分数：课题组负责给各项活动定分数，该分数在"形势与政策""思想道德修养"两门课的期末成绩中各占10分。

（十）验收评估

1. 课题组组织人员对活动进行不定期的检查督导。
2. 实验结束，对第二课堂活动效果进行评估。
3. 实验结束，辅导老师要给出每个学生的各项活动得分和总计分数。

（十一）其他

1. 第二课堂团学活动，不得向学生收取任何费用。
2. 组织学生参观爱国主义教育基地必须注意安全。
3. 指导老师如有事需要请假的，需提前通知课题组。
4. 第二课堂活动未尽事宜再另行通知。

三、总结与展望

（一）总结

自课题立项以来，课题组精心组织，积极探索大学生核心价值观教育的有效路径，并结合新时期高校思想政治教育工作的形势、重庆市的社会发展现状和重庆交通大学第二课堂运行的具体情况，创新实践了"吟经典、感历史、展未来"的团学活动运行模式，并及时地运用"观实效"——贴近大学生学习、生活的实践活动进一步加强社会主义核心价值观教育的效果。"吟经典、感历史、展未来"体现了社会主义核心价值体系基本内容的主要内核。通过开展"吟经典、感历史、展未来"活动，对于巩固马克思主义在意识形态领域的指导地位，对于团结、引领大学生在思想上、道德上共同进步，树立正确的人生观有着深远的意义。

在高校校园中植入社会主义核心价值观，适应了社会主义市场经济发展的现实要求，适应了社会主义先进文化建设的要求，适应了现阶段社会主义思想道德建设的要求。吸取经典的营养，红岩精神的讲传，使精神文明建设在大学生中更加提升了一个档次。"吟经典、感历史、展未来"是巩固社会主义意识形态阵地、增强我国文化软实力的伟大创举。吟经典，读出了人类文明，读出了民族智慧，读出了理想信念；讲故事，讲出了感人事迹，讲出了光辉业绩，讲出了英雄楷模；传箴言，传出了时代真理，传出了创新格言，传出了人生警句。再加上"观实效"的实地观察，通过对典型人物、生动事实的深入发掘，观出了历史潮流，观出了社会进步，观出了奋斗前景。通过开展"中国梦"以及群众路线的系列主题教育实践活动，鼓励学生们关心"十九大"内容，深刻理解习总书记讲话精神，解读"中国梦"。进一步加强培养学生们的爱国主义精神，引导广大学生深刻领会实现中华民族伟大复兴是中华民族近代以来最伟大的梦想，意识到"中国自身素质，树立良好的社会形象。

（二）展望

在依托课外团学互动，构建并运行大学生社会主义核心价值观教育模式的实践中，固然收获很大，但仍有待完善。其一，试点范围需要扩展，影响力需要进一步扩大。力争再用一、二年的时间，把实验班级由现在的十一个班扩展到全校所有班级。其二，考核机制要细化、灵活化。在现有基础上，建立学生活动档案，学生活动考核情况纳入到"两课"考核、就业推荐方案中。其三，加强交流，不断提高。前期试验的成果可以和其他院校第二课堂的现有成果相互分享，课题组成员需要积极走出去，观摩其他院校的先进经验，在交流中借鉴别人的优点，为我所用，不断完善。

第八章　建设网络基地，拓展社会主义核心价值观教育载体

第一节　网络教育对大学生核心价值观教育的影响

一、网络教育及其优势

（一）什么是网络教育

网络教育是随着科学技术发展和信息网络逐渐普及深入而产生的一种新型教育模式。它是在网络环境下，以现代教育思想和学习理论为指导，充分发挥网络的各种教育功能和丰富的网络教育资源优势，向教育者和学习者提供一种网络教和学的环境，用数字化技术传递教学内容，开展以学习者为中心的非面授教育活动。

（二）网络教育的特征

正是网络教育活动所依托的网络技术支撑的运行平台，使得网络教育活动的开展和实施不同于"真实"环境下的教育活动。综合来看，网络教育有以下特点。

1. 时空不限

网上教育活动可以在个体、群体、众体三个层次上进行，按活动方式可分为同步教学和异步教学。同步教学，是指全班不同层次的学生在同一时间内，根据同一教学目标来展开教学活动；而异步教学则是把全班同学分成几部分，在不同时间内采用不同的教法，达到不同的教学目标。显然同步教学具有空间上的自由度，异步教学在空间和时间上均具有很大的自由度。一方面，互联网技术体系可以较好地实现校内外教学的完整过程；另一方面，任何人只要具备上网条件即可以在任何时间、任何地点任意接

入互联网，并可以自主、个性地选择学习内容。总之，教与学的过程也不一定要同时进行。所以，网络教育最大限度地突破了教育的时空限制。

2. 重复性

网络具有储存功能和教育资源重复使用而不会被消耗或无磨损等特点，一方面网络教育资源成为一种取之不尽的资源，另一方面网络教育资源能够保存和积累，从而使网络教育资源的内容不断丰富和发展。网络储存丰富的优质教育资源，为人们长时间反复使用信息资源提供了可能性。

3. 开放性

与传统教育模式不同，网络教学不仅强调教，更强调学，这是一个跨越时空的开放式教学空间，学生只要具备主动的学习愿望和基本的上网知识，就可以实现任何时间、任何地点学习核心价值观的有关精神和内涵。而且听的课程全部出自专门从事社会主义核心价值观教育的专家和老师，听不懂、没看清的还可以反复听，反复看。利用网络多媒体技术，可以进行形象、生动、直观的核心价值观教育，构建信息丰富、极具反思性的学习环境，让学生在课堂上既能聆听价值观的理论介绍，又能看到反应社会现实的有关资料和视频影像，有利于他们的批判性、创造性思维的形成和发展。

4. 匿名性

在一个虚拟的、互动的网络世界里，学习者可以自由交流学习价值观的心得体会，充分地表达自己的内心感受，使网络成为学习者的"心灵之家"。在网络中，没有人知道学习者的真实姓名、性别、年龄、种族、社会地位。学习者完全可以不考虑对方年龄的差别、性别的不同、社会地位的悬殊、经济条件的差异、文化的高低等在现实生活中无法摆脱的矛盾与限制、与他人平等自由地、开放地进行核心价值观的思想交流。

5. 针对性

网络教育运用计算机网络特有的信息数据库管理技术和双向交互功能，为个性化指导提供了有效的实现途径与条件。教育和学习服务系统可针对学生的个性资料、学习价值观过程和思想动态以及发表的评论等情况实现完整的跟踪记录、储存，然后针对不同学生提出的个性化问题进行针对性地指导和建议等。

6. 自主性

网络教育中，我们所说的"学习"只有"课"的概念，而没有"课程"的概念，更难形成"教材"的概念。因为学习者可根据自身对于社会主义核心价值观的实际掌握情况，自行选择和组织学习内容，这就不会构成传统意义上的"课程顺序"，也就避免了资源的浪费，在提高学习者兴趣的同时，又能在方向性上有更好的把握。

（三）网络教育与传统教育的区别

网络教育与传统学校教育的区别主要表现在教育思想基础、教育媒介、教师和学生及其关系、教育的时间和空间、教育控制和学生的选择权力以及教育功能等七个方面。

1. 思想基础方面

传统教育是以农业社会、工业社会的思想为其思想基础的，比如，行为主义心理学、认知主义心理学等曾经被其视为心理学的基础，工具理性、权威主义曾被其尊奉为圣明。它的思维模式相对僵化，比较缺乏弹性。网络教育是信息社会的产物，秉执建构主义心理学和后福特主义哲学为其思想、理论基础，强调弹性、多样性。

2. 教育媒介方面

传统面授教育主要以语言、文字（书本）、电子媒介为主要交流媒介，这些交流媒介（除语言之外）的显著特征是信息的单向流动性，缺乏交互功能。单向流动势必造成权威的形成和巩固，导致学生发展的畸形。然而，网络教育以因特网为教育媒介。因特网有着史无前例的交互功能，能引导学生的多种感官参与，从而明显地增强了教育、教学效果，有利于人的健康发展。

3. 学生和教师以及他们相互关系方面

传统面授教育的教师和学生是主动与被动的关系，是授与受的关系，是发送与接收的关系，是一种二元对立的关系。这种关系是历史的产物。网络教育自诞生以来就一直首先把网络学生和网络教师从人的视角去认识，确认了网络学生和网络教师之间的"我——你"关系，他们平等、自由、互相融合、互相促进。

4. 教育的时间和空间方面

传统面授教育要求严格的、固定的入学条件、修业年限和作息时间，因此，传统面授教育的时间是（24小时中）部分的、有严格限制的、几乎不变的时间。并且，这个时间左右着教育的空间，使教育发生在有限的、固定的物理场所之中。网络教育的时间没有了传统学校教育的时间的意义。网络教育没有了固定的、指定的教学、学习时间；网络教育的时间不是设定的，而是由网络学生自主选择的；网络教育的时间打破了传统学校教育中的某种节奏性。总之，网络教育的时间是没有任何限制的，它可以是每天24小时中的任意时刻或时段。另外，网络教育的空间是极富于弹性的、可移动的、真实虚拟的空间。在这个空间里，它们的学习场所不是用墙包围的，而是开放的、无限的。

5. 控制方面

虽然传统面授教育教师的控制权力在逐渐削弱，但是，"三尺讲台"仍然是教师独自占领的、神圣不可侵犯的领地，教师的权威地位进而得以巩固，学生对于教师的尊重慑于教师的命令必须绝对地服从。网络教育的诞生摧毁了排斥性控制，打破了教师的权威垄断，网络教师只能靠智慧"赚取"网络学生的自觉尊重，网络学生复归为人，网络学生与网络教师之间强调交流，提倡平等、自主，鼓励创新。

6. 教育功能方面

传统面授教育往往过分地强调社会的中心地位，忽略了人存在的价值与意义。然而，网络教育不仅仅具有传统面授教育的功能，更由于流动在因特网上而生成了更强大的功能，既表现于网络与社会的关系上，又表现于网络与经济的关系上，更表现于网络与人的关系上。网络教育能够解决学校教育制度与全民受教育需求之间矛盾，有利于推进教育的民主化，提高全民族的素质。并且，网络教育有利于科技、文化的传播和创新，有利于国家发展的均衡化。网络教育能够提供在闲暇时间的教育，使工作与自我提高相结合。这有利于工作效率的改善，促进经济的发展。

7. 学生的选择权力方面

传统面授教育所给予学生的选择权力是极为有限的。比如说，学生对教师以及师生关系几乎是无法选择的，学生对课程及其内容是不能选择的，学生对教师教的方法是不能选择的，等等。总之，传统面授教育中的学生存在着太多的不可选择或难以选择，而在这些不可选择和难以选择之中，学生尤其难以选择最新的知识、技能，尤其是不能选择参与传统面授教育的时间。网络教育将"可超常选择"的权力交还给了网络学生，给网络学生打破教育时间、空间和课程以及网络师生关系等诸多方面选择的限制提供了有力"武器"。

综上所述，针对网络教育与传统教育的系统比较，揭露了传统教育的弊端，凸显了网络教育的优势，网络教育不仅能够丰富传统教育的教学内容，而且还能够培养学生的自主性、创造性、协作性等一系列的特点。

（四）网络教育的优势

传统的教育模式，教师、学生和教室三者构成一个封闭式的教学环境。这种教育模式对人力、资金等的投入要求很高，也受时空和规模的限制，学生与学生、学生和教师之间的相互交流也很受制约。而网络教学是以计算机网络为基础的教学系统，打破了单一的课堂教学模式，取而代之的是课堂学习、网上交流、协作学习并存的教学模式。网络教学实现了课堂的对外开放，并以其丰富的教学手段、教学技术和良好的教学效率，向传统教学模式提出了挑战，也推动着传统教育模式的变革。

1. 网络教育能够培养学生学习的自主性

网络教学凭借计算机网络巨大的信息容量、超强的信息处理能力及生动的人机交互，把学习的主动权交还给了学生。它通过充分发挥学生学习的主动性，很好地强化了学生的主体意识。学生可以利用 Web 网页技术、Flash 动画、Word 文字处理、PowerPoint 幻灯制作、Excel 电子图表、Access 数据库等技术手段收集、整理、处理信息，并以多种媒介方式表达、展现自己的观点和结论。在基于网络的学习环境中，学生和教师、信息资源、学习材料、学习伙伴等相互作用和交流互动时，便自觉进入自主学习和探究式学习的状态。

2. 网络教育能够培养学生学习的创造性

现代信息技术将文字、图片、声音、影像等多种教学信息有机地组合在一起，让学生在丰富的感官刺激下，作为主体积极主动地参与到教学过程中，全身心地投入学习。特别是网络强大的交互功能，让学生通过参与网上讨论、自我检测、模拟实践等，获取知识、获取方法、获取体验，并利用各种学习资源主动构建自己的知识体系，从而实现学生自身创新意识和创新能力的培养。

3. 网络教育能够培养学生学习的协作性

协作学习是符合现代教育观念的先进教学和学习方式。学生通过协作交流，对学习内容会理解得更深刻，学习思路更开阔，学习方法更多样，智能培养更高效，学习效率也更显著。网络教学，不仅可以建立起师生间、学生间的一对一、一对多、多对多的联系，还可以和国内外知名的专家教授等进行交流。学生通过 Web 浏览器、Email 电子邮件、BBS 论坛等信息渠道，与同学或老师就课题、作业、任务和信息资源等进行交流、讨论并解决问题，在协作交流中建立起更多的信息联系渠道。

4. 网络教育能够丰富传统教育的教学内容

网络教学的一大特色，就是将过去传统的、静态的书本教材转变为具备图、文、声、像的动态多媒体教材，将抽象的概念和理论以形象的、易于接受的形式展现给学生。同时，通过互联网络和非线性链接、跳转等功能，可以将教学内容从书本扩大到更大的范围，大大丰富和拓展了书本的知识，使学生在规定的教学时间内，学到更多的知识。

5. 网络教育能够加强与其他教学媒体的优势互补，有效提高教学质量

现代社会科技的飞速发展和大众传播媒体的多样化，一方面给我们的生活带来了翻天覆地的变化，另一方面也增加了教育方式的选择维度。传统的封闭式教学环境和师讲生受的教学模式，逐渐演变为各种教育模式的优势互补趋势，交流媒介和手段的多样化，也进一步加速形成了集多种表现形式于一体的多功能教育平台。这样就可以拓宽受教范围，加强对社会主义核心价值观的宣传力度，引起反思。

（五）网络教育的新载体

微博，即微博客（MicroBlog）的简称，是一个基于用户关系的信息分享、传播以及获取平台，用户可以通过 WEB、WAP 以及各种客户端组建

个人社区，以 140 字左右的文字更新信息，并实现即时分享。微博的最大特点就在于，人人都可以成为信息的发布者和传播者，大众媒体由此从"精英"走向"草根"。一段视频、几张照片、三言两语，一旦投进纷繁芜杂的微博世界，产生蝴蝶效应的速度、广度和深度令人惊叹。作为学生工作管理工作人员，要熟悉微博写作，可以就时事热点事件发表看法，正确撰写微博，对大学生进行正确的引导和价值观教育。如对"杜甫很忙"现象、中国留美学生被枪杀、163 名大学生假期打工被层层转手盘剥等事件，可以通过微博与学生进行交流和引导。

　　除此之外，目前流行的网络交流工具还有微信，同样也是一个蕴藏着巨大教育价值的网络平台。微信，由总部位于深圳的腾讯公司于 2011 年 1 月 21 日隆重推出，作为即时通讯工具 QQ 的有效补充，其特点与功能更符合年轻人追求新颖、开放的心态，在网络上迅速地流行开来。这是一款语音通讯软件，用户可以通过手机、平板、电脑快速发送语音、视频、图片和文字。微信提供公众平台、朋友圈和消息推送等功能，用户可以通过摇一摇、搜索号码、附近的人、扫二维码方式添加好友和关注微信公众平台，同时微信帮将内容分享给好友以及将用户看到的精彩内容分享到微信朋友圈。目前，微信拥有超过 6 亿用户，日均活跃用户超过 1 亿，是一个充满活力、并且运行相对成熟的网络服务工具。

　　在微信众多的功能之中，我们不得不提及的就是它的公众平台，也即是我们常说的微信公众平台。它是腾讯公司在微信的基础上新增的功能板块，通过这一平台，个人和企业都可以打造一个微信的公众号，可以群发文字、图片、语音三个类别的内容。目前微信公众平台支持 PC，移动互联网网页登录，并可以绑定私人帐号进行群发信息。这一群发信息功能也是其教育价值凸显的地方，公众号主可以主动向用户推送重要通知或趣味内容，用在教育领域里，即是教育者可以主动地选择一些有教育价值的信息及时地推送给学生，或者转发一些富含教育意义的新闻、文章、视频信息等。它的 1 对 1 功能还可以针对学生的特殊疑问，方便教育者为学生提供 1 对 1 的对话解答服务，这样就拓宽和丰富了师生、生生交流的渠道和途径。

　　对于这样一个潜力巨大、影响范围波及广的网络教育平台，微信适应了网络社会中民众对信息快速、广泛传播的需求，使得用户只要拥有一部接入网络的诸如手机、平板这样的移动设备就可以随时随地畅游在网络的世界,与朋友保持零距离,跟进世界最新动态,了解社会前沿信息等,人与人的交流变得触手可及,使"千里传音"成为可能。相对于较高昂的电话资费来说,网络数据资费较为低廉,这也是微信能够迅速流行的原因之一。在社会核心价值观教育方面,微信的突出价值就在于它信息传递的及时性、师生交流的便捷性,突破传统课堂时间、空间的局限,从而走向更多元、更开放的师生之间"面对面"的近距离对话,可以聆听到一些真实的声音,了解学生对社会主义核心价值观的真实想法。

然而需要注意的是,任何工具都可能有使用泛化、过度依赖的弊端,这些方便、快捷的网络工具在给我们提供优质高效的服务的同时,我们需要清醒地认识到它也具有一定的弊端。诸如,有的使用者过度沉迷于网络而忽视了现实的世界,更有甚者把网络与现实混为一谈,分不清网络和现实的区别,消解了作为一个真实人的存在。

二、网络时代对大学生核心价值观的影响

21世纪是一个高度信息化的时代,随着信息技术在全球的迅速扩散,人类社会正经历一场意义深远的革命。网络化作为以信息技术为中心的新技术革命的特征,已经深入到人类社会的各个领域。在以互联网络为代表的信息时代,拥有高智商的大学生是最先接触和最先接受互联网络的群体之一。网络对大学生产生着潜移默化的作用,而这种影响也是前所未有的,互联网上发布的新闻信息、传播的文学作品以及论坛上的各种观点、理念,直接影响着大学生的思想。网络对大学生的价值观念有着明显的导向作用,而这种影响具有两面性,既有积极的一面,也有着消极的一面。

(一)网络对大学生核心价值观的积极影响

1. 网络本身的开放性迎合了青年学生崇尚民主、自由、平等的价值观

网络的发明者宣称:网络是一个"自由、平等"的世界,是一片"没有政府、没有警察、没有军队、没有等级、没有贵贱、没有歧视"的世外桃源。传统的报刊、广播、电视等媒体是通过由上而下、以少对多来实现信息的传播,往往带有强制性,受众完全处于被动接受地位,所以传统的

传播形式体现了一种现实中的不平等性。在一定意义上，这种传播形式及文化演变成身份、地位和权力的象征。而网络文化所表现出的开放、自由、互动体现了一种完全平等性和无权威性。青年学生具有较强的探索精神，希望在一个民主、自由、平等的环境中来展现自己的个性，互联网络正好提供了满足大学生这种心理需求的各种要素，因而受到了青年学生的追捧。

2. 网络能够增强大学生核心价值观的吸引力和感染力

"90后""00后"是当前中国高校学生的主力军，追求独立，崇尚个性，自我意识增强是新时期大学生的主要特征。鉴于这种特征，已有的思想政治教育灌输式、填鸭式的教育方法已经不能适应当代大学生日益变化的精神文化需求，刻板而缺乏新意的教育模式不但没有起到应有的教育效果反而引起不少学生的反感，甚至厌恶。利用网络对大学生进行社会主义核心价值观教育，将社会主义核心价值体系的内容和要求融入校园网络文化之中，通过声音、图像、视频等方式将社会主义核心价值体系的教育内容艺术化，减少学生的抵触情绪，迎合学生追求时尚的心理需求，激发学生学习兴趣，增强大学生社会主义核心价值体系的吸引力。和风细雨，润物细无声的教育方式，不但可以提高大学生社会主义核心价值体系教育的吸引力和感染力，而且还能激发大学生学习和践行社会主义核心价值体系的热情。

（二）网络对大学生核心价值观的消极影响

1. 网络中西方价值观的传播给大学生的人生价值观带来冲击

西方发达国家利用互联网，极力宣扬资产阶级的人生观、价值观、道德观。因此，以美国为首的西方大国，充分利用其掌握的信息传播控制力和影响力，极力向世界特别是仍坚持走社会主义道路的中国传播西方资产阶级的意识形态、政治制度、文化思想。西方发达国家的宣传论调、文化思想等往往与中国青年大学生头脑中积淀的中国文化观念形成强烈冲突，很容易使青少年的价值观产生倾斜、扭曲，甚至会盲目地认为"西方的一切都要比中国的好"，容易形成西方化、美国化的倾向，单纯相信"普世价值观"的存在，最终导致国家意识和民族情感弱化，民族认同感减弱，民族身份逐步消解。

2. 缺乏足够约束的网络环境容易造成大学生道德人格的缺失

传统社会在一定意义上是一个遵守各种规则，群体中有着互相督察作用的社会，在失去人与人之间的相互监督情况下，自律意识就会相对减弱。一方面，大学生缺少理论根基与人生阅历，世界观、价值观还没有完全形成；另一方面，我国现在正处于市场经济体制的建立时期，大学生的思想价值观念也正处于激烈的动荡和交锋之中，一旦把自己"隐形"在互联网这个界域，很容易受到网上内容所隐含的不良意识形态的不利影响，在不知不觉中消解了自己的意识品质，进而造成道德人格的缺失。

3. 网络的虚拟性互动容易导致大学生人际交往障碍

一方面，网络的互动性使人们在网上互动交往成为可能，但由于网络的虚拟性，这种互动交往是间接的，主要通过文字进行，缺少面对面的相互间语言的交流，长期下去，可能会使人离开人群，产生孤独、苦闷、压抑、消沉等情绪，人际关系也变得淡漠。另一方面，由于网络具有广泛性、安全性和间接性等独特的优势，大学生在网络中很容易获得为人处世的成就感和满足感，甚至能感受到自身价值的极大化和他人对自己的刻意关怀，与这种虚拟的世界相比，现实世界的缺陷十分明显。当他们在现实中的人际交往遇到挫折时，就会更加倾向于在网络中寻求慰藉，结果导致大学生逃避现实，逐渐减少与周围人的交往和接触，进而在现实的人际交往中产生紧张、孤僻、情感缺乏、网络成瘾等症状，造成严重的人际交往障碍。

三、网络教育对社会主义核心价值观教育的意义

在当今社会，网络已经深深地改变了人们的生活和学习方式。在大学生的生活中，网络已成为一个重要组成部分，大学生离不开网络，思想政治教育也不能脱离网络时代背景。利用网络的灵活性、生动性和互动性等特点，开发网络教育平台，在自由、平等、开放的网络环境中引领大学生形成主流价值观，占领网络中的思想政治教育高地，对大学生社会主义核心价值观有很深远的意义。

社会主义核心价值观即由坚持马克思主义指导思想、坚持中国特色社会主义共同理想、坚持以爱国主义为核心的民族精神和以改革创新为核心的时代精神、坚持以社会主义荣辱观为核心内容的基本道德规范所组成。

用社会主义核心价值观教育大学生,努力提高大学生思想政治素质,重要的是务求实效,更深层次地、持久地影响大学生的思想认识与行为方式,使其明辨是非、正确区分马克思主义世界观、人生观、价值观和各种非马克思主义甚至是反马克思主义世界观、人生观、价值观之间的界限,使其排除干扰、驱除杂念,坚定信仰,为中国特色社会主义现代化事业做出应有的贡献。

社会主义核心价值观教育成功程度,离不开大学生对之掌握的尺度和反映出的效果。任何一种价值观都是在一定的时空背景、意识形态、文化传统、思维方式等因素作用下形成的,因而只有掌握特点才能抓住好的切入点,只有同时代、实际和青年学生的特点相结合,才能具有针对性,开展互动。开发网络教育功能开展社会主义核心价值观教育,能够更好地开发大学生感兴趣的教育内容和教育方式,从而进一步把握大学生的"心",解决大学生认识、看法和态度问题,使之成为具有引领作用和导向功能,从而避免可能出现的教条化或说教式的现象。因为只有让教育对象关注才能起到吸引人的效果,只有让教育对象感动才能达到启发人的目的,而越是生活化的越有影响力,越是通俗易懂的越能得到认同。

多元化网络信息在拓宽大学生知识视野、培养创新精神和时代精神的同时,也在对他们的价值观念、思维方式、个性心理产生着潜移默化的影响。大学生正处在思想和人格的形成阶段,他们普遍个性独立,心态开放易接受新鲜事物,表现出很高的自主性。多元化的网络信息容易诱发大学生内心世界产生激烈的思想冲突,大学生因为洞察力和研判能力不足,易接受物质化、功利化等不良思想。这些给思想政治教育包括社会主义核心价值体系教育带来了机遇和挑战。因此,一方面可以利用互联网给学生提供的学习新理论的便捷条件,拓宽学生的思路和视野;另一方面需要在互联网良莠不齐的各种价值冲击中给迷茫的大学生提供精神成长的健康导向,克服网络带来的价值观迷茫。

《中共中央 国务院关于进一步加强和改进大学生思想政治工作的意见》(中发〔2004〕16号文件)明确指出,"要全面加强校园网的建设,使网络成为弘扬主旋律,开展思想政治教育的重要手段。"由此可以看出,在多元文化交织的网络时代,如何利用网络平台和资源,加强校园网络教育建设,营造有利于弘扬社会主义核心价值体系的网络文化生态系统,如何依靠优化网络德育教育平台，创新网络条件下德育教育方法和加强网络思想政治教育队伍建设来加强以社会主义核心价值体系为核心的主导性价值教育，实现社会主义核心价值体系对校园网络文化的引领，对新时期大学生思想政治教育具有重要意义。

四、网络教育发展的措施和建议

（一）网络教育的发展措施

1. 转变网络教育思想

在教学形式上，积极利用互联网发展继续教育事业；尽快使教师队伍的现代教育技术素质得到较大幅度的提高，并把学习和研究的精力投入到新的方向上来；借鉴国外网络教育的成功经验，大力发展网络教育。

2. 加强网络教育的理论研究

对于如何提高学习者自制、自律能力；如何进行交互学习的设计，使教师在讨论中能够最有效地指导互动，加强交流等问题，目前仍没有十分适时可行的解决办法，还有待于网络教育工作者去研究开发。总之，我们应树立正确的理论指导思想，脚踏实地地结合我国网络教育的实际情况开展理论研究工作，探索出一条适合我国国情的网络教育之路。

3. 广泛开发网络教育资源

网络教学资源建设是网络教育的核心，只有拥有丰富的教学信息资源，才能实现优质资源共享和网上辅助教学与学习，提高网络教育的教学质量。因此，必须加大资金投入的力度，广泛开辟网络远程继续教育资源，开发制作适宜于网络学习的教学资源，提高学生学习效率和学习质量。

4. 改善网络教育质量

网络教育应以成人学历教育和职业培训市场为主攻方向，提高"成品率"。网络教育学习成功率在很大程度上取决于学生学习欲望的强弱和自制能力的高低，所以成人学生最适合上网校。彻底解决网校管理人员和教师的技术水平，把好质量关，整个网校的交互性才能保证，从而提高"毕业率"。

5. 商业化推动网络教育

首先，网络教育需要大量资金投入，无论是技术解决方案还是课件资源制作，而只有商业化的网络教育才能解决一个产业迫切需要的资金问题；其次，网络教育商业化能够使网络教育管理更加规范化，这是网络教育所迫切需要的。再次，网络教育产业需要明确的商业模式以实现自我增值。有效的办法就是借助信息技术手段发展网络教育，获得实实在在的经济利润。

6. 提高网络教育的交互性

交互本身就是网络平台上师生联系、交流的手段。因此，应注重研究、开发电子邮件和网上论坛以外的新一代具有动态交互功能的基础软件平台，从技术上解决互动性受限的问题。强化教师对教学过程的控制和指导，增加师生接触的机会，拓宽师生感情交流的渠道，提高学生对教师及其课程的认同感，激发学生的学习热情。

（二）网络教育的发展建议

1. 实现网络教育制度的规范化，网络教育监督的法律化。
2. 把发展网络教育作为国家信息化的一项基本国策，在争取到国家层面政策性支持的同时，因地制宜地加大对网络教育的资金投入。
3. 大力加强网络教学资源建设和网络教育复合型人才的建设。网络教育资源的合理配置和资源利用最大化，有助于扩大教育的规模与范围，提高教育质量，降低教育成本。
4. 大力发展成人、中学网络教育，拓宽网络教育的建设渠道和面积，提高网络受教基础人群数量，增加网络教育的影响力。
5. 制定网络教育的质量评估标准和保障体系，完善对网络教学质量的评定和学历的认可。网络教育质量保障体系建设的成败关系到我国网络教育乃至整个教育的长远发展，在完善外部保障体系诸如制定发展规划，加强政府宏观调控等的同时，夯实网络资源软硬件基础设施建设，树立正确的教育质量观，坚持以质量求生存、谋发展，促进价值观教育的高效、快速和健全发展。
6. 支持造课公司的发展，使课程集中起来提供给市场，如新东方教育集团。以课程为导向，使得好的课程在市场竞争中获得优胜。这与大学授课不一样，听课的人再多，也不会超过一屋子，大学生超过一屋子就没办法了。大学的课堂教育主要是按照大纲进度和考试进度安排，很难顾及到每个学生的能力和发展，而造课公司的出现，恰恰能够帮助我们解决这个问题。通过激烈的竞争，能够使教育水平得到实质性的提高。

7. 加强网络教育的研究，包括教育教学理论和学习理论在网络教育教学中的应用研究。研究的同时需要秉着全面性和开放性原则，加强网络教育地区间、国际间的交流和合作。

第二节 社会主义核心价值观网络教育基地建设的可行性

一、网络教育基地建设的理论基础

网络教育基地建设的理论核心即社会主义核心价值观，根据社会主义核心价值体系包含的马克思主义指导思想、中国特色社会主义共同理想、民族精神和时代精神、社会主义荣辱观四个方面的内容，利用网络基地对大学生核心价值观教育必须把社会主义核心价值体系内容作为理论基础。

1. 以马克思主义理论为根本进行价值观理论灌输方面

马克思主义理论的任务是传播马克思主义的基本理论和基本知识，传播党的路线、方针、政策，引导学生树立正确的世界观、人生观、价值观。单靠简单刻板的说教是得不到良好的效果的，而利用网络基地丰富的教育手段和资源，使抽象的理性内容通过直观的、可视的形象表达出来，真正做到让科学的理论"入耳、入脑、入心"，转化为学生的自觉行动。

2. 以中国特色社会主义共同理想为基础进行理想教育方面

理想是一个民族、一个社会的灵魂所系。在现阶段，建设中国特色社会主义是我们全社会的共同理想。在利用网络对大学生进行理想教育的时候应该紧扣主题，将中国几十年由贫穷走向小康的前进步伐，以及对未来民族伟大复兴的展望，用图片和视频剪辑的模式制作出小型的记录片，供学生们在网页中观赏，从而增强民族信心，调动他们为祖国强盛而奋斗的积极性。

3. 以爱国主义和改革创新为重心开展民族精神、时代精神教育方面

在五千多年的发展中，中华民族形成了以爱国主义为核心的团结统一、爱好和平、勤劳勇敢、自强不息的伟大民族精神。在改革开放新时期，中华民族又形成了勇于改革、敢于创新的时代精神。民族精神和时代精神是

一个民族赖以生存和发展的精神支撑。一个民族,如没有振奋的精神和高尚的品格,就不可能自立于世界民族之林。网络的发展为爱国主义和创新精神的教育提供了新的契机,学校应充分利用网络教育基地进行爱国主义和改革创新教育。例如建立爱国主义教育专题网页,上传载与当代爱国主义教育有关的重要著作和资料、报纸社论以及鲜活的事例等。

4. 坚持以社会主义荣辱观为核心进行世界观、人生观、价值观教育方面

利用网络基地建立大学生荣辱观教育工作网站,用八荣八耻的具体内涵对大学生的思想观念进行积极的引导和教育。具体来讲,可以在网络上开辟"时代论坛""形势报告""理论园地""热点透视""红色阵地""经济与社会""知识长廊""校园交际"等栏目。在网上开展丰富生动的宣传教育,了解师生的思想动态和热点问题,有针对性地做好思想教育引导工作,弘扬好网上旋律。

二、网络教育基地建设的主观条件

网络普及给高校教育方式带来了变革的机遇,教育中师生主体性可以在网络中得到充分体现,网络教育基地建设存在以下三方面的主观条件。

(一)教育任务迫切性

1. 传统的价值观教育方式效果不良

传统的价值观教育的基本特点是以理论知识的传授为中心,过分强调了教师的作用,扼制了学生的个性和创造性,忽视了学生的主动性与潜能的发挥,因此教育的效果并不理想。首先,教育资源较匮乏。传统核心价值观教育方法是单纯的理论灌输,政治性太强,并且形式单一,内容较枯燥乏味,很难引起喜欢新鲜活力的大学生的学习兴趣,甚至产生厌恶情绪,学习效果不佳。其次,主动性发挥不够。在传统的课堂教育中,教师不能完全照顾到课堂中的每个学生,学生只是被动地接受核心价值观的内容,忽视了学生个性的发展,而且学习内容封闭,没有与实际生活相接轨。再次,教育受课堂局限。传统价值观教育主要是在课堂上进行,学生们也只有在课堂上才会听到核心价值观的内容,然而在大学生的生活中,上课所占的时间比例其实很

少，更多的课余时间也正是核心价值观传统教育的空白区域。

2. 网络教育基地建设的契机

核心价值观传统教育方式存在着劣势与不足，这给网络教育基地的建设提供了契机，网络的优势可以较好地弥补核心价值观传统教育方式的不足，提高大学生核心价值观教育的效果。首先，网络教育资源丰富，形式多样，可以将过去传统的、静态的书本教材和抽象的概念及理论通过网络多媒体，以形象的、易于接受的形式展现给学生。同时，通过互联网络和非线性链接、跳转等功能，可以将教学内容从书本扩大到更大的范围，大大丰富和拓展核心价值观的相关内容。其次，能够培养学生学习的自主性。网络教育基地凭借计算机网络巨大的信息容量、超强的信息处理能力及生动的人机交互，把学习的主动权交还给了学生。它通过充分发挥学生学习的主动性，很好地强化了学生的主体意识。再次，教育走进大学生课余生活。课堂教育只是教育的一个方面，而对大学生进行核心价值观的教育就必须渗透到他们课堂以外的生活中去。如今网络以其华丽的功能和丰富的信息迅速成为大学生课余生活的主要活动场所，利用网络教育基地对大学生进行核心价值观的再教育，既可以延长大学生的学习时间，又可以加强核心价值观对大学生生活各个方面的影响，全面提高学习效果。

（二）大学生主体的可塑性

作为接受主体的大学生，价值观处在未定型而又将定型的阶段，这一时期的大学生在心理和意识特性上具有以下特点：一是自我意识和独立意识增强、富有朝气和幻想、可塑性强，但情绪、心理又不够稳定；二是有较强的知识接受能力和较高的知识水平，自我评价与自我期望明显提高；三是有较明显的求变、求新意识；四是具有情绪化的叛逆心理，以及非理性的标新立异等独特性。这些特性因大学生个体之间的差异而在他们身上不同程度、以不同的方式存在着。这些个体差异主要体现在他们既有的知识结构、价值取向、意志品格中。其中的知识结构决定着不同个体对新知识的接受能力、迁移和同化能力，从而规定着接受者所可能接受的社会主义核心价值观的数量、质量，规定着他的"视界"。

大学生处于快速的知识累积时期，他们所能接触的、能理解的相关信息较之同龄人更加多样化，视野更开阔，从而也就面临着更加纷杂多样的价值观信息，需要他们具有更强的对信息进行判断与择取的能力。价值取向则规定着接受者对价值观信息内容的"选择性注意、选择性理解、选择性接受"。也就是说，接受者只能对信息刺激做出有选择的反应。大学生已有的理想、信念、价值观，决定着他们对社会主义核心价值观的选择与取舍。心理意志品格则影响着接受者将外在的社会主义核心价值观内化为接受者内在的思想信念与行为能力的过程。大学生虽然自我评价与期望较高，追求较高人生价值的驱力更强，但心理意识却不够成熟、稳定，具有易变性，容易因外界的刺激而发生改变。

因此，作为接受客体的社会主义核心价值观，能对接受者产生多大的影响，能否内化为接受者内在的信念，不仅取决于接受者的接受能力和倾向，也取决于社会主义核心价值观所依托教育平台的生命力。这种生命力来源于教育平台与接受者内在认知结构和观念的契合程度。

（三）教师主体的主动性

1. 教育观念的转变

传统的教学观念，教师是教学的主体，教师常常以一种教育者的姿态高高在上地出现在学生面前，传授核心价值观的方式是单向、灌输式的。这就很可能会扼杀学生的主动精神和创新能力。这与以人为本，培养创新型人才的教育理论不符。

随着网络技术在教育领域的应用，学生对核心价值观的学习不应再是被动接受信息刺激的过程，而是主动地构建核心价值观知识意义的过程。这需要学习者根据自己的知识背景，对核心价值观的信息进行主动选择、加工和处理，从而获得知识的意义。因此，学习不能通过教师简单地传递给学生，需要学生自己与学习环境进行交互从而完成知识建构，这种建构无法由他人替代。核心价值观教育不是价值观的传递而是价值观的处理和转换，应该由单纯地向学生传递核心价值观转变为发展学生的能力、培养学生的主体意识、主体性、个性、创造性，以至实现核心价值观的内化。

2. 教学地位的转变

随着现代网络信息技术在核心价值观教学的广泛应用，师生都处于一个信息来源极为丰富和多样的环境中，两者获得有关核心价值观的信息的机会几乎是均等的，教师不再以核心价值观的传播者或知识体系的呈现者出现，而应由原来处于中心地位的知识权威转变为学生学习核心价值观的指导者和合作伙伴。由于使用先进的媒体传播技术，教师从繁重的教学工作中解放出来，可以用更多精力从事核心价值观教育课程的设计和开发，做教育的研究者。

3. 教育手段的丰富

在当今高校中，许多从事核心价值观教育的教师和专家都有一个困惑，就是教育形式单一，只能依靠课堂灌输，并且教育手段匮乏，以至于互动性不够，教学效果不佳，降低了教师进行核心价值观教育的积极性。网络教育基地的建设，迅速丰富了教学资源，大量有关核心价值观教育的图片和视频资料进入基地的资源库，吸引学校师生积极参与核心价值观的学习活动中。在基地中开设关于核心价值观网络论坛，可以让教师及时了解到大学生的思想动态，并且对他们提出的问题和困惑做出及时的回答，这不仅增强了师生的互动性，还使教学效果得到明显提高。

三、网络教育基地建设的客观条件

（一）校园网络为网络教育基地的建设提供了可靠的技术支持

黑板加粉笔的传统教学模式已经逐步被多媒体教学和网络教学所替代，教学改革也因此注入了新的活力。在多媒体和网络教学模式下，各高校有效地建设网络信息资源，有效地开展网络教学，学生可以自主地利用网络环境，自主学习，获取新的知识，构建自己的知识体系，以满足个性化教学的需要。

网络教学资源是建设网络教育基地的前提和基础。目前在校园内主要是以多媒体教室、网络机房和基于 Internet 的远程教学为主要教学环境。开放型网络环境和网络教学资源库支持网络技术及多媒体技术；在网络环境中汇集了大量教学资源，包括数据、资料、程序、教学软件等，形成了一个高度综合集成的信息库。这种开放式的网络教育资源库有利于网络教育基地的建设和发展。

（二）教师网络信息技术培训给网络教育基地建设提供了师资资源保证

有一支掌握现代教育信息技术的高水平教师队伍，才能更好地通过网络进行核心价值观的教育。如今许多高校为了保证拥有一批能灵活运用以计算机及网络为核心的信息技术进行现代化教学的高水平教师队伍，开始重视教师的信息技术培训。高校通过开展多种形式、多种层次的培训活动，使广大教师的现代教育理论水平、教研能力和运用以计算机及网络为核心的信息技术的能力得到了很大的提高。网络教育基地的建设是一个长期的积累过程，需要广大教师大量开发、引进教学资源，丰富网络教育基地的建设，并参与教学资源库的应用开发，不断完善资源库。

（三）计算机普及率高给网络教育基地建设提供了实施可能

在大学里，计算机的普及率相当高，很多学生拥有个人电脑，并具有较好的操作水平，加之宽带校园网络的铺设，以及充足的教学与辅助服务设施和高速、稳定、高质量的数据传输，使得在大学中建立核心价值观网络教育基地成为可能。学生也可以利用资源库发现问题、解决问题，同时通过计算机网络建立起知识网络，营造出有关于价值观的讨论、探索、协作的环境。同时，大学里有着充足的教育资源，从事核心价值观教育的教师可以制作有关核心价值观教育的多媒体课件，并及时上传到网络教育基地上，这样学生就可以在网络教育基地上找到相关的课程进行自主学习。大部分学生乐于接受这样的学习方式，因为通过网络，学生在学习过程中感受到充分的自由，也因此有更积极的心态参与核心价值观的教学活动。

第三节　大学生社会主义核心价值观网络教育基地建设实践

一、网络教育基地建设总体构想

网络教育基地的建设是一项集多个环节，多种任务的综合建设过程。

首先，应以建立教学资源库为中心，把互联网上和教师自己开发的有关核心价值观的教学资料搬到网络教学基地的资源库中来，建立突破时空限制的开放性、多元化的网络教育方式，通过实体与虚拟网络为大学生学习核心价值观提供专门辅导平台，并与大学生建立良好的交流互动，让学生得到高质量的学习效果。其次，构建核心价值观网络教育基地。具体说来可以包括几个方面：一是建设社会主义核心价值观主题网页，主要介绍社会主义核心价值观理论内容和研讨成果，并随时更新有关人物或团体践行社会主义核心价值观的事件，引导学生进行社会主义文化的"冲浪"，在潜移默化中树立起正确的人生观和价值观；二是建立公告栏答疑版块，教师主动以普通用户的身份积极参与讨论，及时回应学生提出的问题，甚至可以有意识地激发学生间的讨论，并对学生网上的言行加以引导；三是积极制作交互性较强的电子教案，例如马克思等优秀人物生平事迹、有关影像资料，甚至教师还可以在版块内建立模拟空间，让学生回到19世纪与"马克思"等人对话等，使其成为一个丰富的课堂网络教学系统，并储存到资源库中，集中地放在马克思主义理论主页上，方便学生随时进行学习；四是可以建立有关社会主义核心价值观的量表测试题库，比如历史事件类、历史人物类、基本理论类、时事政治类、情景再现类，等等，学生可在做完题后随即知道测试结果，这样一方面可以增加学生的知识储备量，另一方面也在无形中影响着他们的意识和行为倾向。

建设过程可采取以下步骤。第一步，周密策划。制定核心价值观教育基地的建设目的、建设原则、整体风格、色彩倾向、功能模块。第二步，数据整合。准备网络教育基地所需的文字、图片、动画、音视频等内容，按核心价值观的内容设计模块，然后将准备的教学资料按照设计的教学模块进行分类，形成系统的资料数据库。第三步，版式设计。合理地利用软件对版块进行设计，突出每个版块所包含的核心价值观的内容。

社会主义核心价值观教育是长期性的教育，因此在建设网络教育基地的时候也要探索一套真实有用、相互联动、综合育人的核心价值观网络教育基地长效机制，具体说来就是要紧紧抓住加强规划、完善制度、规范管理、充实队伍四个关键环节，以实现核心价值观网络教育基地科学化、制度化、规范化、经常化，全面推进大学生社会主义核心价值观教育进程。

二、网络教育基地建设目标

社会主义核心价值观网络基地的建设应树立以学生为本、为学生服务的思想，充分发挥网络教学资源的优势，创建有利于大学生核心价值观教育和创新能力培养的多样化网络教学模式。尤其是网络基地建设必须有明确的目标，以利于保证核心价值观网络教学活动的顺利进行。

网络基地建设的目标，就是将网络作为信息载体，占领大学生思想政治教育网络阵地，在网络中利用大学生广泛接受的方式，将有利于大学生健康成长、融入核心价值观精神的信息通过网络方式传递给大学生，消除消极思想观念对大学生的负面影响，以传播马克思主义指导思想、中国特色社会主义共同理想、以爱国主义为核心的民族精神和以改革创新为核心的时代精神、以社会主义荣辱观为核心内容的基本道德规范，引导大学生形成主流的意识形态。以重庆交通大学为范例，研究人员不仅在班团活动中充分利用网络平台开展价值观教育，并且专门开发了名为"心价值 新视界"为主题的专题网页，借用了重庆交通大学成熟的大学生心灵之约网络平台，进一步开发了社会主义核心价值观教育专题网页，让大学生在经常接触的网络中接受核心价值观教育。

三、网络教育基地建设原则

（一）实效性原则

1. 针对大学生自身特点，提高网络教育效果

大学生是一群个性鲜明的年轻人，他们思维活跃，对外界的新鲜事物充满了好奇，自我意识和自我认识已经达到了较高水平，在对社会上的事物进行评价的同时无一不追求个性和创新。网络教育基地是开放性的，是对全体大学生进行的核心价值观教育基地，但是每个人对自己认知水平的了解是参差不齐的，而且对于核心价值观的看法和态度也是各不相同，面对这样一个群体进行千篇一律的教育，效果肯定不佳。因此，要以人性化和个性化为原则，在基地建设过程中既要有统一的规划，又要兼顾学校和专业的特点；既要坚持统一的资源标准要求，又要坚持在统一标准下的多种技术的选择。就必须针对大学生个性多元化的特点，设置多样化的教学内容，丰富核心价值观的教育手法，使得大学生的真实想法能够在教育基地的空间内得到发挥，使得他们乐意去接受并关注社会主义核心价值观教育。

2. 克服网络教育弊端，挖掘网络教育优势

相对于传统教育而言，网络教育有很多的优势，比如资源丰富、涉及面广泛、学习具有开放性、自主性等。同时，这种教育模式还处于起步阶段，与传统教育相比，其理论和实践都有待发展，因此也存在着诸多弊端。首先是缺乏有效管理，学习效率较低。大学生上网的时间长度和分配基本上都是自主控制，大部分时间都是娱乐和游戏，学习的时间较少。由于社会主义核心价值观教育具有政治性的因素，在网页设置上更多的是理论性很强的文字，这些往往容易让大学生们忽视甚至排斥，学习效率较差，这也是广大从事社会主义核心价值观教育的教师们的困惑。其次是缺乏情感交流。利用网络教育基地进行核心价值观教育，必须要重视交流，包括教师和学生之间的交流、学生与学生之间的交流。因为核心价值观教育毕竟是思想上的教育，精神上的交流必不可少，现在网站上多是单纯灌输核心价值观理论思想，缺乏交流，教师也没有办法了解到广大学生的想法，使得教育效果较低。

因此，网络教育基地必须全面开发网络教育的优势，一方面，教学内容的表现不能只是枯燥的文字和图表，而是综合有精彩动画、影像和声音的视听资料；另一方面，为学生提供交流思想的平台，使得学生在学习核心价值观的过程中，不再只是被动地看和听，还可以参与实际的探讨，这样也使教师容易得到教学反馈，便于对学生进行指导和帮助。

（二）互动性原则

互动性原则是网络教育中一项重要的原则。互动作为网络教育的子系统，具有协同性、共生性和开放性等特征，具体如下所述。

1. 协同性

在核心价值观网络教育课程中主体——人与网络课程环境之间存在着显著的协同性，主体自身在网络空间中的情感交流具有协同性。如学习者在参与社会主义核心价值观网络课程的学习活动中，积极活跃地发帖、反馈、互评等，投入较大的热情，则必然会吸引或感染其学习同伴的加入，

也会促进教师情绪和情感的升华,有利于形成和谐、浓厚的学习氛围,有益于师生互动关系的建立。网络课程环境相对传统的学习环境,是一个开放的、动态的、强调合作意识的环境,学习者需不断调整学习方式和交互方式以适应环境的变化,教师则需改变教学风格,熟悉各层面的操作技术,一方面应对教学环境的变化,另一方面为与学习者良好的互动交流做准备。由此可见,互动的主体——人与主体所依赖的学习环境以及主体的学习活动是一个相互作用、相互影响且每个因素都随着其他因素的变化而协同变化的整体。

2. 共生性

互动是互动主体与主体之间为一定的活动目标相互依存,相互合作的对话过程,互动主体通过多种多样的活动与主体群和环境共生共存。学习者积极主动地参与学习论坛和主题活动,在互动交流中与其同伴互相学习,扬长避短。教师根据教学内容设计活动内容,发主题帖,管理信息资源,对学习者的学习情况进行积极评价和反馈,与学习者保持良好、持久的互动。在互动过程中,教师也是获利者,从中可提高自己的教学技能和认知水平。而学习者在教师的指导与帮助下,不易脱离核心价值观的学习主题,与其同伴、教师之间的互动,给他们在虚拟的网络空间中带来真实的社会存在感,弥补了他们的空间缺失感,进而使双方共同进步,共同分享互动带来的喜悦。基于信息流的互动,随着时间的演进,信息的差异性会下降,信息流的流动也会减缓,甚至趋于停滞。同样,社会主义核心价值观的学习内容随着学习时间的演进,知识水平的增长变得相对缓慢,因此需要互动主体——学习者与教师不断的互动交流,通过不断的交流与反馈对学习内容进行有效更新,在促进知识更新的同时,提高互动主体自身的知识水平。由此可,互动主体与学习内容之间也是共生共长的关系。

3. 开放性

网络教育基地是一个开放的系统,互动发生在真实的网络教育中,其各要素之间的关系是开放的。学习者、教师、助教人员、学习内容和网络课程环境等要素之间的关系是网状的,互动没有指向的固定形式,更不是精心分配的谁与谁发生的互动,而是随着核心价值观的学习内容与学习活动的展开,自发的、无定向的互动。学习者与教师、学习者与学习者、学习者与学习内容、学习者与网络课程环境之间的互动不受时空约束,他们之间的互动是灵活的、足够开放的。另外,互动的开放性还表现在关于核心价值观其他学习内容的丰富多样性,如主题活动和信息资源的开放性,为互动主体的介入,折射出更多的信息和渠道。当然,对于以核心价值观学习为主要目标的网络课程来说,其互动的开放性是相对的,应受一定的网络学习规范的约束,以确保教与学过程的有效开展。

(三)主体性原则

主体性原则是师生在教学过程中允许学生根据自己的兴趣自主选择的机会和发展的权利,保持学生的主体性地位。主体性原则要求淡化外界的强制与约束,给学生充分发挥和自由想象的空间,给予学生更多的启发与引导,让学生积极主动地参与整个教学过程。真正把学生看作一个具有自主意识的人,尽可能创造适合每个学生发展的教学环境,利用网络交互功能,改变传统课堂教学中教师陈旧落后的教学方式,多让学生主动自觉地去研究,让学生学会继承、发展和创新,发挥他们学习的主动性和积极性,以强化学生的主体性意识。在明确学习目标的同时,教师负责每个教学活动的情境、方式、内容、条件等的设计与创造,提供可选择的学习方法、学习资源和知识检测练习,积极鼓励学生主动地参与其中。教师可以在网络上对学生进行指导和监控,如回答学生问题、调整教学过程和评价学习态度等,为学生提供必要的指导和服务。网络教育基地是一个优秀的教育信息贮存、递送媒介,在提供创新环境与创造性学习条件方面具有明显的优势,必须予以充分利用,让大学生在老师的指导和帮助下,创造性地学习核心价值观的重要内容,使其协作能力、探索能力、创造能力得到提高,个性得以发展。同时要尊重大学生的主体意识和心理接受机制,开发互动性版块,比如知识竞赛、网络辩论等活动,一方面满足大学生求新、求异的心理需求,另一方面也提高大学生参与社会主义核心价值观网络教育的积极性。

此外,还可以通过开设师生个人主页、博客、BBS、测试中心、电子邮件、QQ群等方式,丰富网络基地这个教育平台。用这些方式与学生交流,了解学生的真实想法,对发现的问题和思想倾向进行针对性地指导,也可以针对个别学生的具体问题,提供单独的指导和帮助,实施个性化社会主义核心价值观教育。

（四）政治性原则

社会主义核心价值观网络教育基地在建设中必须以社会主义核心价值观理论为基础。社会主义核心价值观是构建社会主义核心价值体系的精髓与灵魂，它要体现出社会主义的本质特征以及有利于国家发展和社会进步的价值取向，因此具有一定的政治性和严肃性。在网络教育基地建设的时候必须要契合核心价值观的思想，不能因为片面追求教育内容的丰富多彩和语言的通俗易懂而偏离了主流意识方向，导致学生对核心价值观产生误解。同时也要对网络教育基地进行有效的管理和监督，首先是把好资料来源关，对搜集的资源进行严格审核，将不符合核心价值观的内容予以坚决抵制；其次是把好语言关，对学生发表的言论要予以重视，对于概念模糊或者价值取向有偏差的学生要给予及时的指导和帮助，使其在思想上接受社会主义核心价值观并且逐渐内化为自我价值取向。

四、网络教育平台的构建

大学生社会主义核心价值观网络教育平台，以社会主义核心价值体系为载体，主要指高校藉以传播社会主义核心价值体系相关信息、开展社会主义核心价值体系教育活动的基本载体，包括各类高校思想政治教育网站、校园综合性网站以及人文素质教育类网站和有关应用软件等。科学构建大学生社会主义核心价值体系网络教育平台，是开展大学生社会主义核心价值体系网络教育的前提。大学生社会主义核心价值体系网络教育平台是建立在一定的网络硬件设施和软件环境基础之上的。随着中国教育和科研计算机网（CERNET）的全面启动和高速主干网建设的顺利完成，高校校园网的建设与应用水平不断提高，大学生社会主义核心价值体系网络教育平台建设也经历了一个不断发展、壮大的过程，目前已具备一定规模和水平。数字化校园的发展和校园网服务功能的增强，思想政治教育网络载体也如雨后春笋般涌现出来，开创了大学生思想政治教育的网络新时代。据不完全统计，截至2016年5月，我国高校红色网站总数已突破700个，其中不乏大量的"高校十佳思政类网站"。如，清华大学的学生红色网，鲜明地高举起马克思主义理论的旗帜，不断提升网站的知识内涵和网上理论学习的交互性，成为校园网上的红色"圣地"和广大学生党员、入党积极分子的精神家园；西北工业大学的"红土地"网站，融资料性、交互性和娱乐性于一体，使党的基本知识、基本理论，特别是科学发展观等及时进入校园网，开辟了新时期高校党建工作的新途径，成为全校党员和入党积极分子学习理论知识、交流思想的重要阵地；南开大学的"觉悟"网站，不断增强思想政治教育的时代感和针对性、实效性及主动性，赢得了大学生的广泛认同，网站开通两个月，点击率就超过 4 万人次。重庆交通大学校园网"心灵之约网络平台"作为载体，在"心灵之约"的首页界面链接一个"社会主义核心价值观专题网站"，作为西南地区的典型代表，该网站集思想政治教育理论学习、教学研究、马克思主义经典解读于一体。同时，网站还设计了师资队伍简介版块，建立教师值班室，增进了教育主客体网络交流，提高了思想政治教育效果，树立了重庆市高校网络思想政治教育的典范。

这一系列网络思想政治教育网络平台的建设，提高了大学生思想政治教育的有效性和时效性，丰富了高校德育工作内容，创新了高校思想政治工作方式，网站平台的兴起和成功也为大学生社会主义核心价值体系教育网络平台的建设提供了实践经验。

五、网络教育基地建设内容

大学生社会主义核心价值体系网络教育内容，主要指高校网络教育平台所承载的以马克思主义理论教育、中国特色社会主义共同理想教育、民族精神和时代精神教育、社会主义荣辱观教育等为主题的图文、音频、视频资料等。不断丰富大学生社会主义核心价值体系网络教育内容，是开展大学生社会主义核心价值体系网络教育的重要条件。

在大学生网络思想政治教育的起步阶段，关于社会主义核心价值体系的网络教育内容是很稀缺、不全面的，其内容的表现形态也比较单一。随着大学生网络思想政治教育的发展和"社会主义核心价值体系"的形成，大学生社会主义核心价值体系网络教育内容逐步得以充实和优化，其表现形态也呈现出多样化的趋势。首先，从信息总量看，已输入大量教育信息，改变了资源缺失的局面。在 2000 年前后，高校网站中关于思想政治的内容也还是十分有限的。在党中央、国务院高度重视和持续推动下，经各级教育、文化管理部门，高校和有关网络文化传媒的共同建设，如今关于大学生社会主义核心价值体系教育的网络信息已经得到极大丰富。在百度等网络搜索引擎上随便输入类似"大学生马克思主义""大学生荣辱观"等关于大学生社会主义核心价值体系内容的关键词，可以搜索到成千上万甚至上百万条的结果，其中很大一部分即源于高校网站。其次，从内容结构看，已深入体系各个层面，改变了内容散浅的局面。大学生网络思想政治教育发轫于党建网站的建设，最初主要致力于介绍马克思主义经典著作、党的理论知识，对党员进行教育和培训，内容相对单一，而且偏重理论教育。党的十六届六中全会后，出现了一批包括理论学习、党建园地、时事新闻、校园动态、素质教育等栏目在内的综合思想政治教育网站，教育内容逐步拓展到马克思主义指导思想、中国特色社会主义共同理想、民族精神和时代精神、社会主义荣辱观等各个层面，内容结构更加完善，更加贴近社会实践与学生生活。再次，从载体形态看，已呈现多元表现形态，改变了图文为主的局面。随着中国教育和科研计算机网（CERNET）的高速主干网建设顺利完成和高校思想政治教育者网络运用水平的不断提高，社会主义核心价值体系网络教育内容载体形态，也从原来的以文字、图片为主发展为文字、图片、音频、视频等多种媒体形式并存。在高校思想政治教育网站中，经常可见到"改革开放成就图片展""优秀学生访谈录""爱国主义教育电影"这样的内容。合理利用这些冲击力强、生动活泼的教育内容，可以更好地吸引大学生网民的注意力，极大地提升大学生社会主义核心价值体系网络教育的效果。

目前，国内高校利用网络开展社会主义核心价值体系教育还处于起步阶段，社会主义核心价值体系教育的网络平台建设正出于迅猛发展时期，但高校已开始利用已有的网络思想政治教育平台进行社会主义核心价值体系宣传活动，将社会主义核心价值体系内容放到学校的相关网站或网页上，对大学生进行社会主义核心价值体系教育进行认知层面的教育。从调查的结果看，回答学习校园网上涉及社会主义核心价值体系相关内容的学生占22.5%，回答偶尔浏览的学生占72.1%，回答不知道的学生仅占调查总人数的5.4%，这说明利用网络对大学生进行社会主义核心价值体系教育已成为一种教育趋势。

六、网络教育基地网站的建设路径

（一）建立以专题网站为主导的宣传教育路径

1. 建立社会主义核心价值体系理论宣传网站

第一，以马克思主义为网络宣传的指导思想，塑造网站灵魂。以马克思主义和马克思主义中国化的最新理论成果作为专题网站建设的指导思想，以构建社会主义和谐网络文化为基本目标，在结合社会主义和谐社会建设总目标的基础上凸显马克思主义对网站建设的方向性作用。在网站的设计与建设过程中，要将马克思主义指导思想贯穿于理论网站的每个版块，将马克思主义思想置于网站的显眼位置，创建马克思主义理论学习和马克思主义指导思想的地位解读等栏目，突出网站灵魂。

第二，以弘扬社会主义中国特色社会主义共同理想、民族精神和时代精神作为网络宣传的核心内容，突出网站宣传重点。一方面，设计社会主义核心价值体系四个基本内容和逻辑关系的解读版块，将社会主义核心价值体系基本内容作为网站宣传的主题，凸显网站的性质。另一方面，开设时代模范栏目，将践行社会主义核心价值体系的先进事迹、模范人物和具有巨大影响力的历史事件，作为网站宣传内容的重点。通过网络平台技术对先进事迹模范人物的大力宣传，增强榜样在社会主义核心价值体系网络教育中的作用。

第三，大力弘扬社会主义民族精神、时代精神和中国特色社会主义共同理想，坚定大学生社会主义方向，提高大学生的民族责任感和社会凝聚力。这既是社会主义核心价值体系建设的精髓也是社会主义核心价值体系理论网站宣传的重点。

2. 加强思想政治理论课网站建设

第一，优化网站结构，凸显思想政治理论课在大学生社会主义核心价值体系教育中的主渠道作用。首先，将社会主义核心价值体系的内容纳入思想政治理论课网站的建设的基本范畴，占领大学生社会主义核心价值体系教育网络阵地，增强高校思想政治理论课在大学生日社会主义核心价值体系网络教育中的引领作用。其次，开设社会主义核心价值体系内容的解读专栏。通过思想政治理论课教师和专家对社会主义价值体系的解读，使大学生了解社会主义核心价值体系基本内容的内在逻辑联系和层次关系，领会社会主义核心价值体系的精神实质和精髓，为将社会主义核心价值体系建设的要求自觉内化为自身的思想道德品质和价值追求奠定扎实的心理基础。最后，加强对社会主义核心价值体系建设的相关政策解读。思想政治理论课网站要增设国家相关政策解读内容，让大学生在学习的过程中了解国家和社会建设社会主义核心价值体系的要求，增强社会主义核心价值体系教育的针对性与实践性。

第二，注重理论联系实际，强化思想政治理论课在大学生社会主义核心价值体系教育中的主导作用。首先，通过开通网络留言板和网络提问等版块，搜集社会主义核心价值体系教育反馈信息，挑选理论水平高、综合素质好、责任心强并具有扎实的计算机功底的思想政治理论课教师在对所有信息进行归纳分析的基础上，深入网站、大学生网民，开展多角度、多层次的跟踪调查和理论探讨，研究网络环境下大学生社会主义核心价值体系学习的接受心理、学习行为和习惯等。同时，思想政治理论课教师要运用传播学和思想政治教育的相关理论和方法着眼于大学生社会主义核心价值体系教育的各种实际问题的研究。如，怎样规避社会主义核心价值体系网络教育的风险，如何利用网络提高社会主义核心价值体系教育效果等一系列的问题都需要我们进行深入的研究和探讨。只有不断地发现问题，研究问题，我们才能总结大学生社会主义核心价值体系网络教育经验、发现利用网络对大学生进行社会主义核心价值体系教育的规律，从而推动大学生社会主义核心价值体系网络教育科学化发展。其次，思想政治理论课教师要将社会主义核心价值体系教育纳入日常教学计划和教学任务当中。在日常的教学中要有意识地对学生进行社会主义核心价值体系教育，真正主导大学生社会主义核心价值体系教育。

3. 创建网站链接，实现资源共享

创建与社会主义核心价值体系内容相关的网站链接，既是拓宽社会主义核心价值体系网络教育途径和内容的有效途径，也是社会主义核心价值体系教育专题网站设计和建设的内在要求。专题网页的有效链接是利用网络对大学生社会主义核心价值体系教育的有效补充，网络的共享性特征为社会主义核心价值体系网站共享提供了现实可行性。首先，将网络链接纳入网站设计计划之中。网站设计包括网站的主题、性质、页面、目录结构与链接结构等内容。明确相关网络链接对大学生社会主义核心价值体系教育的重要性,采用混合使用的方式设计网站链接,即首页和一级页面之间用星状链接结构,一级和二级页面之间用树状链接结构,从而增强网站链接的有效性。同时,网络链接要放在页面的显著位置,方便大学生使用。其次,注重建立国内外优秀思想政治教育网站链接。如全国十佳思想政治教育网站,清华大学的学生红色网,重庆交通大学的"心灵之约网络平台"等一大批具有代表性的网站。通过网站链接,丰富大学生社会主义核心价值体系教育内容,学习借鉴先进的教育经验,共享大学生社会主义核心价值体系教育优秀成果。最后,建立国家层面的社会主义核心价值体系网站的链接。如中共中央宣传部、中共中央文明办、中华人民共和国教育部等省部级网站。通过对这些网站的有效链接,更好地捕捉社会主义核心价值体系建设的最新动向,把握教育主管部门对大学生社会主义核心价值体系建设的要求,提高利用网络进行大学生社会主义核心价值体系教育的科学性。

(二)建立以"网络社区"为补充的教育路径

网络社区是指包括网络论坛、讨论组、校园 BBS、聊天室、博客等形式在内的网上交流空间。同一主题的网络社区集中了具有共同兴趣的访问者和参与者,由于参与用户众多,其不仅具备文化交流功能,实际上也是一种营销场所。利用网络进行大学生社会主义核心价值体系教育的突出优势在于:可以构建社会主义核心价值体系教育"双主体"互动模式,从而增强教育客体的主体意识,发挥在教育过程中的主动性。

1. 建立以博客、校园 BBS、网络论坛等为平台的学习路径

第一,充分利用网络交互工具。网络论坛、校园 BBS、博客是目前最常用的网络交互平台。一方面,要通过论坛、校园 BBS、博客等网络交互工具不断扩大社交圈,打破现有交往的局限性,增进领导与部门之间、教师与同学之间的交流,努力拓展社会主义核心价值体系内容的传播范围,增强社会主义核心价值体系的传播实效。另一方面,充分发挥各种交互平台的优势,提高社会主义核心价值体系学习效果。利用网站、博客、播客、电子邮件等交流互动平台发布各种与社会主义核心价值体系内容相关的社

会热点、实事评论；利用对等互联网、远程登录等信息交互平台积极传播关于社会主义核心价值体系的网络文化资源；利用网络论坛、网络新闻组等公共网络交流平台或微信、QQ等聊天工具开展一系列关于社会主义核心价值体系的主题讨论活动。

第二，大力开发新型网络交互系统。现在种类众多的交互工具，其操作界面、使用方法等各不相同，我们在开发交互系统时要统一系统内各交互软件的操作界面、使用方法，使其操作方便、简明好用；同时，各种交互软件应尽可能实现功能的整合，做到"宽口径"、多功能。新型网络交互系统的开发能更好迎合大学生的网络需求心理，从而激发学生的网络学习兴趣。

2. 增设大学生社会主义核心价值体系教育网络讨论平台

首先，利用网络论坛、校园BBS、博客等网络交互平台，开展网络实事评析、意见收集、网络援助、热点问题探讨活动，增强大学生对社会主义核心价值体系的实践和运用能力，以此检验大学生社会主义核心价值体系相关理论的认知情况和掌握程度，从而进一步对大学生进行有针对性的思想教育活动。其次，鼓励同学之间相互交流。朋辈交流对青年学生的思想道德形成与发展有着极其重要的影响，网络教育者让学生对他们自己发表的观点相互之间进行点评，形成比、学、赶、超的良好氛围，让学生们在具体实践中不断丰富社会主义核心价值体系理论，真正使社会主义核心价值体系教育起到进头脑、导实践的作用。

七、网络教育基地建设流程举例

在重庆交通大学大学生社会主义核心价值观网络教育基地开发过程初期，课题组成员对于设计方案几易其稿，最后确定首先在重庆交通大学进行网络基地开发试点，利用重庆交通大学校园网"心灵之约网络平台"作为载体，在"心灵之约"的首页界面链接一个"社会主义核心价值观专题网站"。

利用"心灵之约"网络平台的原因主要有两方面。① 心灵之约网站的开发技术性成熟。心灵之约网站自从2006年建网以来，运行稳定，有后台成熟的技术保证，课题组成员中，有学习计算机硬件和软件的技术骨干，可以保证技术链接的成功。②心灵之约在校的浏览量很大。每日都有3000～6000的浏览人数，从06年面向广大学生开放以来，已有85万多人次浏览该网页，这部分学生一定程度上对心理的积极性信息的需求度也比较高。

在确定网站主题和版块的过程中，课题组成员先后两次集中现场讨论和多次个别讨论，通过头脑风暴法利用集体的智慧集思广益，最后确定本网站的主题界面是"心价值　新视界——社会主义核心价值观网络实践基地"，从心灵价值观、新的眼界，让学生从多元的价值观中获得一种新的视野和主流导向的意识形态。版块最终确定为最新动态、原创作品、经典重现、动漫地带等几大版块。各版块具体内容如下。

最新动态：主要包括大学生课内外的社会主义核心价值观融入教育中的主要实践活动，以及倡导先进文化和时代精神的时事动态和新闻事迹。

原创作品：以爱国精神、民族精神、时代精神和社会主义荣辱观等为主题的原创作品和箴言征集活动的优秀作品登载。

经典重现：包括名人轶事和经典歌曲和电影。名人轶事中，专门登载名人的一些成长经历和故事；经典电影和歌曲中，专门介绍一些红色的经典歌曲创作背景和歌曲电影传递的主流价值观精神。

动漫地带：利用漫画和动画等形式，将社会中主流价值观利用幽默和生动的方式表现出来，让大学生在轻松中收获价值观的引导。

在网站宣传和实践过程中，我们利用学校心灵之约报纸、校社团联合报、班团活动和教师课堂等途径来进行宣传和作品征集，在课堂教学和班团活动中开展网络有奖知识问答活动，并征集各类学生作品，达到宣传和传播网站的目的。

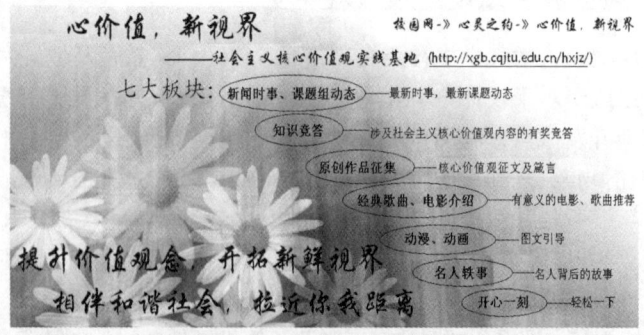

图8-1　重庆交通大学社会主义核心价值观专题网站首页

在网络实践基地的建设管理中，实行"定人定责"的管理办法。由小组负责人定期召开筹备规划会议，最终主题确定的同时，每个主题由一名小组成员负责，在规定的时间内各司其职，相互配合，完成网页开发、收集和整理材料、上传材料等任务。日常的运行管理中，由课题组负责人定期或不定期进入网页进行检查督导，相关技术人员完成网页后台的技术支持，网页版块内容由课题主要负责人和班团活动中的主要负责人来完成，对于网页材料上传和浏览过程中的问题，及时反馈给技术人员进行修正处理。

进行网络教育基地建设时，需要传递一种新的理念和思维。在专题网页的建设过程中，通过向思想政治课教师、学生辅导员、班团干部灌输网络教育的意识并号召大家充分利用网络教育，也充分向大学生传输网络学习主流价值文化的理念，以次来改变网络目前在大学生思想政治教育未受充分重视的局面。

八、网络教育基地建设成果

重庆交通大学在"心灵之约"这个成熟网络平台的基础上构建出主题为"心价值 新视界"的社会主义核心价值观网络实践基地，成功地开发出各种网络教育版块，并且充分发挥版块功能，大大提高了社会主义核心价值观的教育效果：①在新闻政策动态版块中，上传一些新鲜的时事要闻资讯和核心价值观相关学习动态，让学生更多地了解时代发展动态，接触更多正面积极的人生观价值观主流信息；②在知识有奖竞答版块中，课题组成员专门设计了一些适合大学生发展阶段回答的核心价值观相关题项，让大学生们通过参与答题获得信息，通过参与答题，进行自我反思，通过参与答题找到自己努力的目标；③在原创作品版块中，我们收集并整理核心价值观课题组实验班的同学们的文章和箴言作品，上传同学的经典作品到网上，可以让大学生参考学习，并且评选出优秀的作品进行定期颁奖，获奖学生和参与学生的主体性和积极性大大增强；④在经典电影和歌曲版块中，主要上传的是部分经典的电影剧情和歌曲创作背景介绍，这些电影和歌曲当中表达的主题积极向上，能够表现社会发展中的主流价值观精神，并且通过了解这些作品，可以起到核心价值观学习榜样的作用；⑤在名人轶事版块中，专门上传一些社会上在自己的领域取得成就的部分名人的人生故事，让大学生们在平凡的故事中，在一些人生细节中发现价值，获得价值观和人生态度启发；⑥在开心一刻版块中，通过一些诙谐幽默的小故事或者简单的漫画传达深刻的人生道理，让学生们笑过有反思，开心后获得成长。

图8-2　重庆交通大学社会主义核心价值观教育专题网站的主网页

重庆交通大学在社会主义核心价值观网络教育基地实践的三个学期中，教育效果突出。我们主要是将网络教育基地的渠道渗透到大学生的思想政治教育中，丰富了教育内容，创新了课堂教育手段。此外，在实验班开展的利用网络和建设网络平台的班团活动也开展得有声有色。

九、网络教育基地建设的发展对策

（一）加强网络教育途径的开发，丰富教育形式

资源是价值观教育的灵魂，开展大学生社会主义核心价值观教育工作的过程就是教育资源的获取、选择和传播的过程，就是用丰富、正确的信

息影响学生思想观念的过程。因此要对社会主义核心价值观的内涵进行深层次的剖析,不仅只有爱国心、民族精神和时代精神,还必须覆盖社会主义核心价值观的方方面面,并且结合生活实际情况和大学生思想状况开发出适合大学生自身的教学内容。

现在重庆交通大学网络教育包含的内容并不少,然而,大学生访问校园网时通常带有明确的目的性,一般是为了办理具体的业务或有目的地寻找资料。为提高以社会主义核心价值观为主题的网站的认知度,扩大主题网站的浏览量,还需想方设法使大学生对网站有更多的了解。如除了利用"心灵之约"这个途径以外,具体还可通过既有校园媒体——报纸、广播、电视、宣传栏进行宣传,也可通过 SEO(关键词优化)、交换链接、电子邮件递送、手机短信等手段达到互联网自身宣传的效果。同时,还可以组织师生开展网上网下的互动交流,深入到生活中去,提高网络教育基地的知名度。

(二)挖掘网络教育基地教育内容,充实教育资源

一方面,由于社会主义核心价值观是人们对社会主义价值的性质、构成、标准和评价的根本看法和态度,属于整个国家的意志体现,所以核心价值观包含的内容具有政治性,理论深度较强,单纯的理论灌输是不容易理解的,而且也不太符合大学生活泼的个性,因此还需开创更多学生感兴趣的方式来进行网络推广和宣传,提高大学生的关注度,比如学生自拍MV、原创作品点评、经典作品、动漫动画的广泛征集等等。另一方面,从当代大学生的思想实际出发,针对大学生们的兴趣指向,社会主义核心价值观教育的表达方式应该尽量采用生活化和喜闻乐见的表现形式。因为社会主义核心价值观的文字表述是非常严谨和书面化的,这个与大学生通俗时尚的个性追求有较大差异,如果不考虑大学生的思想特点进行语言表达方式的调整,那么会降低大学生学习核心价值观的兴趣。因此丰富社会主义核心价值观的内涵和外延,例如使用一些流行的网络语言对核心价值观的内容进行概括,既可以提高大学生的关注度,也有利于他们对社会主义核心价值观的理解。

(三)增强网络教育基地的教育互动性,提高教育影响力

社会主义核心价值观教育的对象是全社会的公民,在学校内就表现为

全体大学生，不能将教育仅仅实施在某一个年级，某一个班，而应该面向全校展开，覆盖大学生生活和学习的各个方面。具体可参考如下做法。一是在网络教育基地中，设立"价值观论坛"，开展世界观、人生观、价值观问题讨论，让学生互相交流，自我教育，邀请一些教授、专家和事业有成的教师、校友上网分享自己对社会主义核心价值观的学习经历、体会和感受，用动人的事迹感召青年学生，引导他们树立正确的世界观、人生观和价值观。二是通过校园网的 BBS，让学生在网上真实地反映对社会主义核心价值观的意见和看法。三是开展"班班有网页，人人有博客"活动。每个班级都要由网络信息技术较好的同学在计算机老师、班主任的指导下建立独具本班特色、反映本班风貌风采的班级网页，作为凝聚全体同学、班级师生课下讨论交流的平台。四是引导学生根据自己的技术特长、兴趣爱好，在正规的中文门户网站建立个人博客，作为个人思想观念的成长记录，在自愿的前提下，学生间的博客可以相互交流写作心得，也可以邀请学生喜欢的老师对其博客作品加以评价和指导。这样，才能使得社会主义核心价值观教育更加广泛的覆盖大学生的生活，也才使得大学生觉得更贴近生活，更贴近自我，更有利于大学生接受社会主义核心价值观。

（四）加强网络教育基地的管理，落实教育责任

如果网络教育基地需要长期的运行和更新，管理和运用推广责任的落实也应该是一个亟需解决的问题，高校相关部门应该利用网络教育的契机，落实责任，明确任务，将建设的网络教育基地成果不断保持和发展下去，真正实现占领网络思想政治教育阵地的目标。网络教育基地还有很强的成长空间，也还需要更多的努力让这种方式得以完善和发展，我们课题组期望在研究能起到一个带动作用，给相关思想政治教育工作者们提供一种大学生社会主义核心价值观教育的思路和方式，更好地实现将社会主义核心价值观传递到大学生当中去，更好地提高大学生思想觉悟和政治水平。

（五）加强网络教育基地的保障机制，确保正常运行

加强社会主义核心价值观网络教育基地的保障机制应从以下几方面着手。一要加大对大学生社会主义核心价值体系网络教育的经费投入，提供经费保障。教育行政部门和高校要合理确定大学生核心价值体系建设方面

的经费投入科目，列入预算，确保各项工作顺利开展。二要加大对大学生社会主义核心价值体系网络教育队伍的扶持力度，提供人力保障。通过合理的利益调节机制，对一线教育者在政策上和待遇上给予一定的倾斜和激励，不断提升大学生社会主义核心价值体系网络教育队伍的马克思主义理论素养和工作能力，建设一支政治强、业务精、纪律严、作风正的大学生社会主义核心价值体系网络教育队伍。三要加强对大学生社会主义核心价值体系网络教育的技术支持，确保网络信息安全。高校应加大网络基础设施建设，提供良好的网络服务，使大学生能够更方便地上网获取信息、接受思想政治教育；同时，还要加强网络技术监督，及时过滤反动信息、不良信息，为建设绿色校园网络提供强大的技术保障。

（六）注重实行科学有效的网络教育评估体系，提高教学质量

网络教育的关键是保证和提高教学质量，这也是决定网络教育基地能否实现占领网络思想政治教育阵地目标的关键所在。传统课程教育的质量评价体系是经历了数百年的发展才逐步形成和完善的，对于网络教育这一新的教育形式，其质量评价体系与传统教育相比，评价内容和指标会更复杂。因此，如何建立一套行之有效的质量监督与评估体系至关重要。可以借鉴布卢姆的教育评价理论，对网络教育基地实施的不同时期分别采取诊断性评价、形成性评价和终结性评价，并对各个时期的评价结果所反映出的问题进行及时有效的探讨和纠正，以符合大多数人的要求为导向，同时兼顾少数人的个性化问题。以此来促进一个具有覆盖面广，解决问题及时有效等特色的大学生社会主义核心价值观网络教育基地的形成和良性发展。为确保教育效果评估的有效性和科学性，网络教育效果评估要逐步建立由思想政治教育和网络技术专家组成的专家组，针对设定的评估内容进行全方位、多角度的评估工作，从而发现问题、分析问题并提出解决问题的意见和建议，主导大学生社会主义核心价值体系网络教育效果的评估工作。

第九章　打造校园文化，优化大学生社会主义核心价值观教育环境

高校校园文化作为社会文化的组成部分，是指生长在高等教育环境下的，为学校全体成员在长期的教育实践活动中所创造的，体现学校办学理念、特色传统并反映师生共同的价值追求、思维方式和行为规范的各种物质形态、精神形态、制度形态、行为方式和校园活动的总和。它是高校教育赖以生存和赖以发展的重要资源，是高校进行特色建设的主要堡垒，是师生学习、工作和生活的精神氛围和物质环境。马克思认为，物质决定意识，环境的改造必须与人的活动相统一。人的性格既然是由环境造成的，那么就必然要求使环境成为合乎人性的环境，因此，营造一个良好的校园文化环境对于高校全体师生来说，显得十分重要与迫切。"加强校园文化建设对于推进高等教育改革发展、加强和改进大学生思想政治教育、全面提高大学生综合素质，具有十分重要的意义。"党的十六届六中全会审议通过的《中共中央关于构建社会主义和谐社会若干重大问题的决定》明确指出"建设和谐文化是构建社会主义和谐社会的重要任务。社会主义核心价值体系是建设和谐文化的根本"。《决定》同时指出，"马克思主义的指导思想，中国特色社会主义共同理想，以爱国主义为核心的民族精神和以改革创新为核心的时代精神，社会主义荣辱观，构成社会主义核心价值体系的基本内容。"强调了社会主义核心价值观在社会主义文化建设包括校园文化建设中至关重要的地位和作用。党的十七大报告强调"社会主义核心价值体系是社会主义意识形态的本质体现"。这为高校校园文化建设指明了方向，同时，也为加强和改进高校校园文化健康发展提供了有力的思想武器。回归高校教育的本质，结合当前社会发展形势，为促进高校教育进程和塑造完善的社会主义事业建设者，我们必须坚定不移地以社会主义核心价值观教育主导和引领高校校园文化建设。

第一节 高校校园文化的内涵及本质特征

一、高校校园文化的内涵

高校校园文化作为社会文化的组成部分，是指生长在高等教育环境下的，为学校全体成员在长期的教育实践中所创造的、体现学校办学理念、特色传统并反映师生共同的价值追求、思维方式和行为规范的各种物质形态、精神形态、制度形态、行为方式和活动的总和。所以，校园文化的内涵是极其丰富的，它不是单一的、杂乱无章的，而是多元的、有序的。校园文化是一个由多种要素综合形成的复合体，大致包括以下四个层面。

第一，物质文化层。即校园文化的物质载体和外在体现，是校园文化的基础和最外层，也是校园文化最显见的部分，主要包括校园自然环境、规划格局以及校园建筑、活动场所、绿化和文化传媒设施等校园校貌各个方面所形成的环境文化。物质文化层虽然是校园文化的表层，却是学校形象、价值构造的物质依托和外在形象展示，也是师生员工精神面貌的具体体现。也就是说，一个学校的校园物质文化，渗透着这个学校的精神特色和传统。

第二，行为文化层。即行为规范文化，是由师生在工作、学习、生活、娱乐中所表现出来的包括明文规定的显形文化和约定俗成的隐性文化。显性的行为规范文化是指学校明文规定的规章制度、公约守则、道德行为准则等，也即学校的校训、校规、校纪，具有刚性约束力。隐性的行为文化是指全校师生员工在长期的实践中传承积淀而形成的道德规范、行为方式、生活习惯、礼仪风俗等，是被学校全体成员在潜意识中默认的、在学校的发展历程中约定俗成的文化形态。行为文化体现在师生们日常学习、工作、生活中的道德心理、言行举止、接人待物、作风习惯上，具有一定的共同性和感染性。

第三，活动文化层。活动文化包括各种教学科研活动、课外文化活动、组织管理活动、学生社会实践活动及各种具有学校特色的传统礼仪庆典活动等，是校园文化的动态层面，也是校园文化中最活跃的部分。长期的积累、沉淀、创新，使校园文化产生出更大的吸引力和特色。这些活动不是杂乱无章、随意举办的，而是围绕着一定的主题、方针，体现着学校的精神理念，并为实现一定的教育目的而开展的。它是师生员工的行事作风、精神面貌、人际关系的动态体现，也是学校形象、学校精神和价值观的折射。

第四，精神文化层。即学校在长期的办学实践中逐渐形成的精神特质，包括学校办学理念、学校精神、管理哲学、价值观念、理想信念、道德情感等内容，集中反映了一所大学的特殊本质和全体师生共同的价值追求、理想信念。其中本质的就是学校的办学理念，正是根据独具特色的办学理念，才形成了学校独具特色的精神文化。精神文化是校园文化的核心和灵魂，是校园文化最内在的和本质的东西，这也是当前各高校校园文化建设必须重视的。各具特色的校园文化，最终必然体现于各具特色的精神文化。精神文化渗透在校园物质文化、行为活动文化、制度文化之中，又决定着校园物质文化、行为文化、活动文化的发展方向。

校园文化的这四个层面是由表及里、层层深入的。物质文化是最外层，是校园文化的基础；行为文化和活动文化是中间层，是校园文化的载体和保证；精神文化是核心，是校园文化的本质。他们相互影响、并行发展，共同构成校园文化的完整体系。

二、高校校园文化的本质特征

高校校园文化作为社会主义文化的一部分，反映着中国先进文化的发展趋势和时代要求。校园文化的发展是学校发展的核心内容，良好的校园文化可体现和造就学校的良好形象和提高校园文明程度。校园文化必然具有自身的发展特点，其所具有的先进性、创新性、人本性、包容性、独立性等特征，既是高校校园文化的本质特征，也是建设社会主义核心价值观的必然要求。

（一）高校校园文化是先进文化

马克思主义指导思想是社会主义核心价值观的灵魂，也是高校校园文化的内核。从根本上说，高校校园文化是在先进理论指导下建立起来的一种文化形态。新形势下的高校校园文化建设，就是要用科学的理论、高尚的精神、优秀的学术，引导、塑造广大师生。当前特别是要用社会主义核心价值观教育师生，使他们牢固树立正确的世界观、人生观、价值观，坚定对马克思主义的信仰，增强对改革开放和社会主义现代化建设的信心。

（二）高校校园文化是创新文化

创新是高校校园文化建设的优良传统，也是建设社会主义核心价值观的内在要求。当今世界文化与经济、政治相互交融的程度不断加深，与科学技术的结合更加紧密，文化已经成为国家核心竞争力的重要因素。高校的文化工作，伴随着教育的发展，走过的不平凡发展历程，充分反映了高校校园文化与时俱进的品质。文化的发展对教师和学生的文化素质和心理素质提出了更高的要求，只有与时俱进，在高校校园文化观念、体制、内容和形式，在学术科技文化、校园特色文化等方面大力创新，才能适应时代发展的要求，解决好"培养什么人"的问题。随着改革开放的深入，校园文化建设的新载体和精品活动的大量出现，创新使高校校园文化永远充满生机和活力。另一方面，青年学生本身的学习特点也具有创新性，现代高校对大学生创新意识的培养，已经使青年学生成为创新意识的承载者，青年学生也必然成长为创新的主力军。

（三）高校校园文化是人本文化

以人为本是科学发展观的灵魂和核心，是构建高校校园文化的指导思想。坚持以人为本就是始终把培养人才作为学校的根本任务，坚持以学生为中心，以教师为主体，牢固确立"一切为了学生、为了一切学生、为了学生的一切"的思想，大力推进素质教育，把教会学生做人、做事，帮助学生成长、成才作为学校一切工作的出发点和落脚点。在学校培养目标上要结合学生自身的心理和生理发展需求，合理规划学生的成长过程，合理平衡行动取向训练和价值取向训练二者的关系，助学生充分地实现自我发展的目的，完善学生的独立人格。校园文化中的物质文化、行为文化、观念文化、制度文化等，只有围绕着"以人为本"的思想才能构成一个完美、有序的统一整体，才能处处体现时代的特征、促进校园文化的发展繁荣。

（四）高校校园文化是包容性文化

社会发展已经步入一个快速化过程，文化思潮不断更革，人们思想的开放度日益提升，自我意识不断增强，在进行社会主义高校校园文化建设时，必须以社会主义核心价值观作为主流文化。同时，也要认识到文化本身所具有的包容性和多元性，文化应该"和而不同"，高校校园文化亦不例外，高校校园文化是雅文化和俗文化的和谐发展，在社会文化发展中汲取营养，以促进校园文化的发展。在校园文化建设过程中，不能强制性地抉择，校园文化的建设必然是一个全校成员自由选择的一个过程，当众多思想碰撞融汇时，才能形成独特的优秀的高校校园文化，而倡导高校校园文化的包容性，对于高校全体成员来说是一件具有重大意义的事情，只有树立蔡元培坐镇北大时所提出的"思想自由，兼容并包"理念，才能促进高校校园文化的发展，促进高校的建设。同时，青年学生和青年教师是未来的知识创新的主力军，其思想较为活跃且具有一定的批判性，所以在高校校园文化建设中也要考虑到青年学生和青年教师本身的特点，尊重他的思想和想法。

（五）高效校园文化具有独立性

高校校园文化是相对于其他文化形态而言的，是仅限于高校这一特定的环境范围内的，其活动的主体主要是生活、学习在校园里的师生员工。同时，高校校园文化很大一部分是全体师生自我建立的，是内生的，相较于其他的文化形态而言，校园文化具有一定的独立性。

第二节 依托校园文化进行大学生社会主义核心价值观教育的可行性

刘云山同志在第十五次全国高校党建工作会议上指出："要深刻认识建设社会主义核心价值体系的重大意义，把社会主义核心价值体系融入和谐校园建设的全过程、贯穿高校工作的各个方面，使社会主义核心价值体系的基本要求得到切实贯彻和充分体现，为高校发展提供坚实的思想基础。"

一、校园文化与社会主义核心价值观教育思想内涵一脉相承

从某种意义上说，高校校园文化是在先进理论指导下建立起来的一种文化形态，马克思主义指导思想是其文化的灵魂。新形势下的高校校园文化建设，就是要以毛泽东思想、邓小平理论和"三个代表"等重要思想以

及科学发展观为指导,推动社会主义和谐校园的建设,促进高等教育事业全面协调可持续发展。党的十六届六中全会把社会主义核心价值体系概括为四个方面,即马克思主义指导思想、中国特色社会主义共同理想、以爱国主义为核心的民族精神和以改革创新为核心的时代精神、社会主义荣辱观。这四个方面相互联系、相互贯通,各具功能、各有侧重。其中,马克思主义在核心价值观中处于统领地位,是社会主义意识形态的灵魂。推进社会主义核心价值观教育大众化,就是要将社会主义核心价值观所包含的原理通俗化、具体化,使之更好地为人民大众所理解。社会主义核心价值观只有被人民群众所感知、所理解、所接受、所认同,才能真正成为整个社会的普遍价值准则,转化为人民的自觉追求和自愿行为。

二、校园文化建设是高校社会主义核心价值观教育的重要阵地

青年是祖国的未来、民族的希望,是中国特色社会主义事业的建设者和接班人,他们的政治思想状况将决定着国家的前途和民族的命运。大学则是青年世界观、人生观、价值观和荣辱观形成的关键时期。高校作为中国特色社会主义建设后备军的重要基地,对社会具有强大的理论辐射能力,要牢固树立广大青年学生中国特色社会主义的共同理想,切实教育青年成为内化认同社会主义核心价值观的传承人。所谓"星星之火,可以燎原",基地建设一直是中国精神文明建设的重要途径和经验总结。以校园文化为载体,是推进社会主义核心价值观大众化的现实要求。

第三节 当前高校校园文化建设存在的问题

一、对校园文化内涵认识表面化

对"文化"一词的理解,不同学者有不同的侧重点和诠释。一般来说,文化是指人类在长期生产生活实践中形成和积淀下来的一种生活方式和生存状态,较之习惯有更强的稳固性、持久性、个别性、深刻性和全面性。稳固性指文化一旦形成就不能轻易改变。持久性指一种文化形成是一个长

期积淀的过程。个别性指文化有很强的特性，蕴涵着民族地方色彩。深刻性指文化深深雕刻在一个群体灵魂深处。全面性指其影响到一个群体每个个体的社会实践的方方面面。而校园文化就集中体现一所学校全体师生的精神状态和生活方式、价值取向，由一所学校长期积淀形成的显性、隐性的全部的物质和精神而构成。试图组织开展几次活动，制定一些制度，提出几个口号，就美其名曰是校园文化建设的全部内涵的观念是认识上的肤浅化和操作中急功近利、盲目突击的表现。

二、对校园文化载体认识本末倒置

文化即人化，一切文化都是人的文化。校园文化的建设者是全体师生，建设主体理应是学校的每一个成员，作为承载文化的载体也应该是学校的每一个成员。校园文化内涵应通过全体师生的言谈举止体现出来。但校园文化的精神实质和内涵必须主要落实在课堂上，并且通过课堂这个最主要的渠道来承载、来提升。我们不可否认组织各类活动对校园文化的展现、推动和促进作用，但这只是表面化的。大部分人一提到校园文化和如何建设校园文化，其内心闪现的其实只是诸如组织开展各类竞赛、演讲会，以及悬挂几条标语口号，很少提及师生的精神风貌、学习、工作、生活态度和生活方式，很少有人将校园文化建设与学校的中心工作——教学工作联系起来。

三、对校园文化作用的认识弱化

爱因斯坦说：一个学生当他走出学校，忘掉学校所学的具体知识后剩下的东西就是素质。可见校园文化对一个人一生所起的作用是其他因素不可替代的。校园文化是扎根师生灵魂深处，外化于师生行为的集中综合体现，积极的校园文化对成就或塑造一个人起着举足轻重的作用。而事实上是，作为担当校园文化建设领头兵的教育者，大多将其作用停留在丰富校园生活，培养训练能力的认识层次，忽视了校园文化在提高教师技艺和为人师表水平上，在提高学生学业成绩和培养人才上所起的作用，恰恰忽视了作为承载校园文化的最重要载体的"人"。相当一部分的教师还简单地认为校园文化建设纯粹是"虚"的东西。

四、对校园文化个性认识缺失

各学校的差异本质上是校园文化内涵的差异。一所学校的文化是扎根现实土壤，外显于学校的教学活动和其他各项学生活动，特别是师生身上的精神面貌、生活方式、思维方式，有很强的个性色彩。这是不可复制、照搬照抄或拷贝、克隆出来的，而是一代又一代的学校全体师生对学校生活的感悟和发现，对教育问题永不停止的思考与追问、对学校现状和教育规律不懈的研究和探索而创造的。而实际上，大多数学校文化在内容上缺乏个性的校本内容，盲目地追求大而同的文化模式，忽视了学校文化建设的根本主体，在学校文化建设上不能始终如一，坚持自我，对学校文化价值认识不够深入，学校决策层被浅显的成绩观做左右，忽略了学校本身所具有的优良传统和未来良好的发展前景，价值追求不切实际，千篇一律，千人一面，东拼西凑。

第四节　加强校园文化建设要把握好五个原则

胡锦涛总书记在十七大报告中强调："切实把社会主义核心价值观融入国民教育和精神文明建设全过程，转化为人民的自觉追求。"加强校园文化建设，必须将社会主义核心价值观教育的内容纳入校园文化的中心内容，融入大学教育的全过程，构建起具有现代意识的校园文化建设体系。

一、以文教化，强调文化的教化性

社会主义核心价值观教育要从客观之文转化为主观之文，必须通过两个阶段，第一阶段是把客观之文转化为知识，第二阶段是把知识转化为习惯。因为人的思维模式、行为的形成是受自己所固有的习惯所控制的，所以，高校要使马克思主义理论和中国特色社会主义理论体系，通过以文教化，成为大学生正确认识世界和改造世界的强大思想武器；使建设中国特色社会主义的崇高理想通过以文教化，成为大学生精神生活中不可或缺的一部分；使中华民族数千年来热爱祖国的情怀，自强不息的精神，追求真理的勇气，以及新时期改革开放实践中形成的解放思想、开拓创新、与时俱进、大胆学习和借鉴人类一切优秀文明成果的改革创新精神，通过以文教化成为新时代大学生意识形态的主流；使社会主义荣辱观，通过以文教化成为大学生道德判断和行为选择的标准和规范。强化文化的教育功能，逐步树立大学生的责任意识、自立意识、合作意识和成才意识。

二、弘扬主流，坚持文化的先进性

在当今文化多元的背景下，高校必须把握主流文化，要把着力点放在构建与现代学校相适应的先进的校园精神文化即大学精神上，将把社会主义核心价值观纳入大学精神，使其被绝大部分师生认同并且能够主动跟随，更好地发挥校园精神文化的核心作用，激发广大师生员工的聪明才智和学习工作激情，使校园文化向更高层次跨跃，成为师生员工共同的理想信念和道德规范。以社会主义核心价值观体系引领大学校园文化建设，要求社会主义核心价值体系在校园文化发展中要"当主角""挑大梁"，作为大学校园文化建设的主线。在校园多样性的文化意识中树旗帜，包容多元化的文化形态的同时，使社会主义核心价值观体系成为校园文化建设的主要内容。

三、包容多样，顾及文化的全面性

大学是社会的缩影，转型期的社会文化呈现出多元、多彩、多变的社会文化形态。高校内独有的文化价值观不可避免地与学校外的文化价值观念相互交融。大学生思想活动的独立性、选择性、多变性和差异性不断增强，他们的思想空前活跃，价值观也呈现出多样化。在意识形态领域，应以社会主义核心价值观为参照，对大学生的世界观、价值观、人生观作清晰地全面地界定，使大学生在多样性与选择性的互动中实现价值认同，在理想性与现实性的结合中夯实价值基石，在社会性与个体性的联结中促进价值实现。只有尊重差异、包容多样，才能占领校园文化建设的制高点，达到以一元化指导多元化，达到一元为主，多元并存，一元引领多元的局面。

四、潜移默化，注重文化的无形性

校园文化包括有形文化、无形文化以及由此而生成的行为方式。校园是一个多元、多层次文化交流融汇的场所,师生在校园中学习、工作、生活和交流,丰富高雅的校园文化生活,对广大师生起着潜移默化的影响。因此,高校要高度重视人文环境的建设,结合学生的专业学习、教师的教学科研和学校的中心工作,以培养优良的教风、学风、校风为核心,以学术研究、科技活动为内容,以寓教于乐为手段,以开放的态度,开展多样化、高品位的文化活动,把建设社会主义核心价值观的精神融汇到教学实践中去,坚持社会主义主流意识形态的主导地位,用先进的文化和思想去占领高校课堂、讲坛、学术研讨、校园网络等主阵地,传播主流思想文化,提升校园建设的文化含量。

五、传承创新,把握文化的规律性

改革创新是当代中国最鲜明的时代特征,也是社会主义核心价值体系时代精神的核心。大学作为全面建设小康社会合格劳动者的培养基地,必须把社会主义核心价值观作为主流贯穿于学校校园文化建设的整个过程,不断探寻教书育人的新思路,推动学校各方面工作的进展,正视科技文化在综合国力竞争的重要地位,在原有的校园文化建设基础上不断创新,适应现代社会形势,符合现代学生特点,顺应时代潮流。凡是在历史上产生重大影响的思想,在其自身形成和发展的过程中,总是一方面内容越来越扩展、深化,成为思想内涵丰富的体系,一方面形式上越来越简单、明确,凝结为简洁的命题和概念。越是内容丰富、深刻而形式上又简明、通俗的思想观念,就越能广泛普及、流传久远,产生深入、持久的社会影响。大学作为孕育先进思想与文化的重要场所,必须把握文化的规律性,积极学习建设先进文化,借鉴新的文化思潮,在大时代背景下,结合自身的实际和特点,抓住机遇,创新校园文化建设,以教育教学和文化发展带动校园文化建设。内容上要把社会主义核心价值观作为高校文化建设的根本,弘扬主流文化,扬弃民族文化,打造特色文化;形式上要多方探索,全面考量学校所处环境、师生特点,加大校园文化建设的尝试,开展多层次的校园活动,树立校园文化建设的典范人物,加大对学校的优良传统和知名教师、校友的宣传力度。

第五节　构建和谐校园文化要处理好四个关系

社会主义核心价值观是建设和谐文化的根本。构建高校和谐校园文化，必须抓住这个根本，才能使全校师生形成共同的理想信念，增强凝聚力；才能树立和谐理念，培育和谐精神；才能营造和谐舆论氛围，塑造和谐心态；也才能使高校肩负起培养和造就德、智、体、美全面发展的中国特色社会主义事业建设者和接班人的历史重任。

一、加强党的领导与促进师生认同的关系

构建以社会主义核心价值观为根本的和谐校园文化，首先要处理好加强党对主流意识形态的领导与促进广大师生对主流意识形态的认同的关系。意识形态具有凝聚人心、整合社会的强大功能。基于此，在和谐校园文化构建的过程中，要始终坚持党对意识形态的领导，坚决抵制意识形态指导思想多元化的倾向。与此同时，我们也应该清醒地认识到这样一个基本事实：增强广大师生对主流意识形态认同的最好方法是把主流意识形态转化为全校师生能够接受的对象物。我们应当以马克思主义指导思想和中国特色社会主义共同理想、以爱国主义为核心的民族精神和以改革创新为核心的时代精神、社会主义荣辱观为基本内容的社会主义核心价值观为指导，以充分反映广大师生的利益、愿望、要求和共识作为评价标准，以坚持与时俱进，不断丰富、完善和创新作为不懈追求，着力构建高校和谐校园文化。

二、加强文化建设与满足多元需求的关系

满足广大师生文化需求是加强校园文化建设的目的所在。为此，我们在加强校园文化建设的过程中要尊重和预见广大师生文化需求的丰富性和多样性，加强对各种新型文化表现方式和载体的研究。网络是当代社会影响最广泛、最深刻的科技产物，已经深深地影响了人们的生活方式、思维方式。据问卷调查，网络文化对现代大学生课余生活影响较大。在大学生对"你每周业余时间上网时间"的回答中，以5小时/周为最多，占39.2%，10小时以上/周，占9.2%；对于"你在校园媒体中获取信息的主要途径"这一问题，选择"互联网"的大学生最多，占63.3%。由此可知，高校网

络文化建设与管理刻不容缓。互联网影响着大学生的人际交往、行为方式和心理发展，渗入了大学生的学习、工作和生活。网络交流的虚拟性和开放性以及多元文化汇集与融合的不系统性，对构建和谐校园文化带来一些负面影响。《中共中央关于构建社会主义和谐社会若干重大问题的决定》指出："发展健康向上的网络文化，加强网上思想文化阵地建设，是社会主义文化建设的迫切任务。"对此，作为高校，要重点加强校园网络建设与管理，加强高校网络舆论引导，紧抓网络这一阵地，建设好融"思想性、知识性、趣味性、服务性"于一体的主题教育网站或网页，引导校园网络文化发展方向，加强网络文化内容的监管，利用校园网络进行校园文化建设。同时，根据学校学科特色，拓宽网络学习资源，利用网络这一工具，加大对文化建设的宣传，开展多层次的活动，使学生懂得民主法制、公平正义、诚信友善，使网络更好地服务于学生的成长成才。在有效管理的基础上，净化网络环境，用健康的文化占领网络阵地，让网络真正实现为教育、教学服务，使整个校园安定有序、充满活力。要尊重和满足广大师生文化需求的增长，对文化事业的发展给予更多的政策支持。要尊重和包容广大师生文化发展的多样性，在倡导和支持"雅文化"发展的同时，引导和规范"俗文化"有序共存。同时，要在文化创新和文化继承方面给予更多的资源支撑。据一份调查显示，受调查者中有59%的大学生在业余时间"去图书馆或自习室"，有10%的大学生"参加校内的科技文艺活动"，6%的大学生做兼职。大部分大学生的业余时间安排还是比较合理的，读书和学习是他们最主要的活动，但科技文艺活动方面参与度较低。另外20%的大学生在业余时间"无所事事，经常在寝室"，他们的业余时间没有得到合理的利用。而在被问到"你业余时间喜欢参与哪些活动"的问题时，有47.5%的大学生选择了"班级文化活动"，其余依次为"寝室文化"（45.8），"社团文化"（45%），"学校、院系和班级文化"（31.7%），"老乡文化"（28.3%）。可见，大学生对校园文化是有需求的，但需要给予适当的引导，给予更多的资源支撑。例如，许多学生对目前高校社团文化活动较不满意。在回答"你认为目前学生社团在哪些方面存在不足"的问题时，55.8%的大学生选择"活动吸引力不强"，其余为："活动形式单一"（47.5%），"社团管理松散"（47.5%），"活动内容枯燥"（40.8%），"说不清"（18.3%）。因此，应该继续加强和大力发展校园社团活动，进一步扩大校园社团建设，丰富社团活动的内容。既要加强弘扬科学精神的学术文化社团建设，也要扶持体现先进文化的娱乐类社团的建设，还要重视体现人文关怀的服务类社团的建设，使其在今后校园文化建设方面发挥更为积极有效的促进作用。

三、加强科技创新与培养人文精神的关系

随着人类知识的激增，社会需要的人才规格日益从单一专业性人才向具备综合素质的宽基础人才转变。这一人才规格的转化，要求高校必须承担起为社会培养既具有科学精神又具有人文素养的高素质人才的重要使命，而校园文化正是人文科学与自然科学交叉渗透的最佳契合点。为此，作为高校，在努力营造有利于创新人才脱颖而出和科技自主创新的文化氛围、继续保持科学精神的同时，必须为大学生人文素养的提高创造通畅、丰富的途径和平台。据重庆交通大学抽样调查显示，对于学校人文气息的态度，认为好、较好的分别11%和31%，一般的占42%，不好的占13%。有44.8%的学生比较赞成和非常赞成"加大对儒家思想的宣传"，87%的学生比较赞成和非常赞成"国学课程的开设对构建和谐校园文化有较大影响"。许多同学也希望提高人文社科类各种讲座的数量和质量，注重发挥校内外知名学者的影响力。在发展学校优势学科的同时，也要重视人文基础学科的建设，大力开设人文类选修课，加强课程建设和考核，加强与其他文科院校的联系，取长补短，尽量邀请更多的名家来校讲学和演讲。开展人文社科类作品竞赛，加强对学生社会实践的引导等，拓宽学生的知识面，激发学生的自主意识和创新意识，提升学生的人文素养。

四、现代文明与传统文化在校园文化建设中的合理构成

中国传统文化是指"根植于中华大地肥沃土壤之中，在长期的历史发展过程中形成和发展起来，保留在中华民族之间具有稳定形态的，世代传承并影响整个社会历史的，宏大的古典文化体系。"我国传统文化具有：以善统真的人生态度；人文化成的价值追求；自力更生的创造精神；互补统一的人生经验，强调统一性、情感性、自觉性、和谐观。传统文化是一个民族、国家有别于其他民族、国家的物质文明和精神文明的标志，是进行文化创新的基础和根基，弘扬优秀的传统文化是我们民族身份的觉醒，是

民族自豪感的体现。传统文化是我们国家在数千年历史长河中积淀下来的文化精华,在进行校园文化建设时,必须合理地考量传统文化在校园文化中的地位,加强大学生对我国传统文化的了解,特别是对我国传统道德的学习和践行,促进大学生的文化自觉意识。每个民族、国家的优秀文化,都是传统文化与现代文明的有机融合形成的,传统文化作为一种意识形态,是在自然环境、经济模式、政治结构等客观条件的作用下所形成的文化现象和文化积淀。它既有深刻的内涵又有广泛的外延,包含着人格修养、理想与道德情操、爱国主义、社会责任感等各方面的精神元素,对青年学生的精神品格的培养有着积极的现实意义,是进行校园文化建设的高贵的文化资源,了解中国传统文化的内核对于校园文化建设是大有裨益的。

另一方面,加强传统文化在校园文化建设中的构成。社会主义核心价值体系是以中国传统文化为根基,是吸收了传统文化的合理成分形成和发展起来的,所以我们必须在以社会主义核心价值观体系为根本的校园文化建设中宣扬优秀的传统文化,但是我们也要清晰地认识到当下传统文化在大学里的严重缺位,大学生对传统文化的学习缺乏系统性和制度化,很多大学生对传统文化不甚了解,甚或持否定态度,崇洋意识漫天飞。此种情况下,我们必须在马克思主义的指导下,将优秀的传统文化和现代西方文明相结合,从而创造出有中国特色的社会主义的新文化,这对于营造校园文化氛围具有重要意义。

第六节 依托校园文化建设大学生社会主义核心价值观教育的途径

党的十六届六中全会提出要"切实把社会主义核心价值体系融入国民教育和精神文明建设全过程,转化为人民的自觉追求"。社会主义核心价值观怎样引领高校校园文化?引领高校校园文化的具体路径是什么?这些问题还有待我们进一步研究。因此,我们试图通过探究把社会主义核心价值观教育融入贯穿于校园文化活动全过程,来引领大学生成为社会主义核心价值观的坚定信仰者、自觉追随者、行为示范者、主动践行者。

一、将社会主义核心价值观教育融入校园文化建设的全过程

（一）融入高校校园物质文化建设

将社会主义核心价值观教育融入高校校园物质文化建设，要高度重视校园建设和基础设施建设，努力建设高品位、环境优美、规划科学、布局合理、适于学生生活和成长的现代化校园。优美的校园环境可以净化师生的心灵，能够陶冶人的情操，启迪人的思想、智慧，塑造人的心灵，愉悦人的身心，激发人追求上进、探索未知领域、创造美好未来的活力。将社会主义核心价值观融入高校校园物质文化建设，要重视校园整体规划，高校基础设施是高校校园文化建设所依据的物质载体。校园的整体规划要科学，布局要合理。如将校园规划为教学区、实验区、活动区以及科技园区等，营造良好的校园环境和校园氛围，使教师的"教"与学生的"学"能够实现良性互动，从而提高教学效率和效果，从根本上有利于高校师生的长远和全面发展；重视高校文化设施建设，高校的文化设施水平集中地体现在图书馆建设水平上，图书馆是高校文化建设的资源库，是高校师生学习、查阅资料、科学研究的重要场所。所以应该使众多的文献资源全面地支持和服务于校园文化建设，同时加强现代化图书馆的建设，开发外部资源，为师生提供一个更加开放式的学习环境。

将社会主义核心价值观融入高校校园物质文化建设，要善于将社会主义核心价值渗透在标志性文化建筑建设中。在校园文化艺术标志性建筑中彰显"求实""创新""求美"的价值理念，融入丰富的文化内涵，突出爱国主义教育、社会主义荣辱观教育、弘扬民族精神和时代精神，营造良好的文化氛围和环境对学生进行潜移默化的引导，激励高校师生对真善美的追求，能够激发师生们的创造愿望，在润物细无声中教育和激励高校的师生。将社会主义核心价值观融入高校校园物质文化建设，要加强校园文化载体建设。高校的板报、报刊、广播、电视和网络，是校园文化建设的主要媒体。要把社会主义核心价值观融入校园文化载体建设中，这些文化载体承担着把握正确的政治舆论导向、加强学校各个部门的联系、提高师生的人文修养和塑造学校良好形象等方面的重大职责，在宣传党的方针政策、传播先进文化、塑造高素质人才、推动高校改革和促进学校发展等方面发挥着举足轻重的作用。一方面要加大对这些校园文化载体"硬件"建设的

投入，另一方面要加强"软件"建设，充分利用这些文化载体的技术、功能优势，增强社会主义核心价值观的影响力和辐射范围，使之成为传播先进文化的平台。

（二）融入高校校园文化活动建设

将社会主义核心价值观融入高校校园文化活动建设，就是要在社会主义核心价值观的指导下，通过多种形式组织广大高校师生开展体现时代精神和校园特色的文化活动。以校园活动为载体，树立广大师生的世界观、人生观、价值观，培育爱国情操、创新精神，弘扬民族文化，调节身心，促进健康向上、生动活泼的校园氛围的形成，促进大学生全面、自由、充分的发展，促进社会主义先进文化建设，使高校校园成为学习氛围浓、政治意识强、文化态度端的地方。高校承担着培育德、智、体、美全面发展的社会主义事业的建设者和接班人的历史重任，必须坚持以社会主义核心价值观引导各种文化活动，通过加强校园文化活动建设，弘扬主旋律，开展丰富多样、体现时代要求和学校特色的多层次的校园文化活动，不断满足广大师生日益增长的文化需求，培养高校学生正确的社会主义荣辱观、政治态度和政治理想，促进学生对中国特色社会主义的积极价值认同，有利于社会的稳定和民族的团结。将社会主义核心价值观融入丰富多彩的校园文化活动，使其贴近校园生活。大学生世界观、人生观、价值观的确立，是外在的舆论宣传、价值导向和个人生活经历、学习过程、内在感悟相互作用的结果。将社会主义核心价值观融入丰富多彩、极具个性的校园文化活动，依托多种平台，通过多种途径，以学生喜闻乐见的形式传递给学生，改变了单纯灌输式的德育方法，使抽象的理论说教变得生动、具体和充实，所达到的教育效果要比对学生进行硬性规定和指导要好得多。近年来，各地高校，组织开展了大学生、研究生志愿者暑期文化科技卫生"三下乡"社会实践活动；精心设计和组织内容丰富、形式新颖、吸引力强的思想政治、学术科技、文娱体育等校园文化活动，把德育、智育、美育渗透到校园文化活动之中；充分利用五四青年节、七一建党纪念日、十一国庆节、一二九运动纪念日等重大节庆日和纪念日，开展主题教育活动，弘扬爱国主义、集体主义、社会主义主旋律；实施大学生科技文化节、大学生"挑战杯"、大学生艺术节、大学生运动会、研究生论坛、人文讲坛和深入开展高校学生社会实践活动，提高大学生的创新能力和综合素质。通过这些文化活动的开展，高校师生思想感情得到了熏陶，精神生活得到了充实，道德境界得到了升华，社会主义核心价值观的主旋律得以积极弘扬，从而使校园文化活动成为先进文化的生动表现形式，呈现出积极向上、健康高雅的面貌。

（三）融入校园制度文化建设

将社会主义核心价值观教育融入校园制度文化建设，就是要以社会主义核心价值观指导高校管理体制、组织机构和课程的设置、规章制度的建立以及教学、科研、生产、生活模式的形成等。只有建立完整的规章制度，才能规范高校师生的行为，保证高校各方面工作和活动的开展与落实。将社会主义核心价值观融入高校制度文化建设，要按照导向性、科学性、政策性、稳定性的原则，不断完善高校的日常规章制度。另一方面，依据当前教育政策和教育形势，提升校园各项管理制度的创新水平。当前高校面临诸多挑战，大学生就业形势严峻，大学的培养目标和培养模式亟待调整，在此种情况之下，必须提升高校管理制度的创新。

规范有序的常规管理机制是搞好校园文化建设，实现高校发展目标的必要保障。完善的常规制度，能够保障各项日常工作有章可循，有据可依，避免管理的混乱，保障教学和科研等各项工作顺利进行，保证高校校园文化活动的有序状态，又能保证高校校园文化活动的高效率实现。因此，必须确保高校校园制度文化纳入规范化的轨道。高校制度文化反映着高校的观念、精神和文化，反映着高校的管理思想和水平，在制定高校的规章制度过程中，要突出社会主义核心价值观的要求，把社会主义核心价值观和制度结合起来，充分体现社会主义核心价值观的导向功能、激励和约束功能，保证高校正确的政治方向。将社会主义核心价值观融入高校制度文化建设，要注重人文关怀，建立人性化的管理制度。在制度建设中要体现以人为本，始终以学生的成长、成才为中心，既要约束人又要激励人，既要依法治校又要以德治校，既要有集中又要有民主，既要有共性又要有个性，真正做到尊重人、理解人、关心人。因为高校师生是高校管理中最活跃、最重要的因素，是高校管理的起点和终点，是高校管理的动力和核心，先进的高校校园制度文化会对高校师生的人格的发展产生不可磨灭的影响，在新的历史时期，人们更加关心人的自由、情感、存在和价值、尊重和理解、沟通和信任，只有在社会主义核心价值观的指导下，把人放在首位，具有人文精神和人文关怀，高校的制度文化才能拥有强大的生命

（四）融入高校校园精神文化建设

将社会主义核心价值观教育融入高校校园精神文化建设，就是要以社会主义核心价值观引导高校师生员工形成共同的道德情操、思维方式、心理倾向、人生态度和政治观念。将社会主义核心价值观融入高校校园精神文化建设，要积极倡导奋发向上的大学精神。大学精神是高校师生员工所应共同具有的价值取向、人生态度与道德观念的高度浓缩，是一所高校校园文化在长期发展中形成的历史积淀，对高校师生的思想观念、价值取向、思维模式、行为方式、个性心理等方面都能产生潜移默化的、十分广泛而深刻的影响。树立正确的大学精神尤为必要，大学不在高楼大厦，而在大师学者。把在历史中凝练成的大学精神，融入社会主义核心价值观教育，赋予时代意义，能将其作为一面旗帜，统领高校文化价值体系，从而感召师生员工，形成强大的精神力量。具有鲜明个性和特色的校训、校歌、校徽、校标是大学精神与高校的历史积淀、现实特点相结合的产物，是大学精神外在的形象标志，对教职工具有凝聚作用，对学生具有陶冶作用，对社会具有示范作用，能够极大地鞭策师生修身养德，激励学生热爱学校、刻苦学习，引导学生报效祖国、服务社会。将社会主义核心价值观教育融入高校校园精神文化建设，要建设良好的校风。校风蕴含着高校的办学特色和理念，体现着一所高校的精神风貌，是高校校园文化的核心部分，也是高校校园精神文化建设的主体。校风建设实际上是高校校园精神文化精神的塑造，校风具有较强的规范功能，好的校风能够创造一个陶冶人们心灵的场所，能够激发和凝聚高校成员的内在动力，催人奋进，具有深刻的感染力。建设良好的校风要培育严谨的高校主体的行为文化，对高校师生的行为方式的各个方面起到指导性的作用，自觉约束自己的言行举止；要尊重知识、尊重人才，充分发挥高校师生的创新精神，发挥师生员工的主人翁责任感；要建立和完善评价激励机制，激励学生奋发向上，营造浓郁的学习气氛，激发求知的欲望；要充分发挥宣传阵地的作用，大张旗鼓地表彰先进、树立典型，弘扬正气，让高校师生能时刻感受到积极向上的校风的熏陶。

二、依托校园文化引导大学生坚定和践行社会主义核心价值观

（一）将社会主义核心价值观教育融入高校校园文化的价值导向中——引导大学生成为社会主义核心价值观的坚定信仰者

高校校园文化是意识形态领域的一块重要阵地，各种思想观点都想在信息最为密集、思想最为活跃的高校登堂入室并占有一席之地。据调查，在当前大学生"对不同文化的追求"中，有36.4%的学生青睐高雅文化，有24.5%的学生喜欢传统文化，有23%的学生喜欢外来文化，有16.1%的学生喜欢张扬个性的文化。特别是随着网络时代的到来，迅速涌现的新事物、新思想、新潮流给原有的、传统的、稳定的价值体系以很大的冲击。实践证明，没有指导思想的一元化，校园文化势必出现混乱、失误和挫折，失去正确的方向，也就丧失了校园文化的功能。因此，高校校园文化建设必须坚持马克思主义的指导地位，用马克思主义武装和教育大学生，用马克思主义的世界观和方法论分析问题和判断形势，通过繁荣和发展马克思主义主题文化，引导校园文化，只有这样，才能够真正起到整合并引领日益多样的社会价值观的作用。为此，高校要坚持弘扬爱国主义、集体主义和社会主义主旋律，创造大量的马克思主义精品文化，占领校园文化阵地，引导非主导文化，努力抵制和消除非主导文化对大学生的负面影响。从国外核心价值观教育的途径得出的启示来看，我们既要充分发挥课堂教学的主渠道、主阵地作用，又要重视校园文化建设潜移默化的育人作用，做到"三贴近"，引导大学生成为社会主义核心价值观的坚定信仰者。当然，解决人们的思想认识问题、引导人们树立正确的思想认识，重在疏导，这是由人的思想转化规律决定的。毛泽东在《关于正确处理人民内部矛盾的问题》中曾指出："企图用行政命令的方法、用强制的方法解决思想问题、是非问题，不但没有效力，而且是有害的……凡属于思想性质的问题，凡属于人民内部的争论问题，只能用民主的方法去解决，只能用讨论的方法、批评的方法、说服教育的方法去解决，而不能用强制的、压服的方法去解决。"面对社会思潮应当看到其存在的必然性，尊重其多样化的现实存在，更应该鼓励不同思想相互碰撞、不同观点相互切磋、不同意见充分发表，

通过争论明辨是非,扩大认同。真理越辩越明,相应的错误思潮的消极影响逐步得以消解,社会主义核心价值观对高校校园文化的引领才能得以保证。

(二)将社会主义核心价值观教育融入高校校园文化的环境塑造中——引导大学生成为社会主义核心价值观的自觉追随者

大学生核心价值观教育的内容虽然具有科学性,但并不是所有具有科学性的东西都一定能为人们所接受。有调查结果显示,只有40%的大学生经常主动参加学校或各院系组织的各类大学生核心价值观教育活动,近60%的大学生并没有经常参加各类大学生核心价值观教育活动。其他的调查结果也反映了同样的态势,这说明大学生核心价值观教育的实施路径并没有成为所有大学生主动、自觉的选择。不少大学生把参加这种教育活动看成是一种负担而不是一种学习机遇,从而产生了逆反心理。"如果人们接受的信息,大多与他们的生活和境况无关,他们就会被引入歧途或对之无动于衷。他们的反应将要么是错误的要么是不中肯的。"良好的校园文化环境可以净化学生的心灵,陶冶学生的性情,培养学生良好的心理素质与人文精神,激励学生爱国爱校、刻苦学习、奋发向上。如何引导大学生成为社会主义核心价值观的自觉追随者?把社会主义核心价值观理论学习变"要我学"为"我要学",变负担为需要,引导大学生"乐于从生活本身学习,并乐于把生活条件创造成一种境界,使人人在生活过程中学习",从而增强社会主义核心价值观教育对大学生的吸引力、感染力。在新时期,高校应以邓小平理论、"三个代表"重要思想和科学发展观等为指导,注重开发隐性教育资源,积极探索先进校园文化建设的有效载体。具体来讲,当前高校应着重在物质文化环境建设、学术文化环境建设、社团文化环境建设、管理文化环境建设、媒体舆论环境建设等方面下功夫,努力提升校园环境的文化品位和人文气息。优美的校园环境既是学校正常运转的客观条件,又是社会主义核心价值观教育的重要场所;既可以陶冶师生的情操,又可以净化师生的心灵,把学校精神和社会主义核心价值融入其中,使其发挥"润物细无声"的教育作用。另外,要坚持解决思想问题与解决实际问题相结合,既以理服人又以情感人。由于价值观上的引领最为重要的是实际利益上的引导,因此要多办得人心、暖人心、稳人心的好事实事难事。只有这样,大学生才会真正成为社会主义核心价值观的自觉追随者、传播者。毛泽东曾指出:"一切群众的实际生活问题,都是我们应当注意的问题。假如我们对这些问题注意了,解决了,满足了群众的需要,我们就真正成了群众生活的组织者,群众就会真正围绕在我们的周围,热烈拥护我们。"

(三)将社会主义核心价值观教育融入高校校园文化的活动话语中——引导大学生成为社会主义核心价值观的行为示范者

时任团中央书记处书记的陆昊曾在共青团宣传工作会议上指出:"要善于用青年喜欢的话语体系来创新教育内容的表达方式,要善于运用青年喜欢的语言风格和逻辑与青年交流,善于用真理的力量去影响青年。比如,对于中央提出的'六个为什么',我们就要善于用不同类别青年的话语进行'翻译',努力形成青年易于接受的'六个为什么'的不同类别青年版。只有把引导青年和尊重青年有机结合起来,才能真正走进青年,在本质意义上实现对青年的引导、吸引和凝聚。"我们党提出建立社会主义核心价值观,正是为了形成我们自己的、具有中国特色的、能够使全社会形成共识的文化价值理念,使其成为维系整个社会和谐、稳定、发展的精神纽带。所以,我们高校理论工作者要摈弃过去那种思维定势、居高临下的说教口吻、生硬呆板的叙述方式,注重当今时代青年特质研究,避免"年年依样画葫芦",在构建话语体系上下功夫,切实增强高校校园文化话语的吸引力、影响力,使主流价值观、人生观深入教育对象的中心,产生认同从而实现引领的目标。努力使社会主义核心价值观转化为广大师生的精神信仰和基本价值取向,成为广大师生的罗盘和坐标。用社会主义核心价值观来掌控校园文化话语权,在校园文化氛围中形成社会主义核心价值观的舆论强势,统领高校校园文化,对于坚持社会主义的办学方向具有极其重要的意义。我们也要清醒地意识到,要真正实现对青年最本质、最核心意义上的思想引导,难度很大,不能作简单处理和一般性布置。不仿借鉴前人在这方面的做法,如中国古代有仁、义、礼、智、信等,西方近代有自由、平等、博爱等。我们要建设现代核心价值观,也应当有这些标志性的价值概念,如科学、务实、民主、法治、公平、正义、诚信、友爱、富强、文明、和谐、和平等。要善于把时尚元素注入引导工作中,比如北京奥运会期间的"微笑圈"、目前重庆高校校园流行的"红段子",就是共青团创造和运用时尚元素引导青年的很好案例。只有这样,才能使现代价值观念体现在高校校园文化生活的各个方面。所以，实现价值体系的融入贯穿，要注重在"行"上下功夫，在"话语"上融合。社会主义核心价值观教育只有融入、渗透于大学生日常学习、工作、生活的方方面面，才能化为大众的愿望要求和自觉行动，才能真正落到实处。比如，由于青年大学生最容易受到那些与自身经历和背景相似的榜样的影响，这就要求我们注重从青年大学生生活中培育、挖掘一批可亲、可信、可学且符合社会主义核心价值观教育要求的各级各类典型，通过组织化覆盖，通过各级组织及其骨干成员与青年形成的友谊、情感和信任影响青年的思想和行动，引领大学生根据身边实实在在的模范的人和事去选择、塑造自己的生活，从而使社会主义核心价值观教育的要求具体实在、可感可亲、可信可行

（四）将社会主义核心价值观教育融入高校校园文化的实践载体中——引导大学生成为社会主义核心价值观的主动践行者

在发展中国特色社会主义过程中，社会主义核心价值观必然会被人所认知，而人在认识和接受了一定的价值观念之后，就会在这一价值观念的引导和激励下，将其内化为自我个体思想道德支配下的自觉行为，用自己的实际行动维护主体所倡导的思想要求、道德规范，发挥积极的社会效应，进而在实践中实现社会主义核心价值观教育的价值，并随着实践和认识的发展不断丰富和完善社会主义核心价值观的价值内涵。校园文化活动是社会主义核心价值观教育引领的有效实践载体。作为构成校园文化中最活跃、最丰富、最多样化的部分的校园文化活动也是高校大学生核心价值观教育最常用的教育形式，具体形态繁多，如有科技创新活动、文艺体育活动、参观考察活动、社会实践活动、学习先进典型活动、精神文明创建活动、纪念日主题教育活动等。我们要解决的关键问题是如何将核心价值观教育的要求渗透到日常的高校校园文化活动之中，通过潜移默化的价值引导，使大学生在实践、体验中认知和认同并主动践行核心价值观。实践是一切价值的根本源泉和根本途径。国外的教育人士普遍认为，实践活动是学校教育学生形成核心价值观的重要途径和环节。西方国家的高校进行核心价值观教育的一个重要环节就是通过大量的社团、文体活动协会和俱乐部以及各类兴趣小组开展的活动来培养学生社交能力和团结协作的精神，培养学生的自立、自信、自强的人格品质和乐观向上的人生态度。如美国的学

校,在体育活动中,培养学生公平竞争的精神和自信乐观的人生态度;在校庆、国庆等节日庆典活动中,培养学生爱校爱国精神。德国也重视在社会实践活动中对大学生进行核心价值观教育,除了让大学生在学校接受正规、系统的价值观教育外,还鼓励他们到社会中去接受锻炼参加各种社会活动和社会服务,从而有助于学生把书本上学到的价值观念具体化、生活化,并逐渐内化为自己的价值观。由于国内高校大学生社会主义核心价值观教育单靠课堂教学很难达到我们想要的效果,我们要借鉴国外的经验,必须进行实践活动。只有经过社会实践,大学生才能更深刻地领会课堂所学的内容,才能真正内化。我国所有高校都应该重视校园文化建设在社会主义核心价值观教育中的作用,结合学生身心发展规律和学校的客观情况,大力开展各种形式的社会实践活动。在设计校园文化活动时,要将校园文化活动与国家经济建设、社会发展紧密联系起来,与学校人才培养目标紧密联系起来,突出学生的主体性和创造性。激发学生的主体意识和参与意识,培养和锻炼学生的全面素质。如开展校园文化节、志愿者服务活动、社团活动、"红色旅游"、生产实践等,引导大学生成为社会主义核心价值观的主动践行者。

总之,社会主义核心价值观教育是我们党在思想文化建设上的一个重大理论创新,把社会主义核心价值观教育融入高校校园文化活动全过程是校园文化建设的时代要求。我们要始终坚持马克思主义指导思想,牢固树立社会主义共同理想,大力弘扬民族精神和时代精神,努力践行社会主义荣辱观,并将这四方面的内容全部渗透高校校园文化建设的方方面面,以构建健康、文明、和谐的高校校园文化。

第十章 开展社会实践，促进大学生社会主义核心价值观教育知行合一

第一节 意义阐释

凝心聚力的强国梦想，公平正义的共同信念，昂扬向上的公民品格，是民族复兴的精神支柱，是全面深化改革的力量源泉。党的十六届六中全会通过的《中共中央关于构建社会主义和谐社会若干重大问题的决定》第一次明确提出了"建设社会主义核心价值体系"这一重大命题和战略任务。党的十七大报告又明确提出，"建设社会主义核心价值体系，增强社会主义意识形态的吸引力和凝聚力。"可见建设社会主义核心价值体系是我们党在思想文化建设上的一个重大理论创新。目前，我国社会正发生着深刻的变革，转型期的中国，最需要的是共识的凝聚、精神的引领。社会主义的中国能否长治久安？我们的民族能否兴旺发达？社会主义建设事业能否可持续发展？我们又该如何坚定道路自信、理论自信、制度自信、文化自信？

党的十八大提出"三个倡导"，即倡导富强、民主、文明、和谐，倡导自由、平等、公正、法治，倡导爱国、敬业、诚信、友善，积极培育和践行社会主义核心价值观。这与中国特色社会主义发展要求相契合，与中华优秀传统文化和人类文明优秀成果相承接，是我们党凝聚全党全社会价值共识作出的重要论断。富强、民主、文明、和谐是国家层面的价值目标，自由、平等、公正、法治是社会层面的价值取向，爱国、敬业、诚信、友善是公民个人层面的价值准则，这24个字是社会主义核心价值观的基本内容，为培育和践行社会主义核心价值观提供了基本遵循。从国家、社会、公民三个层面，为我们时代划定了价值航标。面对世界范围思想文化交流、交融、交锋形势下价值观较量的新态势，面对改革开放和发展社会主义市场经济条件下思想意识多元、多样、多变的新特点，积极培育和践行社会

主义核心价值观,对于巩固马克思主义在意识形态领域的指导地位、巩固全党全国人民团结奋斗的共同思想基础,对于促进人的全面发展、引领社会全面进步,对于集聚全面建成小康社会、实现中华民族伟大复兴中国梦的强大正能量,具有重要现实意义和深远历史意义。

因此,要使大学生成长为中国特色社会主义事业的合格建设者和可靠接班人,不仅要大力提高他们的科学文化素质,更要大力提高他们的思想政治素质。加强和改进大学生思想政治教育,关键是要抓住育人这个中心,牢固树立学校教育、育人为本,德智体美、德育为先的思想观念,深入开展社会实践,努力拓展新形势下大学生思想政治教育的有效途径,指导学生社会实践活动,让学生在与社会接触过程中,更好地认识社会、了解社会、理解社会,进而服务社会。从社会主义核心价值体系的构成来看,马克思主义理论、中国特色社会主义共同理想、以爱国主义为核心的民族精神和以改革创新为核心的时代精神以及社会主义荣辱观无不与大学生的思想政治教育紧密相联,无不与大学生的社会实践活动紧密相联。

作为大学生思想政治教育的重要手段和途径,社会实践活动同样是接受中介的教育活动的重要构成部分。它把接受主体和接受客体连接起来并使之相互影响和相互作用,从而使大学生社会主义核心价值观教育得以顺利展开。依托社会实践活动,构建大学生核心价值观教育接受机制具有积极意义。我们应当遵从大学生心理接受规律,寻找生动、有效的载体,把枯燥的理论变成活生生的事例和具体的活动,让大学生在社会实践活动中了解国情、感受社会、认识人生。强化他们对社会主义核心价值观的价值认同,完成从认知到实践、再从实践到认知的提升,促进大学生社会主义核心价值观教育的知行合一。

一、大学生社会实践活动的含义

马克思主义哲学理论认为:"实践是人们为了满足一定的需要而进行的能动改造和探索物质世界的活动。"实践具有客观物质性,社会历史性,自觉能动性和直接现实性的特征。它不仅能够为人类的发展创造物质前提,还能够改造人类的思维,起到特殊的教育功能。大学生社会实践是人类实践整体的一个子系统,作为课堂教育的必要延伸,是社会实践的重要组成部分。让大学生参加社会实践,不仅能够提高大学生认识世界和改造世界的能力,还能够使大学生了解国情、服务社会、增长才干。而所谓的大学生社会实践,就是大学生按照学校培养目标的要求,有计划、有组织地参与社会政治、经济、文化生活的教育活动。

我国大学生社会实践是从20世纪80年代开始发展起来的。1980年至1983年是大学生社会实践的萌芽阶段,主要是少数学校的少数学生在节假日自发开展的社会调查和咨询活动。1984年至1986年是大学生社会实践的推广阶段,大学生社会实践在全国高校普遍开展,活动的目的性、组织性、计划性增强。1987年至1991年是社会实践的全面展开阶段,大学生社会实践被纳入教育的轨道,成为一项社会教育工程。1992年至1997年是大学生社会实践的深化发展阶段,在实践过程中,把社会服务与思想教育、能力培养结合起来,收到了巨大的人才效益、社会效益和经济效益。1998年至今是大学生社会实践的创新服务阶段,实践的内容和形式更加丰富和全面,层次和水平有了进一步的提高,组织领导上也得到了进一步的加强。经过三十多年的发展,我国大学生社会实践已经形成了比较稳定的类型,按照实践的组织者来划分,大体可以分为以下几类。

一是由教学部门主管的教学性社会实践。主要指纳入教学计划的实践环节,有明确的学分要求,是大学生为完成学业或课程结业所必须完成的环节。主要包括专业实习、课程结业、教学观摩、军事训练等形式。对于教学性社会实践,不同的学科和专业有着各自不同的实践教学要求,各大高校都对此做出了明确的规定。其目的是为了让学生能够将理论知识和社会实践结合起来,在巩固课本知识的同时,解决社会生产生活中的实际问题,以便更好地融入社会。

二是由团组织主管的寒暑假及平时社会实践活动,主要是指大学生在课余时间利用自己所学的知识参与到为社会做贡献和为人民服务中去,体现自己的社会价值的实践活动。主要包括"三下乡"社会实践、志愿服务、参观访问、社会调查、科技文化卫生服务等形式。这种类型的实践是大学生基于道义、信念、同情心和责任,在不为物质报酬的情况下自愿提供服务,贡献自己的时间、技能和资源的一种社会实践。在实践过程中,服务者传递了爱心,传播了文明,对于他们来说这是一种奉献社会的方式;对于被服务者来说能够感受到社会的关怀,获得社会的认同。这种类型的实践活动提升了社会风气,保障了社会稳定,对建设社会主义和谐社会有着重要的意义和作用。

三是由学生处、勤工助学中心等主管的有偿性社会实践，主要是指学生在学校的组织下利用课余时间，通过劳动取得合法报酬，用于改善学习和生活条件的社会实践活动。主要包括勤工助学、家教服务、钟点工、推销员等形式。这种类型的大学生社会实践活动是学校学生资助工作的重要组成部分，是提高学生综合素质和资助家庭经济困难学生的有效途径。它由学校统一组织和管理，在不影响正常教学秩序和学生正常学习的前提下开展，不仅改善了学生的生活条件，而且使学生在实践过程中得到了锻炼，思想和素质得到了提高，对社会的认识进一步增强。

四是由学生自己联系的自发性社会实践，主要是指在课余时间，学生自己到社会上去找寻工作，参加劳动，从而获得或不获得报酬的社会实践活动。主要包括大学生在假期参加商业活动，推广企业产品，为企业做销售调查等一些业务活动。这种社会实践相比较前几种更能够锻炼学生自身的胆识和能力，它要求学生不仅要具有良好的专业知识，还要具备良好的心理素质和沟通能力，在自我推荐的过程中能够充分地展示自己的优势，回避自己的劣势。同时，它更要求学生具有法律意识和自我保护意识，在社会实践过程中要防止上当受骗，并且知道通过法律武器适时维护自己的合法权益。

二、满足主体性、主动性以及联动性的需求

人的主体性思想是马克思主义哲学中的重要思想。所谓主体，从哲学层面而言，即对客体有认识能力和实践能力的人，为属性所依附的实体。主体性就是人作为主体的基本规定性，是在对象性活动中所表现出来的自觉性和创造性。接受活动非常明显的一个特征就是强烈的主体性，主体是从自己的内在需要、利益、愿望、爱好出发，对所感受到的信息做出抉择。由于大学生的理性思维能力已经初步形成，自身思维已经呈现出一定的独立性和批判性，越来越习惯于根据自己的思维把握事物的内在联系，独立思考，得出自己的结论，由此体现出主体性的特点，如他们愿意接受真理，注重情感、崇拜偶像、敢于创新的心理特点。大学生社会主义核心价值观教育中的接受活动，是从大学生的自身需要出发，伴随主体意识的发展变化，从内心体验开始对社会主义核心价值体系进行逻辑推理、分析论证、

做出判断，然后做出选择。主动性，即大学生由于自身心理需要的动机，在心理接受活动的过程中表现出来的主观能动性。大学生是社会主义核心价值观教育接受的主体，他们能否主动地应答，主动选择、主动思考是社会主义核心价值观教育的关键。与此同时，由于大学生处于相似的成长环境中，在年龄身份、生活半径、心理状况、理想信念等方便拥有共同基础，易受群落的影响，在接受活动中也体现出联动性特征。由于大学生思想尚未完全成熟，在社会主义核心价值体系教育接受活动中还有情感、想象力等因素的参与，往往出现一种带有较强感性色彩的临机反应，并与其他大学生交互感染，产生阶段性、区域性"潮流"，冷热波动较快，易产生两极分化，呈现多途径、多渠道状态交互影响的联动性特征。

在科学的教育引导下，通过形式活泼多样，内容生动形象的社会实践活动让大学生自由、平等、民主地参与，激发他们的主体性和主动性，注重他们的联动性，有效开展社会主义核心价值观教育。大学生作为社会政治生活、经济生活、文化生活的一员，广泛地参与到丰富的社会生活之中，亲自接触和感知各种人和事，通过了解社会，从而增加对社会的生活积累，并获得对社会物质文化、精神文化和制度文化的认知、理解、体验和感悟。在参与中，大学生的主体地位得到充分的发挥。大学生作为一个真实的主体去体察社会的真实面貌，在社会实践的过程中积极发挥自己的主观能动性，结合自己掌握的理论知识去理解现实，通过自己的双眼去认识社会、了解社会，从感性的实践中去证实理性的认识，接受、认同社会主义核心价值观。

三、满足反复性与长期性的需求

反复性，即大学生理解、认同社会主义核心价值观教育需要长期不断，多次重复，较长时间才能完成。这是由大学生情绪起伏大的明显特征决定的，他们高兴时，热情奔放、情感浓烈，没有丝毫掩饰；伤心沮丧时，则情绪低落、抑郁消沉。各种接受中介和接受环境随着社会的进步和时代的发展而日新月异，更增加了社会主义核心价值观教育接受的复杂程度和难度，接受活动呈现出不断反复、波浪式发展的特征。与此同时，价值观的形成不仅呈现反复性的特征，还是一个长期性的过程。从心理学角度讲，接受主体从接触到内心真正接受一种理论、观念是一个从低到高、从部分到整体、从外表到内心的一个长期过程,不是立竿见影、一蹴而就的,甚至需要一个较长"时间段"。大学生在接受社会主义核心价值观教育时,既需要根据自身的需要层次和接受能力逐渐认知和内化社会主义核心价值观,也需要跟随社会主义核心价值观的发展而不断更新接受内容,接受活动必然是一个长期进行、逐渐认识、曲折发展过程。

具有成长性内涵的社会实践,正好满足大学生社会主义核心价值观教育接受活动反复性、长期性的需要。青年时期是大学生身心发展成熟的成长期,是世界观、价值观和人生观的形成期,是了解适应社会、扮演社会角色、承担社会责任的过渡期。具有成长性内涵的社会实践活动所面临的主要任务包含学业的深化、精神的完善、身体的健康和成为优秀人才的人生追求等,其中,精神的完善是大学生社会主义核心价值观教育接受机制的目标追求之一。社会实践活动是大学生的一种精神完善活动。人的成长过程是精神完善和品质形成与历练的过程。社会实践活动,就是一种形成、提高和完善大学生思想素质、政治素质、道德素质与心理素质的活动。通过这种活动,大学生形成和坚定爱国爱社会主义的信仰、信心与信念,树立科学世界观、人生观和价值观,胸怀志存高远的理想与目标追求,铸造不畏艰难的坚强品质与坚忍不拔的毅力,培育开拓创新的时代精神与前瞻意识,培养健康的人格与包容之心,学会处理各种复杂的社会关系,善于协调个人利益与集体利益的矛盾,在精神不断完善、升华的过程中实现大学生全面发展和成长成才。

四、满足心理性与实践性的需求

社会主义核心价值观所蕴涵的思想观念、政治原则和道德要求属于社会意识形态,接受的内容包括马克思主义指导思想的政治价值观、中国特色社会主义共同理想的理想信念、民族精神和时代精神的精神动力以及社会主义荣辱观的道德价值观,整个接受活动反映出来的是一种知识、思想、文化的交流、传承。因此大学生社会主义核心价值观教育是一种心理性、精神性的活动。同时,接受主体大学生接受的是一种以指导行为为目的,通过大学生个体的心理内化、进而表现出一定的外化行为,并将这种心理内化的知识、思想、文化具体到日常的学习、工作和生活当中去。大学生社会主义核心价值观的接受活动呈现出心理性与实践性的统一。它反映社会主义核心价值观接受主客体之间的相互联系,是接受主体出于自身需要,在环境作用影响下通过某些中介对接受客体进行反映、选择、整合、内化、外化等多环节构成的连接的、完整的活动过程。通过有效的接受,思想观念、政治观念、道德规范就可以被内化为接受主体的品德思想,并外化为品德行为。大学生在社会主义核心价值观教育接受活动中,会针对社会主义核心价值观的本质属性、内在层次等方面进行辩证的思考,将社会主义核心价值观与其他西方文化思潮比较、分析,在考察社会主义核心价值观的应用效果和实用性之后进行选择,对自己是否接受、怎样接受做出理性辨别。大学生核心价值观接受活动,在主客体的相互作用中,通过控制感知、加工思维和行动,来不断促进新知识、新观念的形成,从而达到大学生核心价值观的真正接受。

　　马克思指出,全部社会生活在本质上都是实践的。大学生社会实践充分体现了人类实践的客观物质属性。社会实践是大学生思想政治教育的重要环节,对于促进大学生了解社会、了解国情、增长才干、奉献社会,锻炼毅力、培养品格,增强社会责任感具有不可替代的作用。大学生的社会生活火热沸腾,涉及课堂上下、校内校外、网上网下等各个环节,鲜明地呈现出空间上的广泛性、时间上的持续性。大学生参加社会调查、生产劳动、志愿服务、公益活动、科技发明和勤工助学等社会实践活动等,任何有助于他们学习、成长和顺利完成该阶段社会生活内容的活动都可以纳入到大学生社会实践的范畴。当代大学生内心世界表现出独立性与依赖性,自觉性与自发性错综复杂的特征,当他们参与社会实践后,这种自觉性及独立性心理越来越强烈,自身思维能力和自我主动意识充分发展起来,革新意识增强,能够站在改革开放的前列;崇尚事实求是,讲实效,厌恶形式主义假大空;不因循守旧,勇于争先创新。一方面大学生在走出去为社会服务中感受到自我的存在,找到自我价值,沟通了自我和社会,对培养大学生自立精神、创新意识起到促进作用。身体力行的社会实践活动不但可以促使他们从思想上坚定社会主义的理想信念,而且还会激发他们的历史使命感,促使他们自觉提高学习的积极性,更严格地要求自己,从而促进自身的全面健康发展。另一方面,社会实践活动使大学生与工农大众有了密切接触,在共同的劳动、工作、生活中他们看到工农大众爱岗敬业、默默奉献的优秀品质,使大学生们投身于社会主义现代化建设事业之中,让他们直接感受社会各部门、各领域建设者们的工作热情和忘我精神，让他们亲眼目睹社会主义现代化建设的成就。这对于增强他们的集体感和责任感有不容忽视的作用。

五、满足多样性与差异性的需求

大学生社会主义核心价值观的表现形式是多种多样的，可以以歌曲、影像、文字、图片等光、声、电、符号多种形式呈现，因此大学生社会主义教育的形式是多种多样的，它表现出多样性的特点。同时由于大学生个体的差异，如认知水平、情感体验、价值观取向等个体差异，在开展大学生社会主义核心价值观教育的过程中，也受到上述因素的影响，体现出差异性的特点。由于个体在接受水平上的差异性，也必然对大学生社会主义核心价值观教育形式途径的多样性产生影响，因此，大学生的接受心理也体现出多样性与差异性的统一。

形式多样、内容丰富的社会实践活动能够充分切合大学生社会主义核心价值观接受教育的特点。如积极开展"红色之旅"学习参观，充分发挥博物馆、纪念馆、展览馆、烈士陵园等爱国主义教育基地的教育作用。组织大学生到革命纪念地、改革开放前沿和经济社会发展成效显著的地方学习参观，了解中国革命、建设和改革开放的历史和成就，增强大学生对党的感情，对中国特色社会主义的热爱，激发他们全面建设小康社会、实现中华民族伟大复兴的责任感。又如引导大学生参与技术改造、工艺革新、先进适用技术传播的社会实践活动，为经济社会发展献技出力，不断提高大学生的科学素养，培养良好的学术道德，弘扬求真务实、开拓创新的科学精神。要规范和促进大学生科技成果转化，鼓励大学生开展创业实践，提高创业技能。以教学实践、专业实习为主要内容的实践教学、军政训练、社会调查、生产劳动和社会服务、勤工助学等社会实践活动都有助于大学生社会主义核心价值观的接受。

第二节　可行性分析

党的十八大提出的"三个倡导"，从国家、社会、公民三个层面，为我们时代划定了价值航标。培育和践行社会主义核心价值观,对于凝聚改革共识、推进国家治理体系和治理能力的现代化,具有重大的现实意义和历史意义。大学生社会主义核心价值观教育接受机制由接受主体(受教育者)、接受中介(连接受教育者与教育信息的复杂系统)和接受客体(教育信息)三个主体部分构成。在开展大学生社会主义核心价值观教育活动中,接受客体与接受主体在接受中介的作用下的接受机制运行过程中,所呈现出的心理变化、心理运动和心理接受的特点、规律,同时通过效果评价和信息反馈两个环节共同构成一个整体性的运行机制。依托社会实践活动,可分别从接受主体、接受中介和接受客体三方面结构对构建大学生社会主义核心价值观教育接受机制的可行性进行分析。大学生社会实践与其他社会实践相比有着许多共同的特征,如体验性、互动性、客观物质性等,但也有其自身所特有的特征,这些特征主要表现在以下几个方面。

一、大学生社会实践具有社会性

大学生在学校参加课堂教学、看书等活动不能称之为社会实践,只有在社会生活中,以实际生活为教材,以人民群众为教师,深入社会中进行改变环境而又自我提高的活动,才称之为社会实践。大学生进行社会实践的过程就是他们主动、广泛地参与到丰富的社会生活中的过程。在这个过程中,他们要亲自接触和感知社会中的各种人和事,加深对社会的了解,增加对社会的生活积累。同时不断提高对社会中制度、文化、风俗等社会规范的认识、理解、体验和感悟能力,树立正确的人生观、价值观和世界观,促进自身的全面发展,进而加速自身社会化的进程。

二、大学生社会实践具有多功能性

一方面,实践能够辅助课堂教育,通过实践大学生能够得到锻炼,获得对社会现实的感性认识,这些是课堂教育无法给予的。同时,大学生在实践过程中,会运用到课堂上学到的理论知识,有时还不单单是某一方面的,而是需要运用多方面的知识和技能,这样不仅加深了学生对理论知识的巩固和理解,也提高了他们对知识的综合运用能力。另一方面,实践能够激发大学生的主观能动性,社会给予大学生发挥的空间是学校无法比拟的，在这个大空间中，大学生可以发挥自己的能力，施展自己的才华。在人与人之间的接触中还能够取他人之长，补己之短，培养团队协作精神。

三、大学生社会实践具有协同性

在实践的过程中，不是仅仅依靠某一方面的力量就能够达成目标，而是需要政府、高校、学生、社会等各个方面相互配合，形成合力，协同完成任务。在这个过程中，政府负责提供政策支持，为实践活动的开展提供有利的政策环境；高校科学地规划实践活动，不断提高自身的实践指导能力，使实践活动健康有序的开展；学生是实践活动中最重要的一部分，需加快对自身角色转变的适应，摆正心态，提高自身技能，以确保实践活动的顺利进行；社会是开展实践活动不可或缺的一部分，提供实践基地，对实践活动的开展进行大力宣传，从而为大学生社会实践提供有利的社会环境。

四、大学生社会实践具有专业性

这是大学生社会实践区别于其他社会实践最显著的特征。高等教育体系的两个基本组成部分分别是学校课堂教育和社会实践教育。在课堂教育中，学生学习内容的专门化程度比较高，职业定向性也比较强，因此，在进行社会实践教育时，也要求体现专业性，要求推行专业对口实践，以便大学生能够运用所学专业知识来解决生活中的实际问题。例如，工科类学生侧重到技术型企业实践，文科类学生侧重到行政单位实践，师范类专业学生则侧重到学校实践，等等。而针对具体所学专业的不同，这些大类又可以划分成很多小类，从而进行更细致的对口实践。

五、社会实践活动的开放性与双重属性

大学生社会主义核心价值观内化过程中的体验联动机制与固化机制，最注重的就是将大学生社会主义核心价值观教育寓于社会实践之中。实践教学在社会主义核心价值观教育中起着关键的作用，高校在做好理论教育的同时，需积极探索实践教学的模式，大学生自己也应积极参与到相关的社会实践活动之中，以增强对社会主义核心价值观的体验与认知。作为接受主体的大学生，价值观处在未定型而又将定型的阶段，这一时期的大学

生在心理和意识特性上，既具有一般同龄人的自我意识和独立意识增强、富有朝气和幻想、可塑性强，但情绪、心理又不够稳定等共同特点，又具有较强的知识接受能力和较高的知识水平、较高的自我评价与自我期望，较明显的求变、求新意识，情绪化的叛逆心理，非理性的标新立异等大学生的独特性。这些特性因大学生个体之间的差异而在他们身上不同程度、以不同的方式存在着。这些个体差异主要体现在他们既有的知识结构、价值取向、意志品格中。其中的知识结构决定着不同个体对新知识的接受能力、同化能力，从而规定着接受者所可能接受的社会主义核心价值观的数量、质量，规定着他的"视界"。大学生处于快速的知识累积时期，他们所能接触的、能理解的相关信息较之同龄人更加多样化，视野更开阔，从而也就面临着更加纷杂多样的价值观信息，需要他们具有更强的对信息进行判断与择取能力。价值取向则规定着接受者对价值观信息内容的"选择性注意、选择性理解、选择性接受"。也就是说，接受者只能对信息刺激做出有选择的反应。大学生已有的理想、信念、价值观，决定着他们对社会主义核心价值观的选择与取舍。心理意志品格则影响着接受者将外在的社会主义核心价值观内化为接受者内在的思想信念与行为能力的过程。大学生虽然自我评价与期望较高，追求较高人生价值的驱力更强，但心理意识却不够成熟、稳定，具有易变性，容易因外界的刺激而发生改变。因此，作为接受客体的社会主义核心价值观，能对接受者产生多大的影响，能否内化为接受者内在的信念，不仅取决于接受者的接受能力和倾向，也取决于社会主义核心价值观依托教育平台的生命力。这种生命力来源于教育平台与接受者内在认知结构和观念的契合程度。

具有开放性与双重属性特点的社会实践活动能够为大学生社会主义核心价值观教育的接受活动提供可行性条件。社会实践活动的开放性特征要求教育者彻底改变一切从书本出发、从教室出发、以教师为中心的传统教学观念，引导学生关心书本知识之外、教室和学校以外的事情，使之热爱生活、热爱集体、热爱国家，在理论与现实中架起沟通的桥梁。社会实践的开放性包括活动内容的开放性——在大自然和人类社会的广阔天地中去学习和发展、活动时空与形式的开放性、活动评价的过程和活动开展的开放性等。双重属性，即社会实践活动既有学校教育的属性，又有社会教育的属性，它是联结学校教育和社会教育的重要纽带。因此，既不能只强调社会实践活动的学校教育属性，将社会实践活动理解为第一课堂的延伸或作为第二课堂，也不能只强调社会实践活动的社会教育属性，排斥课堂教学和理论知识，以实践代替教育，搞所谓的"开门办学"。事实上，作为实施素质教育的重要把手，社会实践教育的加强与课堂理论教育的改革同等重要，应该同步进行、相互促进。依托社会实践活动，丰富大学生社会主义核心价值观教育接受活动空间广泛、形式多样、内容多元、导向多向度的特点，增强大学生对社会主义核心价值观的接受程度。

六、社会实践活动的参与性与主体性

接受环境是影响接受活动的外部条件，接受环境"是一个近似于社会场的概念"。社会场可以依它与接受者密切程度的不同而分为三个层次：外层为接受者通过各种传媒了解到的社会环境；中间层为接受者通过人际交流或偶然机遇所"看到、听到"的接受环境；内层为接受者亲历的，与接受者有着直接、稳定的现实联系与作用的环境。这三个层次类似一个同心圆，其对接受者的影响和作用由内向外而层层递减。正是由于各个接受个体生活亲历不同，圆心位置不同，从而使处在同样的接受大环境下的学生个体之间产生很大的差异。大学生通过亲历最内层接受环境而产生的感性经验，对他们的社会主义核心价值观的形成与发展的作用最大。

社会实践活动的教育目的是使学生在实践中受到教育，增长知识和才干，离开了学生对社会生活的亲身参与，就无所谓"实践"，也无从达到社会实践活动的教育目的。社会实践活动的社会参与性与主体性正好切合了大学生亲历最内层接受环境。

具有参与性与主体性性特点的社会实践活动能够为大学生社会主义核心价值观教育的接受活动提供可行性条件。社会参与性，即学生作为社会政治生活、经济生活、文化生活的一员，广泛地参与到广阔的大自然改造和丰富的社会生活之中，亲自接触和感知各种人和事，通过了解社会，从而增加对社会的生活积累，并获得对社会物质文化、精神文化和制度文化的认知、理解、体验和感悟。在参与中，学生的主体地位得到充分的发挥。主体性是人在实践活动和认识活动中所表现出来的自主性、能动性、创造性。学生作为一个真实的主体去体察社会的真实面貌，在社会实践的过程中积极发挥自己的主观能动性，结合自己掌握的理论知识去理解现实，寻

找、研究现实中成功的经验和失败的教训，通过自己的双眼去认识社会、了解社会，从感性的实践中去证实理性的认识。我们在开展社会实践活动中，必须充分调动学生的积极性，尽量放开手脚让学生独立自主地组织开展活动，目的在于让学生在活动中动手动脑、独立思考，培养他们的自主精神和独立工作能力。从制定计划、选择内容和方式到进行具体活动的全过程，必须使学生实际地参与到社会生活中去，而不是社会生活的旁观者。社会实践活动的中的亲历亲为，通过最内层接受环境直观感知社会主义核心价值观的内涵和精髓，增强大学生对社会主义核心价值观的接受程度。

第三节　活动原则

为更好贯彻"受教育，长才干，作贡献"的指导方针，加强大学生的社会实践，培育和践行社会主义核心价值观要坚持以下原则。

一、主体性原则

坚持以人为本，尊重群众主体地位，关注人们利益诉求和价值愿望，促进人的全面发展。对于学生来说就是坚持发挥学生在社会实践中的主体性原则，明确学生是社会实践的主体，而不是社会实践的附随体。主体性是人在实践活动和认识活动中所表现出来的自主性、能动性、创造性。马克思说："自由自主活动是人类特性。""人是社会关系的总和。"主体性源于人的社会性，它体现在主体要认识社会、改造社会，主体性水平应从自觉自由角度来衡量。自主性是主体性的核心，英国学者迪尔登对自主性作了说明："独立作判断；批判地反思这些判断的倾向以及依据这些独立的、反思的判断将信念与行为整合的倾向。"因此，具有自主性的人是客观环境的支配者和控制者，既不盲目受客观环境的支配，也不盲从他人的意愿，能自我调节和自我控制，能以自己的思维来支配自己的行动。创造性是主体人的能动性的凸现，是主体性发展的最高表现。其实质是对现实的超越，即主体不再盲目地满足于自己的现状，在理论上和实践上能动地把握客体，对客观世界原有事物的现象和本质进行分析、综合、推理、想象，发现新规律，提出新的知识和方法。

具体来看待社会实践，教师、学生是教与学的主体，教与学活动的对象或内容是教与学的客体。主体性表现在学生于学习和实践活动中所表现出来的自主性、能动性和创造性。首先，老师的身份只是指导者，应放手让学生独立参加实践，而不是由老师取代学生做实践。其次，任何形式、任何内容的社会实践都要根据学生的实际情况来制定。若不考虑学生的实际情况，制定的社会实践的内容和形式超过学生的能力范围，则学生会因做不好放弃实践或者对自己失去信心。若低于学生的能力范围，激励不了学生创新精神的培养，这些都不利于学生的发展与教育。因此，学生的社会实践必须以学生为主体，才能达到预期目标。

二、开放性原则

坚持社会实践活动的开放性原则，即能随着时代的发展变化而发展变化，同时又能与整个社会系统进行多种信息和能量的交换。社会实践过程本身就是开放的创造需要的过程。实践满足人已有的需要，促使新的需要的形成，新的需要又促进实践的进步，如此地循环往复，人的需要就经历了不断提升和提高的过程。大学生道德品质形成过程中的知、信、行，只能在大学生与外在社会相互作用的活动中实现。实践活动是促进德育影响转化为学生品德的基础。在完成学习、工作、劳动任务和进行社会交往的过程中，大学生一方面遵循社会、集体或教师提出的道德规范；另一方面自身也会产生遵守道德规范，评价和调节人际关系及个人行为的需要。这样，大学生在这种实践活动中将形成相应的品德，达到知、信、行合一。

坚持社会实践的开放性，就是要求学生要积极参与社会实践，亲身体验。从心理学的角度看，体验总是与个体的自我角色意识紧紧相连的。学生能在实践中通过角色的真实性体验深化角色认知，强化角色意识，从而摆脱角色的边缘性，正视期望角色与实践角色之间的角色差距，通过角色调适，最终达到两者的和谐统一，实现角色的社会价值最大化。坚持社会实践的开放性，就是要求高校广开渠道，使学生在更广阔的领域，与社会和家庭、教师和同学等之间进行大量的、多角度的多向交流实践。系统论认为，所有的系统都是开放的，系统内部和系统内外需要有物质、信息的交流。高校应当突破传统思维定式和狭隘眼界，以多视角、全方位看问题的思维，主动出击，寻找有效载体，积极拓展教育阵地，寻求新的发展点，构建一个开放的社会实践工作体系。坚持社会实践的开放性，就是要求学校、社会、家庭形成合力，构建学校教育、社会教育、家庭教育的大平台，树立"让学生唱主角"的育人思想，以实践为主要形式，形成的工作和研究网络，进一步推进社会实践活动的研究和理论提升。

三、层次性原则

社会实践要体现出层次性。在大学生社会实践中，层次性主要是指实践主体由于年龄、性别、生理、心理、生活经历等的不同，对实践的内容、方法和传递的信息的接受能力、接受程度和范围等存在着差别。层次性原则是指要从实践主体的特点出发，根据实践主体的不同思想状况，因材施教，因人利导，分层次进行教育的原则。它主要运用和表现在教育对象的层次性、教育目标的层次性、教育内容的层次性等方面。

教育对象的层次性。教育对象的层次性的实质就是，承认受教育者的差异。把受教育者划分为不同层次，根据不同层次确定不同的教育目标、教育内容和教育方法，有的放矢，对症下药。既鼓励先进，又照顾多数，将先进性要求与广泛性要求结合起来，在鼓励并帮助每个人勤奋努力的同时，仍然承认各自在成长过程中所表现出来的才能和品德的差异，并且按照这种差异给予区别对待。根据大学生群体不同道德主体的层次，处理好先进性和一般性的关系，确定相应的道德标准要求。

教育目标的层次性。教育目标是一个不同层次的具体目标构成的目标体系，有共同目标，也有具体目标。共同目标是所有专业、所有大学生和研究生都应努力达到的目标。具体目标主要是按不同专业、不同思想层次确定的目标。按不同专业确定的目标体现了对不同专业学生的特殊要求。

教育内容的层次性。根据不同年级学生的不同需求，社会实践的内容应有不同侧重。对于大一、大二学生，社会实践可以为这一部分学生提供一些简单的、体验式的与社会接触的工作。通过这种与社会的初步接触，学生可以了解工作的艰辛，认识社会和学校的差别，初步学习人际交往的技巧和方式等。对于大三、大四学生来说，为即将来临的就业、求职做好充分的准备，要通过加强社会实践，提高他们的社会化程度以及对社会的认识水平和社会适应能力，掌握必要的进入社会角色的知识和技能，为学生从学校走向社会打下必要而良好的基础。因此，大三、大四学生的社会实践活动更多的带有实习的性质，应当与自己未来的工作意向、兴趣特长广泛结合。

四、结合性原则

社会实践应当遵循与其他教育方式相结合原则。大学生社会实践活动作为高校对大学生进行思想政治教育、全面提高大学生综合素质以及促进大学生健康成长的一种重要教育活动，为了能更好地开展与进行，应当与其他教育方式相结合。

要坚持社会实践活动与社会热点教育相结合。大学生社会实践活动要取得实效、得到社会的认同、产生较大的社会影响，就必须针对社会热点、难点问题开展工作。把社会实践活动与时代主旋律相融合，围绕党的中心工作，社会实践活动才能被赋予新的活力。当前，要把社会实践活动与落实科学发展观相结合，与社会主义核心价值观教育相结合，使社会实践活动面向社会主义建设事业，立足于树立青年学生正确的人生信念、培养青年学生的创新精神和实践能力、塑造青年学生良好的个人品格不断开创社会实践活动的新形式，拓展社会实践的新领域。

要坚持社会实践活动与专业教育相结合。将社会实践活动与专业学习相结合是大学生社会实践活动的重要立足点。在开展社会实践活动过程中，大学生应结合自身专业的特点，不断在社会实践活动中检验并巩固所学的知识，将知识优势转化为实际应用的技能优势，提高自身适应社会的能力。这种结合是大学生社会实践活动得以持久深入和向高层次发展的基础，只有实现了这种结合，才能使成才教育收到实效，才能真正服务于社会。

要坚持社会实践活动与大学生成才就业指导相结合。一方面，可以帮助大学生更好地了解社会的需求，明确自我发展的方向；另一方面，可以鼓励大学生在实践中勇于推销自我，满足现代社会对人才的多层次要求。通过社会实践的尝试与摸索，大学生可以逐步积累就业创业所必需的认识能力、选择能力、社会活动能力、独立工作能力、社会适应能力、创造能力等，为以后的就业创业做好准备。

五、可接受性原则

社会实践的可接受性原则，是指社会实践要与受教育者的接受特性相吻合,从而使社会实践传导的价值观念、实践能力以及思想道德教育信息等能够为教育者所接受的原则。社会实践作为一项按照一定社会要求有目的、有计划、有组织地影响受教育者思想品德形成和实践能力的活动,内在地包含教育者的教育活动和受教育者的接受活动两个相互联系的方面,是教育过程和接受过程的统一。它反映社会实践活动教育接受主客体之间的相互联系,是接受主体出于自身需要,在环境作用影响下通过某些中介对接受客体进行反映、选择、整合、内化、外化等多环节构成的连接的、完整的活动过程。通过有效地接受,社会和社会群体的一定的思想观念、政治观念、道德规范就可以被内化为接受主体的品德思想,并外化为品德行为。可接受性原则是现代思想政治教育的基本教育原则,这是由思想政治教育内在特殊性所决定的,是思想政治教育规律的客观反映。正确理解和贯彻可接受性原则,对增强社会实践的有效性、推进社会实践工作具有十分重要的意义。

第四节 组织与实施

大学生社会主义核心价值观教育模式由接受主体、接受中介和接受客体通过方案实施、信息反馈、方案调整、效果评价四个环节的有序循环,有效地促进了接受主体、接受中介和接受客体之间的相互联系、相互作用、相互影响,形成了教育由物理过程向心理过程的转化。接受主体通过注意信息、保持信息、接受信息、心理内化、改变认知、转变态度、影响行为这样一个循序渐进的心理接受过程,促进接受主体表现出相应的外化行为,从而形成了一个良性循环的整体运行机制,最终实现教育目标。大学生社会实践活动作为一种教育形式,涵盖于大学生社会主义核心价值观接受中介的重要教育活动中,是高校加强与改进大学生思想政治教育的重要途径,是全面提高大学生综合素质、促进大学生健康成长的必要手段,同时也是构建大学生社会主义核心价值观教育模式的有效载体。

中共中央、国务院《关于进一步加强和改进大学生思想政治教育的意见》中明确指出,社会实践是大学生思想政治教育的重要环节,对于大学生了解社会、了解国情,增长才干、奉献社会,锻炼能力、培养品格,增强社会责任感具有不可替代的作用。社会实践活动同样是大学生培育和践行社会主义核心价值观的重要环节和有效途径。大学生在社会实践中，透过各种现象认识社会和人生，有助于他们树立正确的世界观、人生观、价值观，有助于他们主动培育和积极践行社会主义核心价值观。许多在校大学生囿于狭小生活范围的，缺乏实践锻炼和人生体验。高校管理者和思政教育工作者要通过开展丰富多彩的社会实践活动，引导大学生积极投入到现实生活中去。要融社会主义核心价值观于社会实践之中，引导学生把社会主义核心价值观的客观要求内化为自己的自觉行动。通过组织学生参加爱国主义基地教育、课外实践基地教育及大学生"三下乡"、志愿服务、专业实习、社会调查、生产劳动等社会实践和公益活动，使大学生在实践中心灵得到净化、认识得到升华、觉悟得到提高，在丰富的人生体验、科学的理论学习和积极的政治追求中自觉践行社会主义核心价值观。需要强调指出的是，还要引导大学生在日常实际生活中努力践行社会主义核心价值观，在平时的学习、生活中切实做到爱国、敬业、诚信、友善。作为大学生，要把对祖国的热爱认真落实到自己的日常行动中，遵守法规，履行义务，恪尽职责。和平时期不仅要为建设祖国奉献自己的聪明才智，还应当无条件地为国家尽到各种应尽的义务。对于大学生来说，敬业就是专注于学业，努力学好各门功课，掌握专业技能，为将来参加工作奠定坚实的基础。在日常生活中应该坚持做到讲信誉，重信用，做一个堂堂正正，诚实守信，对国家和社会有用的人。每个大学生都应注重从自己做起，从小事做起，以友善的态度与他人相处，用实际行动积极构建融洽友善的人际关系。惟有如此，方能真正达到提升公众素质、引导社会风尚、凝聚全民共识的目的。

当代大学生社会主义核心价值观教育是一个全面广泛的价值观内容，层次分明，功能性比较强，是相互贯通相互影响的有机整体。如何引导大学生建立科学的核心价值观具有现实意义，在培养模式和建设途径上分析，主要有价值观念的灌输和社会实践规范两个方面。开展社会实践践行社会主义核心价值观的有效途径有如下几条。①注重发挥社会实践的养成作用，完善实践教育教学体系。②开发实践课程，加强实践育人基地建设，打造大学生校外社会实践基地。③组织大学生参加力所能及的生产劳动和爱心公益活动、益德益智的科学发明和创新创造活动、形式多样的志愿服务和勤工俭学活动。④注重发挥校园文化的熏陶作用，加强学校报刊、广播电视、网络建设，完善校园文化活动设施，重视校园人文环境培育和周边环境整治，建设体现社会主义特点、时代特征、学校特色的校园文化。⑤建设师德高尚、业务精湛的高素质教师队伍。

在组织和实施大学生社会主义核心价值观教育的过程中需要注意以下五个方面。

一、提高大学生自身素质

（一）提高对大学生社会实践的认识

大学生社会实践活动是我国高等教育的一项十分重要的内容，有利于高校实施素质教育，因此，应该提高对大学生社会实践的认识。我国各个高校应该对大学生参加社会实践活动的重要性和必要性加以认识，尤其是高校领导更应该重视大学生社会实践活动对大学生素质发展的重要性。

首先，大学生社会实践活动是一项综合工程，可以有效提高我国大学生的素质，而这项工作需要高校及其院系的配合和协调。同时，高校应该把大学生社会实践活动当成培养社会主义事业的优秀接班人的头等大事来抓，要对大学生进行马克思主义思想教育，并通过报告会、学术讲座和课堂教学等形式使大学生明白参加社会实践的重要意义，从而做好大学生社会实践活动的动员工作。

其次，为了使大学生社会实践活动能持之以恒并不断加以深化和提高层次，高校应该从学校的整体高度考虑大学生社会实践活动，对其统筹安排、统一布置和统一领导。

再次，高校应该增强大学生社会实践活动指导思想的针对性，从而提高社会实践活动的实效性。对我国大学生的社会实践活动进行项目化管理，有助于紧密联系在社会实践活动开展过程中出现的各种现实问题，对实践活动提供有效服务和有力支持，从而使得我国大学生的社会实践活动的指导思想能够更加贴近学生、贴近生活并贴近实际。在对大学生社会实践活动进行项目化管理的过程中，应该把握并遵循我国大学生社会实践活动的发展规律，坚持理论教育和社会实践相结合，坚持改进创新和继承实践活动的优良传统相结合，坚持解决实际问题和思想问题相结合，坚持关注学生的合法权益和切身利益相结合,做到循序渐进、有的放矢地推进我国大学生的社会实践活动富有成效地进行。①

最后,要引导大学生认识到参与社会实践活动的重要意义。通过参与社会实践,有助于通过自身实践将感性知识上升到理性知识,可以激发大学生进行艰苦创业的实践精神,培养他们的创新能力,明确他们所应该担负的社会责任,丰富课堂教学内容。总之,大学生参与社会实践活动是他们成长过程中十分重要的内容和组成部分。

(二)培养大学生参与社会实践的主动性

大学生世界观、人生观、价值观的确立,是外在的舆论宣传、价值导向和个人生活经历、学习过程、内在感悟相互作用的结果。传统的思想政治教育往往依赖于教育者单方面的灌输,忽视了大学生的主体性、能动性和差异性,忽略了在价值形成过程中个体的认知、判断、情感和选择的重要作用。增强大学生社会主义核心价值观教育的有效性,必须更新观念,充分尊重大学生的主体性,积极为学生营造自我教育的氛围和环境,使学生在自我认识、自我体验中提高道德认知能力、判断能力和选择能力,主动选择接受社会主义核心价值体系理论,并内化于心、外化于行,真正转化为自身的价值观念和价值取向。

社会实践活动和大学生的成长成才息息相关,然而我国部分大学生看不起体力劳动,认识不到大学生社会实践活动的实质及其重要性,缺乏参与社会实践的主动性和积极性,或者只是被动地参与社会实践,没有全面贯彻学生主体原则;忽略了在社会实践中发挥主观能动性的重要意义,只是把社会实践看作一种负担;还有部分大学生没有充分意识到社会实践在培养学生素质教育方面的重要作用,他们通常只注重理论学习和研究,认为参加社会实践纯粹是浪费时间。同时,缺乏社会责任,只注重自身的收获,缺乏参与社会实践的热情。

因此,大学生社会实践活动必须不断实现创新发展并贯彻落实以人为本的理念,从而充分调动我国大学生作为社会实践活动主体的主动性和积极性。对大学生社会实践活动进行项目化管理,可以充分调动大学生参与

---

① 杨世传.人的全面发展与大学生社会实践活动[J].黑龙江高教研究,2004(10):153-155.

社会实践活动的主动性和积极性。在大学生进行社会实践活动过程中，高校应该转变工作理念，实现从管理者角色向服务者角色的转变，在把握当代大学生的关注焦点和合理需求的基础上，尽可能安排那些能够多方面满足学生需求的实践活动。对于大学生来说，应该充分调动他们参与社会实践活动的主动性和积极性，使他们充分认识到参与社会实践活动的重要意义和作用，使他们认识到社会实践活动是培养实践能力和创新能力的重要形式，是提高自身的综合素质的重要手段，并有利于加速社会化进程。通过项目化管理，可以转变大学生对于社会实践的认识，从而把实践由一种负担转变为一种"充电"，社会实践不仅是对自己社会能力的提升，同时，也是理论知识与生活、工作知识的有机结合。学生参与社会实践的积极性、主动性提高了，在具体的实践中，自己主动学习、充实自我的意识就会不断加强。项目化管理不仅仅要重视对学生的主动性、积极性的培养，更重要的是要把他们的爱好、自身能力与未来的工作选择进行有机的结合。这样，在具体的实践过程中，大学生就可以把自身的优势于具体实践岗位的需要（乃至于未来正式工作的需要）进行融合，自身的理论实践知识水平、智能构成也会得到相应提高。项目化管理不是学生单方面可以实现的，学校、指导教师在这一个体系中也起着至关重要的作用，各大高校的社会实践指导机构应该对具体指导教师、实践负责人加大考核、培训的力度，首先使他们明确社会实践的重要性，同时提升他们的业务能力水平，这样大学生的社会实践效果、实践有效性在客观上也得到了保障。

二、强化政府责任

大学生社会实践体系的构建要顺应社会发展的新形势，符合一定时期国家的大政方针。同时，政府也应通过法律、法规的制定来促进大学生社会实践体系的构建，为其提供必要的政策保障。

首先，制定并完善高校组织实践的行为规范。政府应出台相应政策，用法律法规的形式明确规定高等教育中必须包含社会实践这一部分，并且把各个高校学生社会实践的成绩作为高校间评比的一项重要指标，以此来衡量高校的综合能力。在此过程中制定完善的大学生实习制度，明确规定大学生参与社会实践的具体形式和时间要求。同时，对于某些不履行国家政策规定的行为，除责令其必须采取补救措施外，还要给予一定的惩罚。

从而使得大学生社会实践成为高等教育必不可少的一部分，成为推动教育发展的重要力量。

其次，制定并完善大学生实践期间人身及相关权益的保护制度。大学生在参与社会实践期间，面对的种种人际关系和社会环境要比学校复杂的多，有时还可能会发生各种危及身心安全的事件。这就要求政府要逐步制定并完善大学生实习期间人身及相关权益的保护制度，例如：规定在实习之前，学校、用人单位、学生三方在自愿平等的基础上签订劳动合同，以避免实施过程中可能出现的劳动纠纷；规定学生在实习期间应享有和正式员工一样的福利和待遇，避免把学生当作廉价劳动力现象的发生，这也能解决实习生中间普遍反应的实习工资的问题；对于实习期间发生的不可避免的危及学生身心安全事件，政府应用法律形式明确规定补偿相关事宜，切实维护大学生在社会实践过程中的合法权益。

最后，制定规范和鼓励实践单位接收实习生的相关政策。政府需要明确规定成为实习单位所必须具备的条件，如：依法注册成立，内部管理规范，具有良好的社会信誉和行业信誉，具有从事高校实习工作的积极性；能为见习人员提供良好的学习、工作、生活条件，能够按要求对就业见习进行有效管理；能够为参加见习的高校毕业生提供一定的生活补助，并为其购买人身意外伤害保险等。同时政府还应通过税收减免等政策的实行，鼓励企业积极接纳大学生在其内部进行实践；建立、健全知识产权保护制度和泄密责任追查制度，以防止大学生在实习期间无意或有意泄露企业秘密而给企业带来风险事件的发生。通过法律法规的制定，在对实习单位做出具体、严格要求的同时，也积极地维护他们的利益。

三、落实高校责任

（一）高校发挥"宏观调控"的优势

大学生社会实践活动不应该只局限于少数或者部分学生，而应该面向全体大学生。因此，在对大学生社会实践活动进行项目化管理时，既应该抓好组队，也应该强调面向全体学生。这就要求高校大学生社会实践组织部门能够面向实际，避免片面追求那些可以在短时间内见效的实践项目，应该制定相应的措施来对大学生的社会实践活动进行有效监控。因此，高校有必要建立分工明确、指挥有力的社会实践组织机构,并成立大学生社会实践领导小组,领导小组应该由高校领导牵头,团委、宣传部、教务处、学生处和财务处等部门应该参与到领导小组中来。所成立的大学生社会实践领导小组应该对该校的大学生社会实践活动进行统一协调和统筹规划,加强实践活动的对外联络和对内组织,并专门拨出经费以保障大学生社会实践活动的顺利开展。同时,高校应该建立科学的社会实践管理制度,抓好大学生社会实践活动的落实情况,从而保证该校的大学生社会实践活动能够顺利按照战略规划、指导思想、实施、组织管理和验收考核的步骤进行。同时,高校应该重新考虑学校的课程设置,在规范社会实践课程的基础上,将其纳入高校教学的总体规划,进一步加强大学生社会实践活动的学科建设和科学研究,并和相关的职能部门进行协商,认真组织并实施大学生社会实践活动。高校各大院系也应该成立相应的大学生社会实践领导小组,由有关领导、导师和团组织负责人组成,领导小组要负责对大学生的社会实践活动进行统筹。我国各个高校应该发挥共青团所特有的组织优势来扩大大学生社会实践活动的参与面。共青团属于积极进步的群众组织,是一种政治力量,在广大青年中起着核心作用,并能够用自身的核心作用来吸引青年和凝聚青年。共青团有着十分特殊的结构,有横向和纵向两部分组成,横向部分是同级组织所组成的并列的网络关系,纵向部分则由团中央、团的地方和基层组织所组成的垂直主干部分。这种组织体系相对比较紧密、合理,具有强大的组织优势和内部动力,因此,我们应该在大学生社会实践活动中充分发挥共青团的组织优势。从横向来看,共青团组织应该充分发动各种外围组织的力量来支持并协助开展大学生社会实践活动,并吸引更多的大学生主动、积极地参与社会实践;从纵向来看,应该加强团中央对大学生社会实践活动的部署和领导,完善各个地区的大学生社会实践活动领导机构,并在各高校建立大学生社会实践活动领导小组,从而充分发挥出共青团在开展大学生社会实践活动中的整体作用。

(二)开发实践课程和活动课程,完善实践教育教学体系

在大学生社会实践的过程中,高校要以课程和教学改革为突破口,设置有利于大学生知识掌握和实践能力提高的课程,不断强化大学生的社会实践能力,为社会培养高素质的应用型人才。

在学科设置上,注重各学科的相互渗透融合。依照学分制培养方案,按照通识课程、学科基础课程、专业课程、教师教育课程及实践性课程五大模块设计课程结构,对相关相近专业交叉整合,减少必修课,增加选修课的比例。学科渗透融合不仅仅是在文科之间或是理科之间,还包括文理学科之间的渗透融合。例如,为文科生开设数学类、化学类、自然科学类课程;为理科生开设艺术类、语言文学类课程。通过这种渗透融合,使学生们在拓宽视野的同时,提高自身的异向、综合和发散性思维能力,促进其科学思维方式和艺术修养水平平行发展,以利于大学生综合素质的提高。从而在实践的过程中能够更加符合岗位和社会的需要,自身的水平也能够得到充分的发挥。在这种情况下,还可以适当地给学生一定的自由,让他们根据自己的兴趣爱好和以后的择业方向来选择实践单位或岗位,在不同专业之间进行替换实习。

在教学方法上,注重"启发式"教学模式的运用。"启发式"教学就是教师根据教学目的、内容、学生的知识水平和知识规律启发和引导学生,通过学生的主动思考、大胆质疑主动掌握学科的基础知识,从而不断培养学生主动学习能力的一种教学模式。教师在教学过程中不是枯燥地讲解书本知识,而是结合学科的研究现状、发展趋势等多方面进行教学,充分激发学生的学习兴趣;在作业布置上,倾向于布置在书本或参考文献中无法找到现成答案的作业,让学生亲自去调查研究、搜集资料,对资料进行分析思考,归纳整理。从而使得他们在学校学习时就养成独立思考学习的好习惯,在进行社会实践时才能够形成独立的人格,充分发挥自身分析问题和解决问题的能力。

(三)建立、完善社会实践评价指标体系和激励机制

为了促进大学生社会实践活动的顺利进行,学校应该建立、完善社会实践的评价指标体系,依据社会实践活动的目标和具体要求来考核并评定大学生社会实践活动参与的态度和效果。有效的社会实践考核评价有助于真实反映大学生参加社会实践活动的情况并找出大学生实际的社会实践活动和预期的教育目标之间所存在的差距,从而可以为当前高等教育社会实践活动的发展和改革提供依据。同时,学校应该根据对社会实践活动的评价结果,对大学生社会实践活动制定相应的激励机制。

为了使大学生社会实践活动走上创新发展的良性发展轨道，必须做好对高校大学生社会实践活动的总结评定和考核表彰，将大学生社会实践活动的年度考核作为主要的考核评价方式，将社会实践的活动效果和育人功能作为主要的考核评价指标，制定规范的评价方法和标准，根据大学生在社会实践活动中的表现、智能收获、思想收获以及心得体会和调查报告完成的质量来判定他们是否合格地完成了社会实践活动；在大学生的社会实践评价体系中，应该提高科技含量、实践能力、竞争观念和创业能力等方面在评价考核标准中所占的比重，应该坚持"长才干、受教育、做贡献"的评价标准，重视大学生社会实践活动的经济效益和社会效益，根据指导教师、接收单位和组织单位的共同评价来判定学生的社会实践活动效果。通常可以先由接收单位对大学生在参与社会实践活动的整个过程中的综合表现作出相应的鉴定，然后让指导教师和组织单位根据接收单位的鉴定结果评定他们的社会实践活动成绩并作出相应的评语；然后对那些在社会实践活动中表现优秀的大学生应该专门进行表彰，并在各个院系和高校之间进行交流，从而充分调动大学生参加社会实践活动的积极性；对于社会实践活动合格的大学生，学校应该颁发合格证书，并将社会实践活动的结果和大学生的综合测评以及评优选先活动挂钩。

大学生社会实践活动的评价体系必须充分调动大学生参与社会实践活动的积极性和主动性，这对提高社会实践的效果具有十分重要的作用。高校应该在教学计划中纳入社会实践活动课程，将其作为大学生的一门必修课程，赋予社会实践活动课程相应的学分和学时，并建立完善的考核评价机制。在对大学生的社会实践活动课程进行考核时，可以采用定量和定性相结合的方式进行，最终结果折算成学分，计入大学生的档案。第一，学校应该成立二级评估小组或者委员会，对大学生的社会实践活动进行定量考核和定性考核，坚持集体评估和学生自测相结合的方式；第二，应该对大学生在参加社会实践活动中的具体表现、各项资料以及接收单位的综合评价等资料进行如实记录；第三，各个学院应该建立接收、处理并反馈大学生社会实践活动信息的机制；第四，高校应该制定有关大学生社会实践活动的管理办法和条例，各院系和班级则根据学校制定的管理办法和条例制定相应的实施细则。并将学生的社会实践活动的情况和大学生的综合测评成绩、奖学金、先进个人和先进集体评选、推优入党、经济利益、推荐就业和免试研究生、干部业绩和教师工作量七个方面挂钩。同时，高校应该根据大学生的社会实践活动情况，每年开展各种各样的评选先进个人和先进集体的活动，对在社会实践活动中表现突出的集体和个人进行表彰奖励。由此可见，高校应该建立并完善各种激励机制，以充分调动广大学生、干部和教师参与大学生社会实践活动的主动性和积极性，使我国的大学生社会实践活动能够形成自我驱动、有机运作和有序发展的机制。

（四）加强教师参与社会实践并提高社会实践能力

首先，高校领导和教师应该积极参与大学生社会实践活动，这对促进大学生社会实践活动的成功实施具有十分重要的作用。因此，我国高校应该采取有效的措施来充分调动教师参加大学生社会实践活动的主动性和积极性，学校可以通过建立科学、全面的社会实践评价机制和奖励机制，对教师参与社会实践进行的表彰奖励与社会奖励和国家奖励接轨，这样就可以充分发挥奖励机制对教师参与社会实践的激励作用。同时，高校可以加强和媒体的联系，对于那些在社会实践活动中表现突出的教师，应该及时进行报道，从而激发他们的责任感和荣誉感，以保证大学生的社会实践能够健康发展。

其次，高校应该加强对教师社会实践能力的培训，学校可以通过举办培训班或者讲座的形式，针对不同类型的大学生实践活动对教师进行培训，培训内容应该包括社会实践活动方式、社会实践活动的环节、社会实践活动的过程、对社会实践活动的评价以及如何指导学生应对社会实践活动中可能出现的问题等进行培训，从而提高大学生社会实践活动指导教师的社会实践能力，以促进我国大学生社会实践活动的有效实施。

四、发挥社会组织作用，设立大学生社会实践基金和基地

社会组织是指为了实现特定的目标而有意识地组合起来的社会群体，如企业、政府、学校、医院、社会团体等。大学生的实践活动是在社会中进行的，与各种社会组织之间有着密切的联系，只有充分发挥这些社会组织的作用，才能使实践活动更健康的开展。

（一）提高实习企业的积极性

企业是大学生社会实践活动的主要承载者，接受大学生到本企业实习，

不仅是他们应尽的义务,更是他们应该承担的一份社会责任。为了更好地履行义务和责任,企业应该从多方面入手,提高自身接纳实习生的水平。

首先,企业化被动为主动。在以往的大学生社会实践过程中,大部分都是高校或学生自己找到企业,要求实习,企业处于被动的状态。但有资料表明:美国的"硅谷"是世界闻名的电子工业基地,那里的企业发展多借助于斯坦福大学的人才优势。1995年在硅谷的高技术公司的盈利达850亿美元,而这些利润的62%与斯坦福大学有联系。所以,各个企业应用长远的眼光看问题,充分认识到与高校的合作培养实际上是为企业未来更好地发展积累人才。化被动为主动,多与各大高校联系实习事项,或是定期向社会发布有关实习岗位的信息,方便学生找寻。在自身条件允许的情况下,尽可能多地接受实习生,为企业注入新鲜血液,带来新思维、新技术;在管理以及人员培训方面也能得到高校的有力帮助。

其次,实习企业要制定完善的实习生制度。在大学生踏入实习岗位之前,由企业的人力资源部门集中对实习生进行岗前培训,培训内容主要包括商务礼仪、单位各种注意事项、企业文化等内容,使实习生明白作为一个职业人士应具备的基本素质,本企业特有的行为模式,以便更快地融入工作中。在实习生到达实习岗位以后,各部门负责人还要对其进行专业技能培训,使实习生了解岗位工作内容和基本操作方法。此外,实习企业还应制定明确的实习生工资待遇和工作纪律规定。据了解,工资待遇是实习生最为关注的问题,这就要求企业审慎对待,要给实习生实习工资,但他们的工资和企业正式职工之间还要有一定差距,做到既不影响正式职工的工作动力,又使实习生的自我价值得到体现。在工作纪律方面,充分考虑到实习生身份的特殊性,在要求他们严格遵守企业管理制度的同时,还要注意与学校的实习管理制度相结合,提高灵活性。企业还应按照《劳动法》的规定,制定严格的实习生权益保障制度,以便于实习生在实习过程中出现意外事故能够及时有效解决,既保障了实习生的权益,又维护了良好的企业形象。

(二)强化非营利组织的服务功能

非营利组织是指不以营利为目的的组织,它的目标通常是支持或处理个人关心或者公众关注的议题或事件。它在国家中的地位越来越突出,因此充分发挥非营利组织的作用,对大学生社会实践活动的开展具有重要意义。

首先，非营利组织可以为大学生提供实习岗位。大学生的社会实践活动不仅仅局限在企业内开展，还可以在各种社会团体，民办非企业单位等一些非营利性组织中进行。例如，自1982年以来，中国红十字会就协助政府倡导和推进公民无偿献血事业，我们也经常可以看见高校校园里有无偿献血的车辆。因此，可以充分利用这个有利条件，无偿献血活动进行到哪个高校，红十字会人员就让该校学生在现场帮助登记资料，维护秩序，为他们提供一个实习的机会。经过多次合作，从中挑选适应能力强、工作出色的学生形成固定的实习关系，在学生节假日时跟随无偿献血车辆到各个地方服务。如敬老院、疗养院等一些民办非企业单位，固定和一个或几个高校实行对口连接，每年接纳一定数量的大学生进行实习。而像壹基金这样的组织，在义工招募上，应首先考虑和各大高校联系，尽量从大学生中挑选义工，在为大学生提供实践机会的同时，也陶冶了他们的情操，升华了他们的人格。

其次，非营利组织要充分发挥中介作用。非营利组织应充当人力资源的有效桥梁，在职业介绍、就业咨询、职业技能等方面发挥服务作用，提高人力资源市场配置效益和减少市场运行和交易成本，从而促进大学生社会实践活动的开展。有时仅仅依靠单个学生的力量无法开展正式的实践活动，这就需要有一个组织协助进行。例如中国青年志愿者协会，在每年的寒暑假可以集合一个或几个高校的大学生，在某个旅游景区义务协助游客参观游览，到贫困山区任教或是义务帮村民看病等。非营利组织在其运行中，必定会和社会上的其他企业、单位有所接触，他们的实习资源相对来说也就多一些，这些非营利组织就可以充分利用此优势，积极在学生和实习单位之间搭桥，促进实践活动的开展。高校在与实习单位的合作中可能会因为信息的不完全等原因而产生各种摩擦和障碍，这就要求非营利组织在其中充当润滑剂的作用，传递完整的信息，提高人力资源的配置效率。

（三）发挥新闻媒体的促进作用

现代社会是一个信息高速发达的社会，信息充斥在人们生活的角角落落，在这个过程中，新闻媒体发挥了巨大作用。因此，在大学生社会实践过程中，要充分利用新闻媒体的媒介、宣传、舆论监督作用，进一步推进实践活动的开展。

首先，发挥新闻媒体的媒介作用。除了利用电视和报刊杂志传播实践岗位信息以外，还要充分利用网络的力量，特别是现在微博的兴起，为信息的传播提供了更加便利的条件。现在的年轻人有许多都是所谓的"微博控"，每时每刻都在关注着微博上传递的信息，因此，各个实践单位可以建立单位的官方微博，发布本单位可以提供的实践岗位信息。还有一些企业名人，如李开复、马云等个人微博也有相当大的关注量，他们可以借助自身名气，结合所能够提供的实践资源，及时在个人微博上发布实践岗位信息，为大学生提供实践机会。

其次，发挥新闻媒体的宣传作用。宣传作用就是通过各种各样的媒体，让某个信息观念知道的人更多，传播的范围更广泛。新闻媒体特别要注意对优秀实践活动的宣传，从实践的策划到具体实行再到实践的总结要跟踪报道；对于特别成功的案例，新闻媒介可以对其进行系统整理，专题报道，以便其他高校和实习单位借鉴学习，同时这种宣传对高校和实践单位本身就是一种鼓励，能够促使他们以后更好地实施大学生社会实践活动。

最后，发挥新闻媒介的舆论监督作用。新闻媒体有责任通过舆论来监督大学生社会实践活动的开展，客观公正地报道实践活动的情况，要敢于揭露实践过程中出现的各种问题。对于一些假实习、高校与实习单位勾结侵害大学生实习权益的事件，要及时予以曝光，通过舆论的压力来迫使行为人改变做法，在其后还要对相关单位和人员跟踪监督，确保他们不再暗箱操作，也给其他高校、实践单位以及学生自身以警示。

（四）设立大学生社会实践基金

大学生社会实践活动的顺利组织和实施需要一定的经费保障，资金来源可以由学生、学校和社会共同解决。学校应该对大学生社会实践活动设立专项资金，并将社会实践活动纳入教学计划中，并为其提供专项经费保障和支持，并在年初经费预算中纳入社会实践经费，从而避免在需要开展大学生社会实践活动时出现临时申请经费的局面。在对我国的大学生社会实践活动进行项目化管理的过程中，高校应该根据社会实践活动的具体情况来拨付经费。同时，应该鼓励广大学生拓宽思路、解放思想，充分利用社会资源来筹措社会实践活动的资金，可以通过基金会、企业和地方出资协助的方式来筹集资金。同时，参加社会实践活动的大学生自身也应该承担一部分经费，以增强其参加社会实践活动的责任感。在筹措资金的过程中实现社会责任和资金责任的融合,这也是对大学生进行品格培养的内容之一。

(五)加强对大学生社会实践的研究

我国高校应该进行足够的大学生社会实践研究,建立相应的研究机构对大学生的社会实践活动进行研究,在已有研究的基础上,充分挖掘如何促进大学生社会实践活动有效实施的方法,给大学生的社会实践活动提供理论支持和指导。同时,高校应该将大学生社会实践活动作为一门学科进行设置,并根据大学生参与社会实践活动的结果进行评价,并和其他文化课一样计入学分,从而引起大学生的充分重视。应该对教师和学生参与大学生实践活动进行激励,并建立相应的大学生社会实践活动基地。

五、以特色教育活动为抓手,实现知行相统一

以培育中国特色社会主义建设者为目标的高校校园文化建设,社会主义核心价值观教育的有效融入,必须促进学生在社会实践过程中的"知"与"行"的统一。为此,有必要开展社会主义核心价值观教育项目建设,采取项目运作模式开展一系列的校园文化主题活动,为大学生践行社会主义核心价值观打造空间。一是以青年马克思主义者培养工程为依托,开展思想文化教育实践,以学生党校、团校、理论社团为依托,重点办好理论研讨会、形势政策报告会,同时深入革命纪念地、纪念馆等爱国主义教育基地,让学生了解历史、认知社会。二是以职业生涯规划为载体,开展理想信念教育实践。实施大学生职业生涯规划辅导,要以价值导向为核心,教育引导学生把个人的选择与国家和社会的发展需要结合起来,在此基础上对大学阶段的学习生活及素质发展进行全面规划,同时要实施开展创新创业等教育实践活动。三是以重要纪念日、重大事件为契机,开展民族精神和时代精神教育实践,围绕重要纪念日、重大事件,合理设计教育主题,采取大学生喜闻乐见的形式,开展主题教育实践活动。四是以文明大学生评选活动为抓手,开展道德规范教育实践。通过争创活动的开展,引导大学生从具体事情做起,从一言一行做起,培养良好的道德情操。

雷锋精神是中华民族优良品德的传承,是中华民族传统美德与社会主义时代精神的有机结合。坚持用雷锋精神引导广大青年大学生牢固树立正确的世界观、人生观、价值观,推进社会主义核心价值体系建设,不断提高青年大学生思想道德素质,促进青年大学生健康成长成才,具有十分重要而又深远的现实意义。50年多前,毛泽东同志提出了"向雷锋同志学习"的号召以来,雷锋作为道德楷模的光辉形象,自始至终影响着中华大地的一代又一代人。多年来,雷锋精神已跨越了时空的界限,成为人民群众最高尚的精神追求。今天,在加快推进社会发展进步、全面建设小康社会和实现中华民族伟大复兴的历史进程中,准确把握雷锋精神的时代内涵、精神实质,以及与社会主义核心价值体系的有机统一,对推动社会主义核心价值体系建设有着非常重要和深远的现实意义。

党的十八大报告把社会主义核心价值体系建设作为一项重要任务,提出了新部署新要求,特别强调要"倡导富强、民主、文明、和谐,倡导自由、平等、公正、法治,倡导爱国、敬业、诚信、友善,积极培育社会主义核心价值观"。党的十八大报告还进一步指出"要深化群众性精神文明创建活动,广泛开展志愿服务,推动学雷锋活动、学习宣传道德模范常态化",这一重要论述把弘扬雷锋精神进一步纳入社会主义核心价值体系建设体系,为新形势下社会思想道德建设进一步指明了方向。从思想理论认识和行为实践经验上来看,雷锋精神不仅丰富了社会主义核心价值体系的内涵,也体现了社会主义核心价值体系的基本要求,更对社会主义核心价值体系建设具有重要推动作用。中央所做出的重要部署和要求,是我们党积极适应时代发展进步要求、应人民群众期待发出的有力号召,是推进社会主义核心价值体系建设、传承弘扬雷锋精神、提升全社会道德文明程度的重要安排部署。雷锋精神集中反映了社会主义核心价值体系的根本要求。当前和今后一个时期,是我国全面建设小康社会的关键时期,是深化改革开放、加快转变经济发展方式的攻坚时期。面对新形势、新任务、新要求我们应牢牢把握时代特征,真正把学雷锋活动作为社会主义核心价值体系建设的重要载体,以不断丰富雷锋精神的时代内涵,继续保持好雷锋精神的强大生命力,让雷锋精神成为激励我们为实现国家富强、民族振兴而共同奋斗的强大精神力量和源泉。

坚持以常态化的雷锋精神弘扬,坚定青年大学生的理想信念。雷锋精神的本质内涵就是理想信念高于天。共产主义崇高理想是雷锋始终坚持的信念,他始终把这一种崇高理想作为一生的行动指南,以自己思想、言行予以践行。他牢记党的宗旨,把"生为人民生,死为人民死"为作为自己人生信条，将自己的命运和人民的事业紧密相联，无论何时何地都听党的话，跟党走，以自己的满腔热情和忠诚赤胆之心为党的事业奋斗不止，为人民的利益无私奉献。雷锋精神所体现的是青年一代坚定跟党走的执着追求与理想信念，这是我们实现建设中国特色社会主义、全面建设小康社会、实现中华民族伟大复兴这一宏伟目标不可或缺的宝贵精神财富，是广大青年大学生践行当代核心价值观的人生航标和价值示范。广大青年大学生弘扬和践行雷锋精神，就是要志存高远，牢固树立远大的理想信念，自觉把个人追求与国家、民族的命运联系起来，与社会担当结合起来，把个人的奋斗融入国家富强、民族兴旺、社会进步的历史潮流之中，把思想认识落实到加强学习、勇于实践、锐意创新的实际行动中，使自身价值得到更好体现。高校作为思想道德建设的重要基地，要以常态化的雷锋精神弘扬和传播，在广大青年大学生中广泛开展理想信念教育、党史党性教育、核心价值观教育，教育引导广大青年大学生始终将爱党、爱国、爱人民、爱社会主义作为自己的崇高理想信念，坚定不移贯彻执行党的基本路线方针政策、永远跟党走，坚定不移建设中国特色社会主义、坚定不移推进社会进步，为国家富强、民族进步作出积极贡献。

坚持以常态化的雷锋精神弘扬，培育青年大学生的道德品质。雷锋精神是社会主义思想道德建设的基本内涵之一。当前，随着经济社会的飞速发展，经济体制深刻变革、社会结构深刻变动、利益格局深刻调整，思想观念深刻变化，针对一系列思想认识、价值观念、道德修养等存在日益突出的问题，社会思想道德建设已经摆在更加突出的位置。针对青年少年一代价值取向更加多元化、道德观念也不再呈现单一形式的现实，弘扬雷锋精神就是要在全社会特别是青少年中弘扬道德至上、和谐共处，锤炼和造就优良的道德品质。雷锋精神不仅传承了中华民族的优良品德，也体现了社会主义思想道德的本质要求，更彰显着社会主义核心价值体系的精髓要义。青年大学生是弘扬传承雷锋精神的重要主体，高等院校应始终把学雷锋活动作为重要阵地，以此为载体和平台，不断加强青年大学生的思想道德建设，提高思想道德素质。高等院校要把弘扬雷锋精神作为提升青年大学生思想道德建设的重要内容，固化为制度，常抓常新，坚持不懈，使其永葆旺盛生命力的活力源泉，着力培育当代青年大学生优良的道德品质和精神境界，使雷锋精神焕发出新的时代光芒。

第十一章 注重教育效果，建立大学生社会主义核心价值观教育长效机制

马克思主义指导思想，中国特色社会主义共同理想，以爱国主义为核心的民族精神和以改革创新为核心的时代精神，社会主义荣辱观等构成的社会主义核心价值体系，是社会主义和谐文化的内在精髓和灵魂。和谐文化是社会主义核心价值体系的具体体现。一个社会的文化是多元的，先进文化与落后文化、正确思想和错误思想、主流意识形态和非主流意识形态同时存在。当前，市场经济纵深发展，信息化日新月异，大学生的价值观也正在经历着一个复杂而深刻的转型。各种观念、思潮、文化和价值观相互碰撞、相互影响，除了给大学生带来了大量的前沿和新鲜信息外，也给大学生价值观形成产生了不少负面的冲击。因此，势必需要一种主导的价值观来引导他们，这就是社会主义核心价值体系，用它来引领和整合多样化的思想意识和社会思潮，使正确的思想得到支持，错误的思想得到抵制，主流意识形态成为主导，非主流意识形态得到整合。

大学生处在一生中世界观、人生观和价值观形成的关键年龄阶段，大学阶段也是社会化过程中价值观教育的重要阶段。大学生精神追求的实质，是一个国家未来的精神和信仰的方向。大学生的精神迷失必定导致青年人信仰的模糊化和边缘化，其长远的受害者是整个国家和民族未来的精神发展。如何在构建和谐社会和社会主义核心价值体系的背景下，结合大学生的年龄特征和心理接受规律，将社会主义核心价值观教育融入大学生思想政治素质教育中，使社会主义的核心价值观成为大学生价值体系的中心，但又不失大学生本身的价值观特点，达到共性与个性的统一，提高大学生的思想政治觉悟，武装大学生的头脑；如何将社会主义核心价值体系中的文字真正变成大学生们实实在在的行动，达到知与行的统一，使大学生成为社会主义核心价值观的学习者、践行者和传播者；如何在高校建立多维多通道的核心价值观教育体系；这些都是新时期高校思想政治教育工作的重要课题。

我们课题组本着实事求是、理论联系实际的原则,将研究建立在实际操作和大量数据支持的基础上。首先调查分析影响大学生价值观的因素和变化倾向。然后根据影响大学生核心价值观的教育因素,设计实验条件,开展社会主义核心价值观的教育实验,并对实验效果用统计软件进行统计分析,得出研究结论。此外,为了研究教师人格和教学手段对大学生社会主义核心价值观的影响,也进行了教师教学评价。最后对当前社会主义核心价值观教育的效果和不足之处进行总结,以探究社会主义核心价值观教育的长效机制。

第一节 大学生社会主义核心价值观教育实验活动的影响研究

针对当前大学生存在的社会主义核心价值观方面的问题,为提高核心价值观教育效果,本课题组最终确定在重庆市五所高校开展为期三个学期的大学生社会主义核心价值观教育手段的干预和影响效果的研究。本研究开展的社会主义核心价值观教育活动,遵从知、情、意、行的心理接受机制,将核心价值观内容体系通过多种方式,转变成学生愿意接受的知识和活动,触及学生心灵,激活学生意愿,转变学生认知,改变学生行为,最终将社会主义核心价值观的内容体系内化为大学生自己的价值观。研究主要从课内教学活动、课外团学活动、心理素质拓展、网络教育基地建设、校园文化建设和社会实践活动六个方面进行。研究中,为了更好地明确教育活动带来的大学生社会主义核心价值观的影响效果,我们将大学生分成实验组和对照组,实验组的大学生接受所有的课堂内外及网络基地教育等多渠道、全方位的核心价值观教育,对照组的大学生除了原有的日常教学条件外,不接受本次实验中的教育干预活动。

一、大学生社会主义核心价值观的教育实验活动

(一)课堂教学

课堂教学实验是大学生社会主义核心价值观教育的主渠道、主战场。

将社会主义核心价值观教育融入政治理论课、基础课和专业课教学活动中，在教学过程中，融入心理学方法，通过启发式和体验式等多种教学方式方法，提高教学效果。本次研究过程中，为了更好地探究社会主义核心价值观的课堂教育运行有效模式，课题组进行了改革性尝试。我们在"思想道德修养与法律基础""形势与政策""大学英语""工程项目管理"等课程的教学活动中，将马克思主义指导思想，中国特色社会主义共同理想，以爱国主义为核心的民族精神和以改革创新为核心的时代精神，社会主义荣辱观等构成的社会主义核心价值体系的内容分解融合，针对大学生中存在的政治信仰迷茫、价值取向模糊、理想信念缺失、社会责任感缺乏等价值观问题，设计不同的教学主题，开展社会主义核心价值观的专题教育和课堂融入教育，包括核心价值观专题理论剖析、爱国主义教育、经典人物介绍、创新精神启发和社会主义荣辱观剖析和实践等。课题组在教学实验中充分发掘教师对学生的良性影响作用，教学中不仅保证了充分的教学时间和教学实践活动，而且还和学生建立起紧密联系，关注重点学生。在教学考核方面，从认知、情感和行为等方面对学生教学接受程度做出全面考核。

（二）课外教育活动

课外教育实验活动主要通过课外团学活动来开展。通过主题鲜明、丰富多彩、寓教于乐的课外团学活动，促进知行并重——知行统一的实现，提高大学生社会主义核心价值观教育的实效性。课外教育中，对实验班同学开展符合大学生身心特点和知识水平的社会主义核心价值观有关的班团组织活动，包括主题征文比赛、红色电影赏析和写观后感、"我的祖国"庆祝建国六十周年征文比赛、"学习·践行社会主义核心价值观主题团日活动"设计大赛、"学习·践行社会主义核心价值观"箴言创建活动、红岩英烈诗歌朗诵会等。通过对社会主义核心价值观的内容分解和融合，结合主客体教育活动的规律性，从知、情、意、行对大学生进行社会主义核心价值观教育，影响大学生对社会主义核心价值观理念的认识、看法以及接受态度和实践行为。这些教育实验活动激发了大学生的积极性，将课堂社会主义核心价值观的理论体系更进一步地融入到课外学习和实践活动中。促进了大学生认知、情感和行为的转变，激发大学生政治信仰、澄清价值观念，增强社会责任感，激发爱国精神和学习热情，达到了社会主义核心价值观的内化效果。

（三）心理素质拓展训练

　　心理素质拓展训练是为了帮助大学生做好心理开放性建设，提高心理素质和观念接受的开放性程度，为社会主义核心价值观教育活动奠定良好的接受心理基础。在本研究中，社会主义核心价值观教育主要是通过以班集体的方式来集体展开，因此班级的凝聚力和成员间人际交往的积极性会对社会主义核心价值观教育的效果有直接的效果。如果班级成员的人际互动更加积极，班级成员的凝聚力更强，社会主义核心价值观教育相关的专题教育、团学活动、课内外教育实践和网络平台互动开展都会有更好的效果。因此在实验初期即2009级大学生刚入大学之际，我们就对实验班学生开展心理接受性训练，首先对被试学生开展了团体凝聚力和人际交往的心理素质拓展训练，帮助大学生形成良好的学习和交往环境；其次加入了个体自我成长部分的训练，帮助大学生建立积极的自我认识和自我体验；此外，针对核心价值观教育的心理接受规律，我们还专门进行了两个专题的心理开放性训练，帮助大学生更好地融入集体，融入团队，学会用积极的方式和他人交往，建立信任和互助感，增强使命感，增加接受新观念的主观能动性。

（四）网络教育基地建设

　　网络教育基地建设作为本研究在教育手段上的突破和创新。在信息化越来越深入发展的时代，电脑和网络已经深深改变着人们的信息交换、知识获得的方式，实实在在地融入了大学生的学习和生活。网络的虚拟性、信息传递的迅速性、选择的自主性、信息多元性等已经给大学生思想政治教育带来了挑战，同时也给核心价值观教育带来了机遇。本研究将网络载体作为大学生核心价值观教育的重要手段，积极发掘网络对大学生社会主义核心价值观教育的积极功能。利用大学生广泛接受的网络，建立网络教育基地。将社会主义核心价值观倡导的先进文化理念和主流意识形态利用网络载体灌输给学生，以更好地引起学生共鸣，达到教育目的。课题组利用学校已有的网络资源，开发了名为"心价值·新视界"为主题的专题网页，在网页中融入不同版块，包括红色经典、原创作品、动漫地带、名人轶事以及时事动态等。通过歌曲、图片、文字让大学生在浏览网页的过程中,融入性地灌输社会主义核心价值观的思想和理念,让社会主义核心价值观通过网络平台进行传递,让学生在放松中获得价值观成长收获。

(五)校园文化建设

校园文化建设是重视开发隐形教育资源的有效方式。利用重庆市唱读讲传的良好社会氛围,结合大学校园环境建设,力图在高校营造社会主义核心价值体系良好的学习风气和文化氛围。通过图片展、电影播放、社团活动、校园广播、橱窗、报纸等,力图发挥环境隐形教育"润物无声"的教育功效。在潜移默化中让大学生关注核心价值观,体会核心价值观,学习核心价值观,内化核心价值观并践行核心价值观。校园文化建设包括学习风气创设、学习环境打造、学习氛围营造、学习内容普及等,以构建积极、健康、向上、和谐的大学校园文化为目的

(六)社会实践活动

社会实践是大学生社会主义核心价值观接受教育机制构建中接受中介的重要组成部分,深化认识、理解其意义是构建与运行大学生社会主义核心价值观教育机制的基础途径。社会实践活动是本研究中由认知、内化到行为的过程。本研究遵从大学生内在接受机制,通过形式活泼多样,内容生动形象的社会实践活动,让大学生完成从内容到实践,再从实践到认知的提升。依托社会实践活动,大学生可以巩固所学知识,将马克思主义理论、社会主义创新精神、社会荣辱观等理论落实到平常的学习和生活中,达到爱党爱国、立身做人、勤学善思、立志成才、历练本领、立业为民。研究中,我们尽力为大学生创造各种社会实践机会,帮助他们更好地锻炼自己的能力,以积极的精神面貌帮助他人。比如我们组织了灾区学生心系家乡、服务灾区、回报社会的大学生心理健康服务团,以回到家乡为家人亲属邻居及所在社区开展心理服务为基本形式,将关爱家乡、关爱亲人的亲情与关注民生、服务基层、奉献社会的志愿者精神结合起来,将心系家乡的情感转化为心助家乡的实际行动,使学生在社会实践中升华了生命价值观,获得了心理成长。

通过为期三个学期的课内教学活动、课外团学活动、心理素质拓展、网络教育基地建设、校园文化建设和社会实践活动六个方面进行的教育活动，为大学生营造了学习和感受氛围、提供了学习和实践机会，激发了内在热情，达到了转变学生的认知、情感和行为并逐步将社会主义的核心价值观内容体系内化到其价值体系当中的目的。

二、社会主义核心价值观教育实验活动对大学生价值观的影响

本研究的重要创新之处就是将实验手段运用到社会主义核心价值观的教育改革中，将多种教育活动转变成实验干预条件，研究这些教育活动对于大学生核心价值观的影响。为了更好地分析实验带来的教育效果，本研究设置了实验班和对照班，为了和现行教育计划不发生冲突，实验班和对照班的学生分组全部按照现行教学自然班形成，没有跨专业和跨班级的情况，更方便让大学生以集体的形式接受课内教学活动、课外团学活动、心理素质拓展、网络教育基地建设、校园文化建设和社会实践活动六个方面进行的教育影响。

（一）研究对象

对重庆本地的三所普通高校和两所职业院校1800名2015级大一学生进行了大学生社会主义核心价值观问卷调查和大学生主流价值观问卷调查，并将1800名学生按照自然班分组，分成实验组和对照组，其中实验班有效被试825名（男生502名，女生323名），对照班有效被试870名（其中男生476名，女生394），问卷有效率83%。

（二）研究工具及统计方法

1. 大学生社会主义核心价值观调查问卷

该问卷为自编调查问卷，问卷采用5点计分，按照大学生认知、认同和行为三个维度来了解大学生对社会主义核心价值观理解、掌握、认同和践行的情况。认知维度主要调查大学生了解社会主义核心价值观内容和基本实质以及自身需要提高的地方等，认同维度主要了解大学生对社会主义

核心价值观的态度和认同情况，践行维度主要了解大学生对社会主义核心价值观思维内化、态度改变、实践行为和主动宣传等方面的情况。初测问卷维度经过专家评定，保证问卷的内容效度。正式问卷通过初测修订，内部一致性系数为 0.75，能够反应大学生社会主义核心价值观的接受状况。

2. 大学生主流价值观问卷

本问卷分为两部分，第一部分采用李水红（2009）编制的大学生主流价值观量表，问卷采用 5 点计分，分为利他、物质享受、积极自我、做人标准和做事心态 5 个维度，整个问卷的 Cronbach's Alpa 系数（克朗巴哈系数）为 0.774，分半信度为 0.678。说明本问卷具有良好的信度。量表项目与测验总分的相关在 0.3~0.8 之间，项目的组间相关在 0.1~0.6 之间，具有良好效度；第二部分是关于主流价值观的单项调查，包括爱国心、民族心、政治态度、好学、自尊和遵纪，所有题目均采用 5 点计分。

3. 研究结果采用 SPSS17.0 for windows 软件进行数据统计处理和分析

（三）研究程序

在 2015 级新生入学初，对 1800 名被试进行了大学生社会主义核心价值观问卷和大学生主流价值观量表初测和后测，然后在 2015—2016 学年和 2016—2017 学年的第一学期，总共三个学期中，让实验班所有学生接受课内教学活动、课外团学活动、心理素质拓展、网络教育基地建设、校园文化建设和社会实践活动六个方面的教育活动。在实验初期，对所有实验班学生进行心理接受训练，开展了四个单元的心理素质拓展训练，在心理开放性、接纳性、人际关系和积极自我等方面，对被试大学生进行训练，以让他们拥有更好的心理素质和社会主义核心价值观的心理接受开放度。通过课堂内外的全方位教育，结合主客体教育活动的规律性，从知、情、意、行方面对大学生进行社会主义核心价值观教育，影响大学生对社会主义核心价值观理念的认识、看法、接受态度和实践行为。对照班的学生除了原有的日常教学条件外，不接受本次实验中的教育干预活动。在 2016—2017 学年第一学期结束后对所有被试进行大学生社会主义核心价值观和主流价值观的后测。

（四）结果分析

1. 核心价值观教育活动对大学生社会主义核心价值观的影响

为了验证社会主义核心价值观六方面的教育活动对大学生社会主义核心价值观的影响效果，我们采用自编的核心价值观问卷对 1800 名被试进行了前后施测，其中实验班有效被试 825 名和对照班有效被试 870 名，施测数据统计采用独立样本 T 检验，结果如下。

表 11-1　实验组与对照组被试核心价值观问卷前后测得分比较

组别	因子	前测（$M \pm SD$）	后测（$M \pm SD$）	T 值	P 值
实验组 $N=825$	认知	3.688±0.453	3.810±0.565	2.694**	0.007
	情感	3.951±0.483	4.132±0.513	4.087***	0.000
	行为	3.860±0.493	4.068±0.539	4.513***	0.000
	核心价值观总分	3.833±0.432	4.004±0.500	4.088***	0.000
对照组 $N=870$	认知	3.572±0.546	3.632±0.580	−1.206	0.228
	情感	3.989±0.521	3.875±0.614	2.734*	0.015
	行为	3.858±0.530	3.793±0.603	2.036	0.055
	核心价值观总分	3.806±0.489	3.723±0.564	1.766	0.078
T 值	认知	1.769	2.573**		
	情感	2.034	3.975***		
	行为	1.583	2.369*		
	核心价值观总分	1.795	2.972**		

注：*表示 P<0.05，**P<0.01，***P<0.001

从表 11-1 结果可以看出，实验组和对照组在前测的认知、情感和行为三个分维度以及核心价值观总分上不存在显著差异，在后测的三个维度及其总分上均存在统计学上的显著差异。其中，情感维度的后测差异极其显著。从对照组的前后测统计结果来看，认知、行为和量表总分差异不显著，而情感维度上，对照组的前后测存在显著差异，前测分高于后测得分；而实验组的前后测统计结果则显示，在三个分维度和量表总分上均存在显著差异，其中情感维度得分差异极其显著。

2. 核心价值观教育活动对大学生主流价值观的影响

为了验证社会主义核心价值观核心价值观教育活动对大学生主流价值观的影响效果,我们采用大学生主流价值观问卷对实验班 825 名和对照班 870 名有效被试进行实验前后测试,数据统计分析采用独立样本 T 检验,结果如下。

表 11-2 实验组与对照组主流价值观量表得分前后测得分比较

组别	因子	前测($M\pm SD$)	后测($M\pm SD$)	T 值	P 值
实验组 $N=825$	利他	3.876±0.553	4.106±0.512	2.764*	0.012
	物质享受	3.051±0.683	3.149±0.735	1.982	0.064
	积极自我	3.362±0.586	3.693±0.605	2.895*	0.023
	做人标准	3.633±0.723	3.779±0.646	2.057	0.072
	做事心态	3.176±0.465	3.834±0.779	3.062***	0.000
	主流价值观总分	3.420±0.521	3.712±0.429	2.978**	0.010
对照组 $N=870$	利他	3.878±0.750	3.975±0.702	1.059	0.247
	物质享受	3.251±0.623	3.068±0.810	1.654	0.095
	积极自我	3.560±0.593	3.585±0.662	1.128	0.206
	做人标准	3.731±0.802	3.658±0.747	1.985	0.189
	做事心态	3.631±0.567	3.648±0.811	1.873	0.369
	主流价值观总分	3.610±0.644	3.587±0.511	1.476	0.282

注:*表示 P<0.05,**P<0.01,***P<0.001

实验班和对照班主流价值观后测结果统计分析如下。

表 11-3 实验组与对照组主流价值观问卷后测得分比较

因子	实验班($M\pm SD$)	对照班($M\pm SD$)	T 值	P 值
利他	4.106±0.512	3.975±0.702	2.386*	0.017
物质享受	3.149±0.735	3.068±0.810	1.160	0.247
积极自我	3.693±0.605	3.585±0.662	1.889	0.060
做人标准	3.779±0.646	3.658±0.747	1.932	0.054
做事心态	3.834±0.779	3.648±0.811	2.584**	0.010
主流价值观总分	3.712±0.429	3.587±0.511	2.935**	0.003

注:*表示 P<0.05,**P<0.01

从表 11-2 可以看出实验班的后测得分在各因子和总分上均高于前测,且总分前后测存在显著差异,在利他因子和积极自我因子上存在显著差异,在做事心态因子上存在极其显著差异；而对照班在总分和各因子上，前后测均不存在显著差异。

从表11-3可以看出，实验班和对照班学生在主流价值观问卷的后测统计分析中，实验班得分均高于对照班，并且总分存在显著差异，在个别维度上，利他因子和积极自我表现出前后测的显著差异，做事心态因子，表现出前后测的极其显著差异，在物质享受和做人标准因子上，前后测没有显著差异。

此外，我们选取了爱国、民族心、政治态度、好学、自尊和遵纪几个独立因子进行后测统计，从表11-4的结果可以看出，在爱国、民族心、自尊和遵纪因子上，实验班得分高于对照班，且存在显著差异。在政治态度和好学因子上差异不显著。

表11-4 实验组与对照组被试独立因子得分比较

因子	实验班（M±SD）	对照班（M±SD）	T值	P值
爱国	4.373±0.770	4.182±0.989	2.378*	0.018
民族心	4.382±0.805	4.217±0.974	2.178*	0.030
政治态度	3.832±0.901	3.770±0.948	0.605	0.544
好学	3.942±0.847	3.851±0.909	1.932	0.054
自尊	4.362±0.768	4.201±0.995	1.969*	0.050
遵纪	4.421±0.738	4.190±0.920	3.022**	0.003

注：*表示 $P<0.05$，**$P<0.01$

（四）研究讨论

在思想政治教育过程中，教育者应该深刻领悟受教育者接受心理机制的内涵与具体特征，并将这种机制运用于思想政治教育过程中，以使思想政治教育的实效性充分体现。在本研究中，教育者重视学生的心理接受机制，以学生为主体，将指导教育和自我教育相结合，同时重视教育者自身的素质。在教育效果评估方面，本研究将社会主义核心价值观教育的效果评估分成知、情、意、行四个方面，从了解内容、认识差异到内化态度、实践行为。在教育过程中，重视教育过程中学生对信息和教学手段的效果反馈，及时调整教育手段和方法，尽量用生动、具体且符合时代特点、学生又能接受的方式来传授理论化的知识体系。而对于哪些变化属于课内教育效果,哪些变化属于课外教育效果,以及教育者、教育手段和教育内容对核心价值观的影响机制,本研究没有涉及。

通过对实验班学生三个学期的核心价值观教育,包括进校初期的心理接受开放性的心理素质拓展,核心价值观专题和融合性的课堂教育教学,核心价值观主题的团学活动开展,实验班大学生表现出在核心价值观教育的认知水平上有显著差异,对马克思主义指导思想、中国特色社会主义共同理想、爱国主义为核心的民族精神和改革创新精神以及社会主义荣辱观都有了更加深刻的认识。这说明了我们课题组提出的核心价值观教育手段能够提高大学生对核心价值观内容的掌握和了解以及自身存在的差异的认识。此外,实验班大学生表现出对核心价值观体系的态度和实践行动方面与实验初有显著差异,说明心理素质开放性拓展训练,课堂核心价值观专题和融入教育以及团学主题活动对大学生的社会主义核心价值观养成均有明显的促进作用。实验班的大学生在利他、积极自我、做事心态、爱国情怀、民族心、自尊心、遵纪以及主流价值观总体方面都比入校之初有显著变化,而对照班的大学生没有这种显著变化。通过统计分析的结果,我们可以看到,对大学生社会主义核心价值观的日常课内外教育对于提高大学生的社会主义核心价值观水平有积极作用,能够减少目前社会功利价值观和社会信仰缺失、道德沦落等不良社会价值导向对大学生的消极影响。

(五)研究结论

大学生社会主义核心价值观教育实验活动(课内教学活动、课外团学活动、心理素质拓展、网络教育基地建设、校园文化建设和社会实践活动)对大学生社会主义核心价值观在认知、情感和行为实践方面有重要促进作用,能够提高大学生爱国心、民族心、自尊和遵纪行为,还能够提高大学生利他精神、积极自我和做事积极心态。

三、社会主义核心价值观教育教师教学评价

(一)教师教学评价目的

为了更好地了解教师人格和教学手段对大学生核心价值观形成的影

响,在本研究中,我们以"思想道德修养与法律基础"和"形势与政策"课的师生为研究对象,通过设计专门的教师评价问卷,对接受课堂教学的实验班学生进行了教师教学效果的评价。

(二)教师课堂教学实施

在社会主义核心价值观课堂教学实验中,课题组针对目前高校核心价值观教育手段单一、效果不佳的问题,进行了课堂教育教学改革。本次研究中,课题组借助"重庆市十佳教师提名奖"获得者、"重庆市交通大学十佳教师"傅红老师的"思想道德修养与法律基础"课程和教学经验丰富的德育教研室主任苏洁老师的"形势与政策"课程作为课堂教学活动实验的主阵地,开展社会主义核心价值观的课堂专题教育和体验融入式教育。

在课堂上,教师根据不同的教学内容,运用多种方式激活课堂。通过案例教育模式让大学生学会甄别和澄清;通过情景教育模式使大学生在感同身受中获得激励和主动性;通过双向互动教育模式让大学生发挥主体参与性,师生形成共辩真理的氛围,发挥学生主体能动性,使课堂成为鲜活的价值观教育阵地,促进核心价值观的树立和内化。此外,在教学中加强教师对学生的积极影响力度,教师以自身的人格魅力、严谨求实的作风和认真负责的态度去影响学生。通过网络、QQ、邮箱等和学生广泛交流,在课堂作业中,增加与学生面对面讨论和沟通,把作业当做核心价值观的澄清和辩论平台。对于特殊学生给予特别关注,比如对贫困、自卑、成绩欠佳和不善交流的学生予以重点关注,帮助其树立正确的人生观和价值观。实验干预时间为三个学期,2015 级的学生入学以来,我们选取了其中 825 名大学生作为实验对象,按照原有教学自然班进行课堂授课以,保证教育效果的自然达成和教育改革的方便推广。

(三)教师教学评价结果分析

从教师评价的调查结果来看,大多数学生对课程的评价都非常好。教师教学评价表格发放 900 份,有效表格 839 份,具体的统计结果如下。

表 11-5　教师教学评价统计表（N=839）

评价项目	A (≥90分)	B (80—89分)	C (70—79分)	D (60—69分)
总体印象比例	93.5	6.3	0.2	0
对教学工作有热情，讲课认真投入	100	0	0	0
讲课思路清晰，重点难点突出，阐述准确	95.3	4.2	0.5	0
讲课理论联系实际，注重内容更新	95.9	3.8	0.3	0
合理运用心理学原理和方法促进学生知、情、意、行转变	92.4	3.5	4.1	0
采用启发式、讨论式教学，鼓励提出问题和质疑	91.5	5.6	2.9	0
因材施教，注重学生创新意识和能力的培养	90.8	7.6	1.6	0
作业有利于学生自主学习，批改认真	100	0	0	0
能够有效地利用现代教育技术手段	98.7	2.3	0	0
讲课能激发学生的求知欲	93.6	5.4	0.9	0
对学生热情关怀，严格要求	99.2	0.8	0	0

　　从表 11-5 可以看出，学生们对这样的教学模式的评价普遍很高。在对教学的总体印象指标上，93.5%的学生选择了 A 级评价，作出 A、B 级评价的共有 99.8%的学生。在十个分项目上，A 级评价所占的比例全部超过 90%。其中在对教学工作有热情，讲课认真投入项目上，所有学生都给予了 A 级评价。在对学生热情关怀，严格要求项目上，99.2%的学生认为教师对学生非常关怀，又有严格要求。评价统计数据显示，教师的师德和师品对学生有非常深刻的影响，学生完全接受教师，对于学生接受教师的教学内容打下了很好的基础；在作业认真批改项目上，100%的学生对教师批改作业表达了肯定态度。此外，在合理运用心理学原理和方法促进学生知、情、意、行转变项目上，92.4%的学生认为教师的教学重视知、情、意、行的结合，能够较好地融入到教育教学中，并且心理上接受教育信息，很少有排斥课堂的现象出现。从教师教学评价表来看，教师自身的素质修养和专业精神

对教学效果的作用明显，遵从大学生心理接受机制的教学手段和方法才是学生真正能够广泛接受的。因此，我们的社会主义核心价值观教育课程对课堂教学内容和手段的设计要求都是比较高的，对于教师自身的素质也是要求比较高的。

此次社会主义核心价值观教育课堂活动能够达到良好的效果，主要在于：一是整个课堂教学改变了单一呆板的教学内容和灌输式的教学方式，更多地采用启发式、讨论式、互动式教学，使枯燥的内容不再枯燥，让大学生愿意接受；二是教师自身的素质高。教师除了具有良好的人格魅力以外，也具有丰富的教学经验、灵活的课堂掌控能力以及良好的教学能力和技巧；三是在整个教育实验活动中，教育者都非常重视核心价值观教育心理接受机制的作用，遵循学生心理规律，重视学生接受的心理开放性建设，保证枯燥的理论教学能够入耳、入脑、入心。

第二节 建立大学生社会主义核心价值观教育长效机制的思考

当代中国正处在一个多种价值观念动荡冲突的时代。在多元文化的形势下，对大学生进行社会主义核心价值观教育具有重要的意义，只有加强社会主义核心价值体系的建设，弘扬民族精神和爱国精神，提升国家内在软实力，才能真正有效地防止西方的颓废文化扩张和价值观的渗透和影响，实现中华民族的伟大复兴。对此，高校教育工作者必须积极探索教育策略，建立大学生社会主义核心价值观教育的长效机制，在积极引导大学生牢固树立社会主义核心价值观方面作出我们的贡献。本研究立足为期两年的教育实践成果，总结研究经验，根据当前大学生社会主义核心价值观教育的现状，提出建立大学生社会主义核心价值观教育长效机制的几点思考。

一、认清教育阻力，树立正确的教育观念

大学生社会主义核心价值观教育面临的阻力主要来自四个方面。一是社会消极风气和消极价值观念对高校大学生的政治观、道德观、人生观和

价值观等的影响和冲击。二是大学生自身的心理素质现状。当前大学生存在意志力不够坚定，责任意识淡薄，情绪起伏波动较大，务实精神缺乏，厌学情绪泛滥，享受风气盛行的现象。三是当前社会主义核心价值观教育内容和教育手段不能满足大学生社会主义核心价值观形成的需要。当前高校社会主义核心价值观教育存在比较严重的教育理论滞后，存在教育主体弱化，教与学脱节，学和行背离，教育内容呆板，流于形式，教育方式简单，实践途径狭窄等问题。四是社会环境没有形成充分的、观念明确的教育合力来正确引导大学生形成正确的人生观和价值观。

引导作为社会高素质群体的大学生确立社会主义核心价值观，是培养社会主义合格接班人和建设者的迫切需要，是高校思想政治工作的基本任务。高校教育工作者首先应该树立以人为本的社会主义核心价值观教育观念，认清教育阻力，明晰教育目标，坚定教育改革，提升教育效果。社会主义核心价值体系教育对象是大学生，因此教育者应该更多地把教育工作的切入点放在接受教育的主体身上，高校大学生社会主义核心价值体系教育工作应以大学生成长为宗旨，充分启发和调动大学生的积极性，激发他们对核心价值观念的心理接受开放性，关注大学生成长的需要，尊重大学生个性特点，尊重大学生在教育中的根本权利，关心大学生利益，努力使社会主义核心价值体系教育工作贴近大学生的实际，不断增强针对性、实效性和吸引力、感染力。

二、遵循教育规律，明确教育的长效目标

社会主义核心价值观教育应该遵循教育规律、主客体接受机制，形成具有明确目标的长效机制。社会主义核心价值观教育归根结底是对人的教育，应该本着"以人为本"的原则，把社会主义核心价值体系这种社会意识范畴的内容转化成个人、集体和国家社会发展的内在精神支柱和精神动力。

将社会主义核心价值的内容体系内化到大学生的内在价值体系当中，应该遵循教育规律，认识到价值认知、价值认同和价值践行与社会主义核心价值观的内容体系之间的必然联系。从心理接受机制的角度来看，个人价值形成的首要环节是价值认知，通过认知的方式获得价值认知，产生认知评价和认知选择，不断改变自身的价值观的结构，在内在接受和良性评价基础上，个人会将一定的社会观念、规范和目标等内化成自己的价值判

断标准，从而指导自己的实践行为。价值践行是运用已有的被认知和内在认同的价值观来指导和规范自己的行动，并且在日常的行为和生活实践中积极主动去检验和修正。

价值观的认知、认同和践行是价值观形成的三个密不可分，相互影响的环节。在核心价值观的教育中，不仅要有阶段性的目标，而且要有系统性的目标。逐步将以马克思主义指导思想为灵魂、以中国特色社会主义共同理想为主题、以民族精神和时代精神为精髓、以社会主义荣辱观为基础的价值体系由价值认知、价值认同和价值践行三个环节由浅入深，由知到行，由行到知，不断深化，最终形成大学生自身稳定的主导价值观。

三、完善教育方式，提升教育者素质

社会主义核心价值观的内容体系是一套理论系统，而社会主义核心价值观的教育是动态的实践性课题，应该转变单一刻板的教育内容和教育手段。社会主义核心价值观的教育主体是大学生和教育者，在课堂教学、团学活动、社会实践和环境建设等教育活动中，应激发教育者的教育热情，提升教育者的素质，并且根据大学生的身心特点和自身需要出发，精心设计教育内容，创新教育方法，改进教学手段，完善接受程度，提升教育效果。本次关于教育活动对大学生社会主义核心价值观的影响研究中，由于重视教育者和受教育者的主体性，通过转变教育理念，改变教育方式，从而达到了良好的教育效果。

在教育方式的转变中，首先应该重视教育者自身素质的提高。在大学生社会主义核心价值观的教育中，专职学生思想政治教育工作者、思想政治理论课教师和其他教学教辅人员都是大学生价值观教育活动过程中的教育主体，在对大学生的思想觉悟提高、价值观念形成和良好行为习惯养成的引导上应发挥其更大的作用，因此要增强社会主义核心价值观教育实效，应重视提升教育者自身的素养，比如可以加强对教育者的培训，更新教育者的教育观念，提高教育素质、道德素质和业务素质。高校教育工作者不仅应是核心价值观教育的传播者，更应是核心价值观的践行者，应让高校教育者意识到自身的教育责任，主动提升自身的素质，给大学生带来言传身教的正面影响。其次，还应建立一套全面的考评机制，完善考评、监督和奖励机制，保证各个环节教育手段的实施。此外，在各阶段的教育活动

中，应建立双向反馈系统，保证教育者和受教育者在教育活动中达成良性互动，及时发现和解决教育中存在的问题和不足。还应充分激发教育主体自身的教育积极性，完善教育者的奖励机制，将核心价值观的教育任务和教育责任内化到教育者自身的教育意识当中。

四、重视教育效果，优化教育的动力机制

大学生社会主义核心价值观的形成是一个动态的过程，是一种知、情、意、行的从主体到客体，由客体到主体的发展变化的过程，受到诸多的外在因素的影响，包括社会和高校环境因素、教育内容本身的因素以及教育者和受教育者自身多方面的影响。高校的社会主义核心价值观教育需要解决的迫切问题是如何优化接受机制，真正将理论的内容转化成学生内在的能够指导言行的价值系统。因此需要教育者切实转变观念，重视教育效果，优化核心价值观教育的动力机制，保证价值观教育能够朝着科学性、有效性和长效性方向发展。价值观教育接受的动力机制包括需要和激励两个方面，其中，以大学生自我需要为核心的内在系统和以社会发展需要为核心的外在系统是"动力源"，多种多样的激励则是"推动器"。

在内在需要这一"动力源"方面，高校教育者应该激发主体内在的原动力，从心理学角度来讲，主体的需要越强烈，进行此项活动的动机就越高，活动自觉性和目标才会更明确，当代大学生需要层次复杂多样，需要教育者加以正确的引导，形成正确的价值需要，将社会价值需要和大学生的个人价值需要结合起来。此外，在社会主义核心价值观的教育活动中，应积极激发和利用大学生的积极朴实的爱国情感和民族自尊心，将对国家对民族的认同感转化成责任意识，肩负起构建和谐社会的历史使命。在各种激励措施这一"推动器"方面，教育者应该注重大学生在社会主义核心价值观教育接受活动中的情感体验。情感作为接受活动中不可缺少的因素，其主要功能是强化或抑制接受活动的运行，构成推动或终止主体某种接受活动的动因和动力。当人们对某一事物怀着强烈的爱或恨时，就会产生巨大的精神力量，驱使他们对这一事物采取赞成或反对、适应或改造的态度，进而形成一种坚定的行为。因此要发挥激励的"推动器"的作用，就应该建立和实施核心价值观养成中的各种激励机制，如目标激励、参与激励、榜样激励、物质激励以及精神激励等。教育者可以通过描绘和确立共同愿

景,刺激大学生尚未满足的需要,激发大学生实现共同理想的欲望,调动起他们更大的积极性,从而达到激励的目的。

五、贴近时代背景,挖掘教育载体

在当前科技发达的时代下,信息载体日渐更新,迅速发展,给核心价值观教育提供了新的载体。如何利用网络这把双刃剑,来挖掘更多的社会主义核心价值观教育载体,是社会主义核心价值观教育长效机制所必须解决的问题。大学生思想活跃,接受新鲜事物和新信息的热情很高,网络文化的健康会深刻地影响到大学生价值观形成中的认知选择。

但是在信息网络极其发达的时代,避开网络谈教育是不现实的。教育者应做的是力图采取各种方法,规避网络负面效应,积极挖掘网络核心价值观教育平台,比如建立一个政治方向明确、文化品位高、服务功能强的校园核心价值观教育网络信息平台,把握网络阵地主动权。充分利用学生社团,开辟各种网络交流平台,比如利用名师、优秀学生的博客、微博来传播积极的信息,利用校内网、QQ等网络交流互动平台,建立师生之间,生生之间的核心价值观学习互动交流平台。此外,也可以利用多种传播媒介,比如报纸、广博和电视等作为核心价值观的教育载体,定期刊出主体鲜明、形式多样、内容丰富的符合社会主义核心价值观的主体导向的报纸,供大学生阅读和讨论;或者通过广播宣扬正面事件,宣传道德行为,发出积极号召;也可以举办关于爱国主义、集体主义、社会主义信念和荣辱观等为主题的电视主题片宣传,定期观看核心价值体系内容的纪录片和爱国影片等。

六、整合社会资源,形成教育的社会合力

党的十六届六中全会通过的《中共中央关于构建社会主义和谐社会若干重大问题的决定》,第一次明确提出了"建设社会主义核心价值体系"这个重大命题和战略任务,强调指出"社会主义核心价值体系是建设和谐文化的根本",明确要求"坚持把社会主义核心价值体系融入国民教育和精神文明建设全过程、贯穿现代化建设各方面"。整个社会应该形成"齐抓共管"的教育合力,来帮助大学生形成核心价值体系。目前社会所推行和倡导的

"唱读讲传""读点经典"等活动一定程度上给大学生社会主义核心价值观教育形成了一股积极的推动力,但是在社会、学校和家庭之间仍然没有形成观念与时俱进、目标明确的教育合力。

应该明确的是,大学生社会主义核心价值观教育也决不仅仅是高校自身的任务,而应是全社会共同的责任。高校大学生社会主义核心价值观教育是整个社会价值观教育中的重要组成部分,也是关键环节,必须依靠社会积极的教育氛围,积极利用整合社会资源,包括国家、政府、社会、学校、家庭和学生自身的积极资源,加强大学生理性爱国主义培育、中国特色社会主义信念内化、现代集体主义价值观激励、社会主义荣辱观养成。这是一项复杂而艰巨的工程,也是一项细致长效务实的任务,全社会都要行动起来,创造学生立德成才的温床,形成经得起考验和变化的社会主义核心价值观教育的社会合力。

参考文献

一、学术专著

[1] 徐园媛，廖桂芳．大学生核心价值观教育接受机制构建[M]．成都：西南交大出版社，2011．

[2] 朱卫嘉，廖桂芳．让心灵追上人生的脚步——大学生心理成长导引[M]．重庆：西南师范大学出版社，2016．

[3] 杨芷英．思想政治教育心理机制研究[M]．北京：红旗出版社，2005．

[4] 田海舰，邹卫．社会主义核心价值观论纲[M]．北京：人民出版社，2010．

[5] 宋惠昌．社会主义核心价值观专题解读[M]．北京：中共中央党校出版社，2010．

[6] 郑承军．理想信念的引领与建构——当代大学生的社会主义核心价值观研究[M]．北京：清华大学出版社，2010．

[7] 张静．新时期高校校园文化建设的新探索[M]．天津：南开大学出版社，2010．

[8] 黄明伟．大学生网络思想政治教育实施要素研究[M]．北京：新华出版社，2007．

[9] 教育部思想政治工作司．高校校园文化建设的理论与实践[M]．北京：中国人民大学出版社，2009．

[10] 刘洋．大学生思想政治教育创新研究：以社会主义核心价值体系为视角[D]．重庆：三峡大学，2010．

[11] 徐园媛．大学生社会主义核心价值观教育长效机制构建[M]．成都：西南交大出版社，2015．

[12] 徐园媛主编．大学生社会主义核心价值观教育创新模式构建[M]．成都：西南交大出版社，2014．

[13] 徐园媛．研究生思想政治教育创新模式构建[M]．成都：西南交大出版社，2014．

[14] 戴倩."德心共育"理论与实践[M]. 成都：西南交大出版社，2016.
[15] 徐园媛，戴倩. 大学生核心价值观教育传播路径探析[M]. 成都：电子科技大学出版社，2016.
[16] 徐园媛，戴倩. 基于接受理论视阈的社会主义核心价值观教育研究[M]. 成都：电子科技大学出版社，2016.

二、期刊论文

[1] 董刚. 高校大学生思想政治的时代特征和培育路径[J]. 教育与职业，2013（11）.
[2] 刘会亭. 当代大学生思想政治教育研究综述[J]. 中国电力教育，2011（1）.
[3] 范洁波. 大学生思想政治教育的困境及对策[J]. 高教探索，2014（3）.
[4] 张志祥. 大学生思想政治教育机制的构建[J]. 黑龙江高教研究，2010（4）.
[5] 管金标. 大学生思想政治教育与心理健康教育相结合的探讨[J]. 学术论丛，2009.1
[6] 王延伟，廖桂芳. 论大学生社会主义核心价值观心理接受机制的构建[J]. 前沿，2010（6）.
[7] 金时林. 德心相融 助推学生健康成长[J]. 莲山课件 www.5YkJ.COM.
[8] 崔海涛. 多元文化背景下的大学生社会主义核心价值观教育[J]. 江苏高教，2010（5）.
[9] 田永静，陈树文. 加强大学生社会主义核心价值观教育有效途径探究[J]. 思想教育研究，2010（5）.
[10] 王晓辉，王卫东. 高校利用网络平台开展大学生主导性价值观教育的对策[J]. 价值工程，2010（29）.
[11] 徐永赞. 接受理论视野下思想政治教育接受规律及模式选择[J]. 河北师范大学学报（哲学社会科学版），2012，35（4）.
[12] 张海萍. 大学生心理素质拓展训练对核心价值观教育的影响[J]. 重庆与世界，2012（8）.
[13] 罗立顺. 新形势下高校思想政治教育教学模式的创新[J]. 教育与职业，2012（30）.
[14] 崔宾. 高校思想政治教育教学模式的探讨[J]. 北京电力高等专科学校学报，2012（9）.

[15] 张丽，贺彦凤，王桂枝．高校思想政治理论课实践教学中存在的问题及对策[J]．教育与职业，2012（30）．

[16] 陈秀丽，杨海艳．构建高校思想政治理论课分层教学模式研究[J]．思想政治教育研究，2015（6）．

[17] 刘梅英．高校思想政治理论课探究式教学模式的实施[J]．浙江理工大学学报，2014（6）．

[18] 徐园媛．大学生社会主义核心价值观培养路径探析[J]．黑龙江高教研究，2014（9）．

[19] 徐园媛．大学生社会主义核心价值观教育接受机制构建[J]．学校党建与思想教育，2012（2）．

[20] 徐园媛．论大学生社会主义核心价值观教育的新视角[J]．教育探索，2015（5）．

[21] 徐园媛．大学生社会主义核心价值观教育路径探索[J]．中国成人教育，2013（12）．

三、学位论文

[1] 王丽荣．思想政治教育接受心理研究[D]．吉林：吉林大学，2009．

[2] 王鑫．思想政治教育知行统一规律探析[D]．上海：华东师范大学，2008．

[3] 高爽．团体辅导在高校思想政治工作中的应用[D]．哈尔滨：哈尔滨工程大学．2007．

[4] 李炜妮．当代大学生价值观教育之接受问题研究[D]．长沙：湖南师范大学．2009．

[5] 宋琨．高校德育接受性研究[D]．上海：华东师范大学硕士学位论文．2009．

[6] 肖莆青．当代大学生价值观形成与变化的影响因素及教育对策研究[D]．苏州：苏州大学，2008．

[7] 屠冬梅．我国当代大学生主导价值观的构建与教育[D]．上海：华东师范大学，2008．

[8] 杜丹．心理学在高校思想政治教育中的价值研究[D]．重庆：重庆交通大学，2010．